コンタクトセンター
―指標による経営―
マネジメント

Contact Center Management
By The Numbers

ジョン・アントン／カマル・ウェブ 著

岡部泉 監訳

東京　白桃書房　神田

Contact Center Management By The Numbers
by
Dr.John Anton & Kamál Webb
Copyright © 2005, by The Anton Press
Japanese translation rights arranged with The Anton Press
through BrainChild Inc.

献辞

　本書を「卓越した事業拠点」とパデュー大学に認められた経営を行っているすべてのコンタクトセンターのプロフェッショナルたちに捧げる。彼らはとても効果的かつ効率的であり，真にバランスのとれた経営を行っている。これらの認定された世界に通用するセンターを訪問することで，私は本当に有能な経営者に出会うことができた。その経営者たちは私に「数値による経営」の秘訣をすべて教えてくれた。本書は彼らがこれまで何年もの間，私に教えてくれたものの総決算ともいえる。

ジョン・アントン

　私は，本書を私の両親とのなつかしい思い出，常に私を信頼してくれたヒラムとグロリア，常に私の側にいてくれた妻ジン・ヘー，そして不変のインスピレーションの源であった息子バークリと娘アレックスゼナとリンに捧げる。

カマル・ウェブ

謝辞

　共著者であるカマル・ウェブ氏へ本書に関するリサーチおよび執筆に関する努力と献身にお礼をいいたい。私はカルマ氏とは旧知の仲であり，この本についてたくさんの事を話し合ってきた。多くの専門家たちは本を書くことについて話し合っている。しかしながら，起稿したものの書き終わらない人もしばしば見られる。私の経験からいうと，ほんのわずかな人だけが忍耐力と献身さを持ち合わせており，自由な時間を快く犠牲にして1冊の本を完成させることができるのである。カマル氏は時間通りに本書を完成させるまでの幾度とない行き詰まりに対して，才能，エネルギー，そして検索の決断力のけん引役を担ってくれた。彼は個人的にも仕事上でも素晴らしい友人であり，すばらしい共著者である。

ジョン・アントン

　常に心に留めている格言の1つは，「国があなたのために何ができるかを尋ねるのではなく，あなたが国のために何ができるかを尋ねなさい」というジョン・F・ケネディー大統領の言葉である。それにも関らず我々は世界中の顧客を企業がサポートしているグローバル社会に住んでいる。これを説明する最もダイナミックなものがコンタクトセンターなのである。コンタクトセンターは，企業同志，企業とそのヘルプデスクの従業員，企業と世界中の顧客を結びつけている。したがって，コンタクトセンターにおけるプロフェッショナルな人たちの仕事は，ジグソーパズルのピースのように，グローバルコミュニティに直接影響を与えることになる。本書は，コンタクトセンターにおけるプロフェッショナルな人たちに対して，センターを最適な業務へと先導し，効果的かつ効率的に先端のグローバルコミュニティで競争するために必要な洞察力と手段を提供するために作成されている。

　私はまずコンタクトセンターの先駆けとなったジョン・アントン博士にお礼を申し上げたい。私のよき助言者としての忍耐力と思いやりにあふれ，意欲に対してかつ最善の言動をつくしてくれたことに加え，過去4年間に渡り非常に貴重な批評をいただいた。そして本書の原稿の書き直しをアシストすることに対して，アントン博士は信頼と信用を私に与えてくれた。アントン博士は，コンタクトセ

ンターを現代のビジネスモデルの第一線へと導いた。それは，グローバルレベルでのコンタクトセンターにおける顧客価値を見直し，最適な業務方法を見出すことでコンタクトセンターのプロフェッショナルたちがセンターでの業務を正確に監視し測定するシステムを開発し，活発にしたのである。

データを共有しベンチマークポータル社でのベンチマーク調査に参加してくれた多くの経営者たちにお礼を申し上げたい。特に，我々の定義や提案を実用化し，そして正しいことを証明してくれ，その過程でよい友人になることができた経営者のクライ・スミス氏，トニー・ロバート氏，そしてリタ・パーカー氏に非常に感謝している。

いつも励ましてくれたミッチェル・フェインバーグ氏，長期間におよぶサポートや指導，友情をくれたジョン・チャタリー氏にも本当に心からお礼を申し上げる。

カマル・ウェブ

そして最後に，デビ・クラウド氏，スーザン・ハンプトン氏，そしてブレンダ・ウィリアム氏を含め，幾多の原稿の書き直し，および言葉や，グラフ，表を変換しておもしろくかつ読みやすい本にするために素晴らしいプロフェッショナルワークを行ってくれた製作チームにお礼を申し上げたい。

はしがき

　顧客コンタクトの方法が多様化，複雑化している状況において，本書はコンタクトセンター全般における業務プロセスの明確化や技術課題といった経営課題にフォーカスした初めての書籍である。これは非常に意義深いことである。

　著者は「コンタクトセンターマネジメント：指標による経営」を，コンタクトセンターを管理するための実践的なガイドとして執筆している。コンタクトセンターは，経営者がリアルタイムに現状を把握するために必要な多くの情報を，企業内の他の部署に比べて遙かに多く保持している。経営課題というのは「指標が変化する」ときにどういった行動を起こすのか，目標との乖離が大きい事態への最善な応急処置は何なのかということである。

　世界でも一流のカスタマーコンタクトセンターの計画，実行，再構築，そしてその経営における20年間の経験の中で，私は多くの異なった経営スタイルや技術を試みた。以下の重要成功要因である13か条は，私のお気に入りである。

1. 問題を予期せよ，最悪な事態が発生するのを待つな
2. 顧客の声や内部情報を良悪双方の早期警告として利用すること
3. 業務におけるギャップをできる限り数値化し，行動に移る前にそのギャップの実態を知ること
4. コンタクトセンター業務のどの特定のプロセスに経営者の注視と対応が必要とされるギャップが現れるかを理解すること
5. 全スタッフと従業員が，成功するために重要な数値を理解し，それらの数値をチームと日々共有していること
6. 自社がどのレベルにあるのかを把握するために，コンタクトセンターを評価基準に沿ってアセスメントすること
7. 定期的に改善を計画し，課題を実行し，影響を調査する。このサイクルを何度も繰り返し行うこと
8. 過去の実績と業界標準を基に，現実的な目標設定を行うこと
9. 定期的に効率性（量）と効果（質）のバランスをとること

10. コンタクトセンターの経営方針を決定するために用いている顧客の声を測定するための基準を常に精査すること
11. 最前線の係員からトップの経営者までの各個人に，時間別，日別，週別，月別また年別に，業績を自己管理するための数値目標を必ず持たせること
12. 量的業務測定アセスメントを基に報奨制度を展開すること。例，「数値による」報酬
13. 主要業績アセスメント指標（KPIs）の独自の「計器盤（指標）」を実行することは，「指標による」コンタクトセンターへ導いていく

　本書の中で著者は，カスタマーサービスコンタクトセンターにおいて世界に通用する業績レベルを実現するために必要とされるすべての重要な経営ツールに触れている。今日のコンタクトセンター経営者は，「世界に通用する」業績に達するために人員，業務プロセスや技術のバランスをとることが求められている。数値は，数値にすぎない。重要なことは数値を用いて何をするかである。意思決定は，感情ではなく事実に基づいて行うべきである。しかしながら，これは人間の事業なので，あなたが何をするのかという人間的な局面とバランスをとらなければならない。あなたの組織に関係する顧客，代理，そして供給業者の相互作用は，１つの企業として決定的な成功要因である。

　コンタクトセンターの経営者の仕事は，最終的にはコンタクトセンターに影響し，逆もしかりであり，組織におけるすべての活動に関して，リラックスしたり，勝利を宣言することはできないのである。あなたの業績基準を用いて，企業内他部署を教育することで，他部署の人々も同様にあなたの成功を手にすることができる。最後に成功を祝うことや組織に残余をもたらすことは，あなたが企業にもたらした価値を知ることになる。

　私は，皆様が本書にご満足いただけることを確信している。そしてご自身の経営スタイルと有効性を改善するのにとても実用的であるとお気づきいただけるだろう。ご健勝を祈って。

パデュー大学が「卓越した事業拠点」と認めた
ブロードヴュー ネットワークス社
副社長（CRM担当）ジョー・マンギアラシナ

訳者まえがき

　本書はコンタクトセンターを有している企業，コンタクトセンターでマネジメントをしている人々全てに必須の本である。規模の大小に関わらずコンタクトセンターは全て何らかのシステムで運営されている。しかし，オペレータが属人的に顧客とのやり取りを行うという人間的要素が極めて強い組織でもある。コンタクトセンターの組織運営は人間的要素が強いからこそ，正確なKPIが必要となる。

　本書はコンタクトセンターに求められるマネジメント上のKPIを元にしたセンターマネジメントのあり方を説いている。日本企業の多くのコンタクトセンターはややもするとKPIによるマネジメントを苦手としている。そのコンタクトセンターにおけるKPIとは何か，その有効性は，ということについて本書は教えてくれる。

　私たち訳者は，経営コンサルタントとして数多くの企業に関与をしてきた。最近の6～7年コンタクトセンターオペレーション最適化，コンタクトセンターマネジメントシステムの再構築という相談が急速に増してきている。しかし，その際に拠りどころとなる論理を十分持ち合わせていなかった。周囲の人々と議論をしても確信を得るには至らなかった。日本におけるコンタクトセンター研究はアメリカに比べ10年以上遅れているといわれている。私たちは数年間掛けてアメリカの先端コンタクトセンターの視察を行い，現地のコンタクトセンター専門のコンサルタントと議論をしてきた。

　本書の著者であるジョン・アントン博士はコンタクトセンター研究については世界で最も評価の高い，パデュー大学およびベンチマークポータル社においてコンタクトセンター研究を行っている第一人者である。我々はロサンゼルス郊外のベンチマークポータル社にジョン・アントン博士を訪ね直接講義を受ける機会を得た。そして，その際にジョン・アントン博士の考え方を日本のコンタクトセンターに活用したいと考えた。そのために，本書の日本語訳本の出版を思い立った。

　原著は世界各国のコンタクトセンターをベンチマークして仮説検証を繰り返した結果の内容となっている。その強みは，これまで長年の多岐にわたる業種のベンチマークデータの裏づけで成り立っていることにあると言える。

本書には過去の数多くのコンタクトセンター研究成果が盛り込まれている。企業文化やビジネスにおける価値観が違えども，現在の日本企業のコンタクトセンターにとって多くの部分で価値ある内容となっていると思われる。

　本書は全12章と付録から成り立っている。構成はコンタクトセンターにおける「顧客価値」「内部指標」「外部指標」「内外測定指標の連結」「ベンチマークについて」というコンタクトセンター測定基準についての考え方のまとまりと「ROI増加」の示唆，そして「人事管理」「品質モニタリング」「オペレータ満足度」というコンタクトセンター運営についての考え方からなっている。付録として調査項目の考え方とベンチマーク質問項目を載せている。

　日本企業のコンタクトセンターの多くは「お客様相談室」「コールセンター」そして「コンタクトセンター」へとその呼び方が変化してきている。それは呼び方が変わってきているということではなく，企業の市場・顧客との対面のあり方の変化ともいえる。企業にとって重要なポジションを占めつつあるコンタクトセンターは，その組織形態，オペレーションシステムについても変革を求められている。本書はその基本的考え方となるコンタクトセンターマネジメントの提言を行っている。

　本書は，日本企業でコンタクトセンターの本来あるべきマネジメントシステムに対して問題意識を持っている人々に大いに役に立つと思っている。
　本書の考え方については，日本企業におけるマネジメントという視点に立ったときに若干の違和感は感じる。アメリカ企業のようにロジックや結果を中心として物事を捉えることが通常である組織文化に対して，日本企業の多くには集団行動や，あ・うん，の呼吸で物事を進めプロセスを重視していく組織文化がある。その，どちらが正しいということではなくその両方の良さを理解しつつ，日本企業の実態を踏まえて本書を読んでいただきたい。

　なお，本書の訳出にあたっては，ウィズン・コンサルティングのコンサルティングパートナーの西井亮介氏の助言がきっかけとなった。西井氏は岡部とは20数年来のコンサルタント仲間でありシステム構築からマネジメントシステム定着まで幅広い見識を有している。日本企業におけるコンタクトセンターKPIの重要性をいち早く説いたのも氏である。過去の海外とのやり取りはすべてブレインチャイルドのドワイト・ポール・ラム氏の助力があってできた。ドワイト氏は西井

氏の外資系コンサルティングファーム時代の仲間であり，コンタクトセンターシステムの専門家でもある。本書のきっかけとなったロサンゼルスのジョン・アントン博士への訪問も三人で行っている。結果として翻訳はウィズン・コンサルティングの仲間と提携会社ブレインチャイルドの共同作業からでき上がっている。

　基本翻訳：㈱ブレインチャイルド，ドワイト・ポール・ラム／第１章：小木曾裕介／第２章：松本大輔／第３章：岡部泉／第４章：西井亮介／第５章：小木曾裕介／第６章：西井亮介／第７章：小木曾裕介／第８章：松本大輔／第９章：松本大輔／第10章：小木曾裕介／第11章：岡部泉／付録：安田武史

　全体の用語の統一や監修は岡部が行った。したがって最終的な訳の責任は岡部にある。最終的文章のチェックは大阪オフィスの森川知佐子氏にお願いをした。
　全員が多忙な中プライベートな時間を犠牲にして，質の高い結果を出したと思う。心から感謝申し上げたい。
　最後に，本書の刊行は白桃書房　大矢社長の絶大なるご理解，ご協力と助言があって初めて可能となった。この場を借りて感謝の意を表したい。

岡部　泉

目 次

献辞…… i
謝辞…… ii
はしがき……iv
訳者まえがき……vi

第1章　序論　　1

背景……………………………………………………………………………1
ミッションに合わせてコンタクトセンターを経営する……………5
CRMビジョン………………………………………………………………7
我々のセンターに連絡してくる顧客は我々に何を求めているのか？……12
企業イメージ vs. 財務成績………………………………………………17
本書概要……………………………………………………………………17

第2章　生涯価値の理解・顧客の価値　　19

顧客生涯価値（CLV）の定義づけ………………………………………20
顧客生涯価値（CLV）の算定……………………………………………20
顧客資産の上昇にむけたCRM分析の影響……………………………28
株主価値を高める顧客生涯価値の増加方法…………………………31

第3章　内部測定基準──コンタクトセンターの中心部を測定する　35

コンタクトセンターの原動力……………………………………………37
コンタクトセンターデータの資料………………………………………39
コンタクトセンター測定基準指標………………………………………41
実行管理の定義……………………………………………………………41
実行管理に関するマネジメント活動……………………………………42
通話後処理時間の定義……………………………………………………42

通話後処理時間に関するマネジメント活動 ……………………………43
平均放棄時間の定義 ……………………………………………………44
平均放棄時間に関するマネジメント活動 ………………………………45
1コール当たり費用の定義 ………………………………………………45
1コール当たりコストに関するマネジメント活動 ………………………46
平均処理時間測定基準の定義 …………………………………………47
平均処理時間に対するマネジメント活動 ………………………………47
平均保留時間基準の定義 ………………………………………………49
平均保留時間に関するマネジメント活動 ………………………………49
平均呼び出し回数の定義 ………………………………………………51
平均呼び出し回数に対するマネジメント活動 …………………………51
平均待ち時間の定義 ……………………………………………………52
平均待ち時間のためのマネジメント活動 ………………………………52
平均回答スピードの定義 ………………………………………………54
平均回答スピードに関わるマネジメント活動 …………………………55
平均通話時間の定義 ……………………………………………………55
平均通話時間に関わるマネジメント活動 ………………………………56
1時間当たり通話件数の定義 …………………………………………57
1時間当たり通話件数に関わるマネジメント活動 ……………………57
モニタリングの定義 ……………………………………………………58
モニタリングに関わるマネジメント活動 ………………………………58
使用率の定義 ……………………………………………………………58
使用率データに関わるマネジメント活動 ………………………………59
放棄率の定義 ……………………………………………………………59
放棄率に関わるマネジメント活動 ………………………………………60
オペレーター利用率の定義 ……………………………………………61
オペレーター利用率に関わるマネジメント活動 ………………………62
出勤率の定義 ……………………………………………………………62
出勤率に関わるマネジメント活動 ………………………………………62
拒否電話率の定義 ………………………………………………………63
拒否電話率に関わるマネジメント活動 …………………………………63
1回の通話で処理された電話の割合の定義 ……………………………64
1回の通話で処理された電話の割合に関わるマネジメント活動 ………65
待たされている呼の割合の定義 …………………………………………65
待たされている呼の割合に関わるマネジメント活動 ……………………66

転送電話の割合の定義 66
転送電話の割合に関わるマネジメント活動 66
かかってきた電話に対応した割合の定義 68
かかってきた電話に対応した割合に関わるマネジメント活動 68
サービスレベルの定義 69
サービスレベルに関わるマネジメント活動 70
かかってきた電話の合計数の定義 70
かかってきた電話の合計数に関わるマネジメント活動 71
オペレーターの離職率の定義 72
オペレーターの離職率に関わるマネジメント活動 72
新規採用者訓練時間の定義 73
新規採用者訓練時間に関わるマネジメント活動 73
新オペレーターにかかる費用の定義 73
新オペレーターにかかる費用に関わるマネジメント活動 74
顧客が自分で処理した割合の定義 74
顧客が自分で処理した割合に関わるマネジメント活動 75
入力エラー平均率の定義 75
入力エラー平均率に関わるマネジメント活動 75
最高満足顧客の定義 76
最高満足顧客に関わるマネジメント活動 76
最低満足顧客の定義 77
最低満足顧客に関わるマネジメント活動 77

第4章 外部測定基準——顧客の脈を測定する　79

はじめに 79
CSプロセスモデル 82
CSプログラム概要 84
一般的な手法，データ収集，そして外部分析 85
パフォーマンススコアの計算 86
顧客満足度要因 92
主要なコンタクトセンタープロセスの要素 101

第5章 内外部測定基準の連結──最終経営ツール　103

- 背景 ……………………………………………………………………… 103
- 単純回帰 ………………………………………………………………… 107
- ケーススタディ1 ……………………………………………………… 108
- 経営報告 ………………………………………………………………… 108
- パフォーマンス報告書の計画と構造 ………………………………… 111

第6章 コンタクトセンターベンチマーキングに対する議論　115

- ベンチマーキング概論 ………………………………………………… 115
- ハイレベルなベンチマーキング ……………………………………… 120
- 同業者グループベンチマーキング …………………………………… 121
- 継続的な進歩：最高の時点でのベンチマーキング ………………… 123
- コンタクトセンター認証：企業への付加価値と自身のキャリア形成 … 124
- まとめ …………………………………………………………………… 136

第7章 コンタクトセンターROIを増加させるための運営
──企業資産としての顧客　139

- 投資利益率を定義する（ROI） ……………………………………… 139
- 考えられる財源要素 …………………………………………………… 141
- モデルで行われた計算 ………………………………………………… 143
- コンタクトセンターROIの簡単な例 ………………………………… 144
- より複雑なROIの例 …………………………………………………… 145

第8章 人員管理とアセスメント　147

- 人員管理の目的 …… 147
- 文化の重要性 …… 149
- チェンジ・マネジメントの重要性 …… 150
- 人員管理システムの理想的な構成 …… 151
- データ収集 …… 153
- 予測作成 …… 154
- 計画作成－必要物とスケジュール …… 155
- 予測と計画代替 …… 156
- Erlangを用いたエクセル …… 158
- 人員管理システム …… 159
- 分析－パフォーマンスと計画測定 …… 163
- WFMの全体の目的に関する成功事例見通しの概要 …… 164

第9章 品質モニタリングと指導　165

- チェンジマネジメントの重要性 …… 165
- 品質モニタリングの目的 …… 166
- コールモニタリングと録音オプション …… 167
- 臨席モニタリング …… 169
- 呼録音 …… 170
- 音声と画面を記録し，後にモニタリングする …… 171
- 推奨成功事例：良質の組み合わせを作り出す …… 171
- モニタリング段階の出力 …… 171
- どの通話がモニタリングされるべきか …… 172
- モニタリングされている間，何が測定されるか …… 175
- オペレーターモニタリングの頻度 …… 178
- 誰がモニタリングを行うのか …… 180
- 誰が指導を行うべきか …… 181
- 推奨成功事例1 …… 182
- モニタリング結果をオペレーターと共有する …… 184
- 推奨成功事例2 …… 184

報奨の効果	186
主要業績指標	187
推奨成功事例 3	188
影響要因の追加	190
品質モニタリングと指導の新興モデル	193

第10章　オペレーター満足度　　　197

第11章　業績評価──全員を任務に集中させる　　　205

背景	205
パフォーマンス報酬制度	206
社員1人当たりコストの詳細	208

第12章　結論　　　211

付録A：コンタクトセンター顧客満足度調査例	213
付録B：自動顧客満足度調査	216
付録C：サンプル概念	219
付録D：外部測定基準分析	221
付録E：内外部調査	224
付録F：重要な統計学的概念	226
付録G：企業イメージの重要性	232
付録H：コンタクトセンターパフォーマンスベンチマーク	235
●顧客サービスコンタクトセンターに対するベンチマーク質問事項	237
●インバウンドメールコンタクトセンターに関するベンチマーク質問事項	249

| 主要参考文献一覧 | 269 |
| 著者経歴 | 270 |

第1章

序論

背景

　カスタマーサービスの質を維持し顧客満足を得るという経営課題は，1つの分野として確立してきた。メールやインターネット上でのサービスといった新たな顧客接点の登場により，単なる電話受付部門としてのコンタクトセンターは，最新のITツールを装備したカスタマーコンタクトセンターへと発展してきた(図1参照)。伝統的な労働集約型インバウンドコールセンターに電話をかけたことのある顧客は，今やIVR(Interactive Voice Response：自動音声応答装置)，CTI(Computer Telephony Integration：コンピュータ電話統一ユニット)に迎えられ，様々なセルフサービス型Webアプリケーションなどを通じて，コンタクトセンターにアクセスしている。

　顧客が電話を含む電子媒体を通じて事業に向き合うよう意図された技術的進歩の重要なポイントになってきている。これらの新しいコンタクトセンターは，従来からあるコールセンターと分けあっている重要性や機能性は同様に維持しているとはいうものの，非常に注目すべきである。すなわち，

- カスタマーコンタクトセンターは製品やサービス，場合によっては企業そのものを競合他社と差別化するための最も効果的な手法の1つである
- 顧客はフリーダイアルの受付窓口を設置するだけではもはや満足しない。顧客は，企業がいつでもどこからでも電話やPCを通じてのコンタクトを受け入れ，簡単かつ効率よく注文や問い合わせ対応を実現することを望み，期待している

　さらに近年はコンタクトセンターへの設備投資額の増加やステークホルダーの関心を満足させることへの企業の自覚とともに，コンタクトセンターは企業経営の中で新たな収益獲得や顧客のつなぎとめを促進する能力としてみなされてい

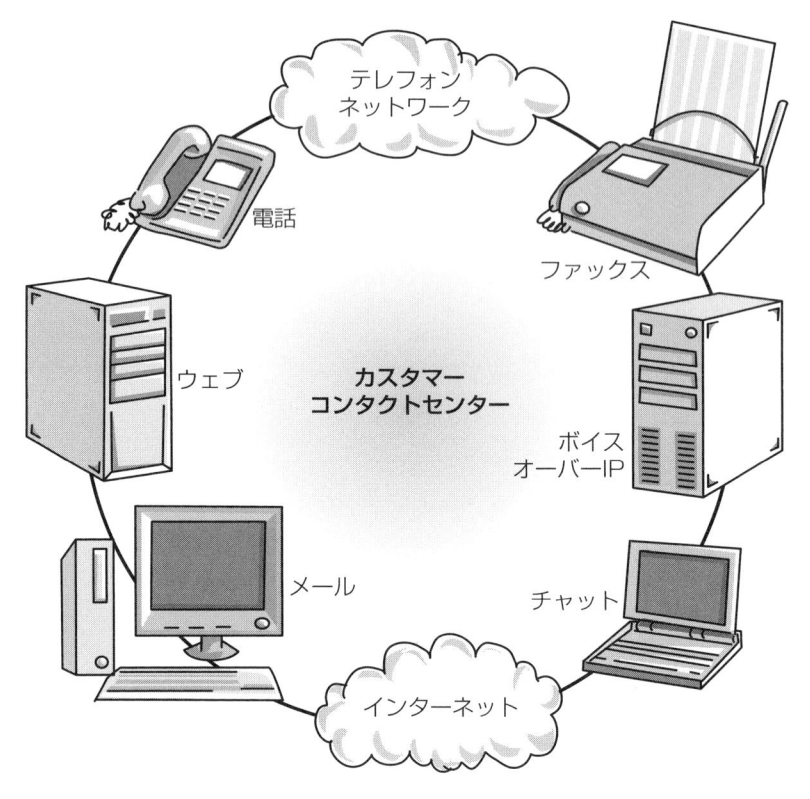

図1　典型的なカスタマーコンタクトセンター図

る。予算は大きく急増しており，コンタクトセンターを企業の資産とみなすか，それとも債務とみなすかは微妙なバランスの上に存在している。

　最新のカスタマーサービス戦略の企業ビジネスモデルにおいて，コンタクトセンターマネジメントはカスタマーサポートの極めて重要な課題である。コンタクトセンターの経営は，「火消し」的な受動的スタイルから，戦術的専門マネジメント能動的スタイルへと移行してきている。計測することは行動をもたらし，あなたは評価と報奨を得る。本書の主な目的は，コンタクトセンターの専門家や経営者のみなさんに「指標によるコンタクトセンターマネジメント」に関する新たなメソッドを提示することである。

　今日のコンタクトセンターの技術は，コンタクトセンター経営者や専門家がセ

ンターマネジメントに活用するため重要なデータを大量に取得することを可能にした。専門のソフトウェアパッケージは，データを様々な測定基準に対応した形態で取り出し，使いやすいフォーマットやグラフ，チャートに整理した上で出力する。これは次の3段階での管理を可能にしている。

1. オペレーターレベル
2. スーパーバイザーレベル
3. 部署全体としてのコンタクトセンターレベル

　要求されるマネジメントアクションは，コンタクトセンター測定基準とどのように関係しているかは，直感的にすぐに明らかになるものではない。テレコミュニケーションやヒューマンリソースのようなコンタクトセンターの業績を助け，あるいは影響を与える様々なプロセスマネージャーにとって，これらのコンタクトセンター測定基準は何を意味するのか。例えば，今月受電呼の放棄率が増加したことは結局何を意味しているのか。またそれに対してどのように対処すればいいのだろうか。オペレーターの通話時間が3％減った場合，何か行動を起こさないといけないのだろうか？　そうだとしたら，一体誰が何をすべきなのだろうか。

　他のビジネスと同様に，コンタクトセンターはステークホルダーに対し，リーズナブルなサービスをリーズナブルな費用で提供する義務がある。しかし，まだ実施されていない。

　事業ニーズや顧客の要望を満たすために何をどのレベルまで実施すれば十分であるかということを知らずにどのようにして企業は実行に移すというのだろうか。

　フリーダイアルで毎年何百万件もの電話を受ける事業においては，わずか30秒の電話であっても，その影響は驚異的なものである。一緒に考えてみよう。平均的に，フリーダイアルに対したいていの企業は毎分およそ7セントを支払っている。したがって，もし企業A社のコンタクトセンターが150万件の電話を年間平均で受けたとして，1件当たり平均的な通話時間である4.5分を適用すると，企業は年間平均472,500ドル（0.07ドル×6,750,000分）を通話料だけのために使っていることになる。この費用には，オペレーター時給やその他の営業経費は含まれていない。

	企業A	同業者	ギャップ	ギャップ（%）
1分毎の経費	$0.07	$0.07	$0.00	0.00%
年間コール数	1,500,000	1,500,000	0	0.00%
平均通話時間 コール毎（分）	4.50	3.00	1.50	33.33%
年間通話料	$472,500	$315,000	$157,500	33.33%

図2　単純なギャップ

　同業者であるA社の平均通話時間と比較してみよう。この同業者の通話時間は1件当たり3分である。前述と同じ受信件数と通話料を用いる。1分半の違いが何を生み出しているかは一目瞭然である。電話の件数は同じであるが，通話料金の年間請求書額は315,000ドルとなる。つまり157,500ドルの節約である（図2参照）。

　問題点は極めて明らかである。A社と同じような業務をしているが，より効率的で，より効果的な同業者との間には，明らかなパフォーマンスの差異が見られる。そしてこの差異は，金銭に換算され，企業のステークホルダーが負うコストとなる。

　競争優位性を持続するためには，経営者はコンタクトセンター業務の効率と効果のバランスを作り出す手段を見つけなければならない。そして同業者との深刻な業務ギャップを回避しなければならない。

　顧客対応をめぐる最新のビジネスモデルにおいては，電話，メールやインターネット上での問い合わせなど，様々な形態でチャネルで提供されている。これらの顧客接点チャネルは，企業において明確に理解され，適切に管理されなければならない。

　本書はコンタクトセンターのマネージャーやスーパーバイザーが，センターの管理指標に現れた変化を理解し，具体的なマネジメント行動に反映することを支援するために執筆された。以下にコンタクトセンター経営の重要な視点を記しておく。

1. 管理指標を策定するための最先端テレコミュニケーションおよびIT技術
2. 財務データを供給するためのアカウント部門の効果的協力
3. 顧客の声をしっかり汲み取るための顧客満足（CS）プログラム
4. 複数のアクセスポイントとコンタクトチャネル
5. 顧客がコンタクトセンターにもたらす価値の正確な理解

　数値から情報を引き出す方法を我々は紹介している。それにくわえて，第1に顧客ニーズにより効果的に応えること，そして第2にコンタクトセンターを通じて高い効率と，かつ高い費用効果で世界一流の顧客サービスをもたらすことに，焦点を当てることができるであろう。

　また，マネージャーがコンタクトセンターデータをどのように活用するか，そしてどの管理者がどのような情報をコンタクトセンターに提供する必要があるのかということについても言及する。これらの数値を用い，高い測定基準を調査することが，1つの重要な方法であることを通じて，マネージャーが数値による管理が可能であることを我々は示す。

　私たちはコンタクトセンター経営を，適切な時間で毎回高い品質のサービスを顧客に経験させるサービスを保証させるために，適切なフルタイム従業員の数をマネジメントすることと定義する。

ミッションに合わせてコンタクトセンターを経営する

　事業戦略の全体像と方向性におけるコンタクトセンターの目指すべき方向性を理解することは，コンタクトセンターの評価基準やマネジメントを進化させるための最初の重要なステップである。卓越したセンターの目指すべき目標は以下の通りである。
- 経費削減
- 新規顧客獲得
- 既存顧客維持
- 優良顧客の育成

　コンタクトセンターに対する事業課題は以下の事項を含んでいる。
- 業務において最高の効率と効果を達成すること

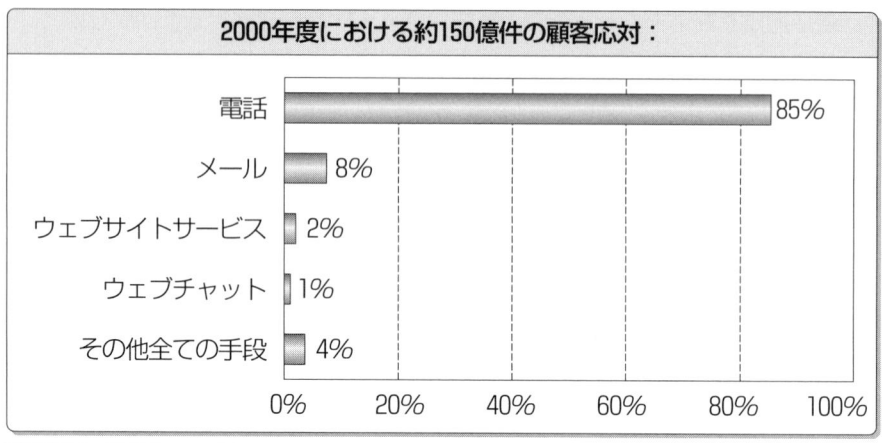

図3　2000年度における顧客応対の内訳

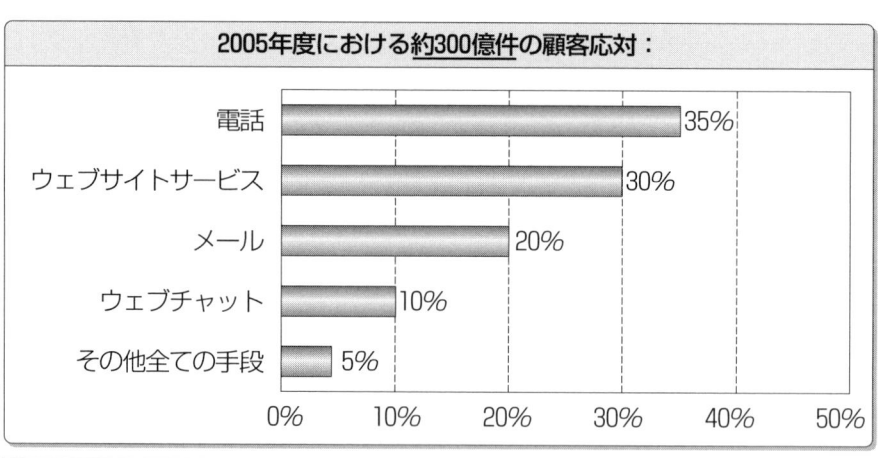

図4　2005年度における顧客応対の内訳

- チャネルを超えた融合の発展
- コスト重視から利益重視への転換

　すべてのCEOは以下のものを望んでいる。
- 経費削減（効率性）
- 収入増大（利益）
- 顧客満足の増大（効果性）

- 顧客内シェアの増大（ロイヤリティ）
- マーケットシェアの増大（知識）

　2000年度，コンタクトセンターにおいては150億件以上の顧客との応対が発生したと推定される。その大半の連絡手段は電話を通してであった。図3が示す通りである。

　2005年度までには，顧客応対数は300億件以上に拡大し，その応対手段は図4のように電話以外の比率が高まると予測されている。

CRMビジョン

　世界市場は今日驚異的で複雑な場所となっている。マーケットシェアに対する競争が瞬間瞬間に飛躍的に成長している。というのも，あらゆる事業がインターネット分野と同様の劇的なスピードで運営されるようになったからである。カスタマーリレーションシップマネジメント（CRM）はこの四半世紀の間進化を続け，顧客の要求レベルが高まり，技術系企業がより迅速で，より適切で，そしてより満足を顧客に与える能力を押し上げている。しかしながら，真のカスタマーリレーションシップマネジメントを提供するために何が必要とされているかを判断することがわかりにくくなってしまったのである。

　今日多くのBtoC企業は事業展開上の危機を迎えようとしているが，ほとんどの企業はそれに気づいていない。CRMとマルチチャンネルでの顧客コンタクトの2つの課題が浮き彫りになっている。いずれも無視できないものであるが，企業は自らそのリスクを高めているようなものである。2004年度末までに，CRM実現技術に＄1500億以上がつぎ込まれているが，費用の多くが，計画の欠如，漠然とした事業目的，そしてアセスメント不足により無駄に使われているといっていい。

　ガートナーの調査によると，「2004年度にCRMを導入した企業の55％は，現行ビジネスを正確にアセスメントするための業務プロセスが欠如していたことで，当初設定した利益目標を達成できず，ROI（投資対効果）の成果をあげることに失敗している」という。（出典：ガートナー，「In Pursuit of CRM Economics」）

CRMは技術ではない，もしくは技術の集積でもない。業界内では当たり前の伝統的なビジネスモデルから継続的な革新を進めるプロセスに脱却する姿勢を求められている。CRMは，人材，技術，ビジネスプロセスに対する思慮深い投資に基づく，企業が顧客志向を強めるためのアプローチ手法なのである。

　CRMのコンセプトには，ビジネスを成功させるために必要なすべての要件が含まれている。
- 顧客（Customer）：事業開始当初には，すべての事業はしっかりと顧客ニーズに焦点を当てた経営をしている。しかし，事業が拡大し業務の複雑さが増すにつれ，企業は内部の問題にばかり目を向けるようになり，しばしば顧客がおまけとして扱われてしまう。CRMの目標到達点は，合理的なコスト負担の範囲内で，企業にとって個々の顧客が重要であることを再認識させることである。
- 関係（Relationship）：つい最近まで，顧客との直接の関係を成り立たせることは大手企業にとって不可能なことであった。百万人単位の顧客がいる状況下で，どのようにすれば企業は個々の顧客趣好をつかむことができるだろうか。これは顧客が企業に対し忠誠心を感じ，企業価値を高めていく，企業対顧客の強固な関係を構築する分野である。
- 経営（Management）：現実的に事業はCRMを実施していない。というのも，企業が心変わりをし，辛抱強い顧客に対し優しく接するようにしたからである。ロイヤリティは利益と同じ重みを持っているものである。顧客と企業の双方がロイヤリティから利益を得ているのである。CRMにおけるマネジメントの部分が顧客との関係性を究極的にコントロールしていくという事業であるということを示している。ビジネスの本質だということである。
  - 適切なタイミングで適切な情報を提供する。
  - 顧客を留めるために適切な価格を提供する。
  - 顧客が購入したいものは何かを予測する。またその理由を理解する。

　CRMのビジネス上の目的は，顧客を知り，顧客をもてなし，顧客のニーズを満足させることで，顧客からもたらされる利益を最大化することである。

　我々の調査から，コンタクトセンターのマネージャーの責任の50％は，顧客応対はタイムリーさと専門家としての態度を保障することであることが明らかとなった。その一方で残りの50％では，そもそも顧客のニーズをどのように把握し，それにどのように対処したらよいか，という根本的な問題に立ち返らなけれ

ばならない状況であることもわかった。この状態が認識されることが少ないため，結果として適切な対応がなされていないのが現状である。

　それゆえ，企業の事業戦略とコンタクトセンターのミッションの足並みをそろえることは重要である。例えば，以下3つのコンタクトセンターのタイプにおいては，それぞれ異なった測定基準とマネジメントアプローチが求められる。
1. 大規模かつ案内を目的とするコンタクトセンターでは，シンプルに回答を伝え，電話の内容によってすぐさま顧客を適切な担当先へと切り替えるように設定されている。
2. 収益をもたらす（業務内容に営業活動が含まれる）コンタクトセンターの主な目的は，直接の販売行動や，販売に向けたプレセールスを目的としたコンサルティングを行うことである。
3. テクニカルサポートセンターを含む広義のカスタマーケアコンタクトセンターの主な目的は，顧客との長期的な関係を構築するために，販売後の顧客をサポートし，迅速な対応を実現することである。

　コンタクトセンターに関する一貫した事業戦略を組み立てるためには，多岐に渡り，時には相矛盾する様々な事業目的を調和させながら達成できるようにしなければならない。コンタクトセンターを運営するための基本的な事業目的は以下の通りである。
1. ロイヤリティと選好の観点で顧客を喜ばせること
2. 組織運営上の規則を最適化すること
3. 文化的価値を重視すること
4. 既存の設備環境を最大限に活用すること
5. それぞれの人材が，その能力に見合った業務を得ていること
6. 業務運営戦略と生産性を最適化すること

　以下の質問事項は，コンタクトセンター経営アプローチに関するいくつかの質問である。
1. 様々な技術の進化に対して十分な対処をしているか？
2. 最も価値をもたらしてくれる顧客の行動が何であるか分析できているか？
3. 効率的決定を下すための情報をマネジメント層に提供できているか？
4. 従業員の成果を把握するための適切な測定ができているか？
5. 顧客の問題解決スピードを早めることができているか？

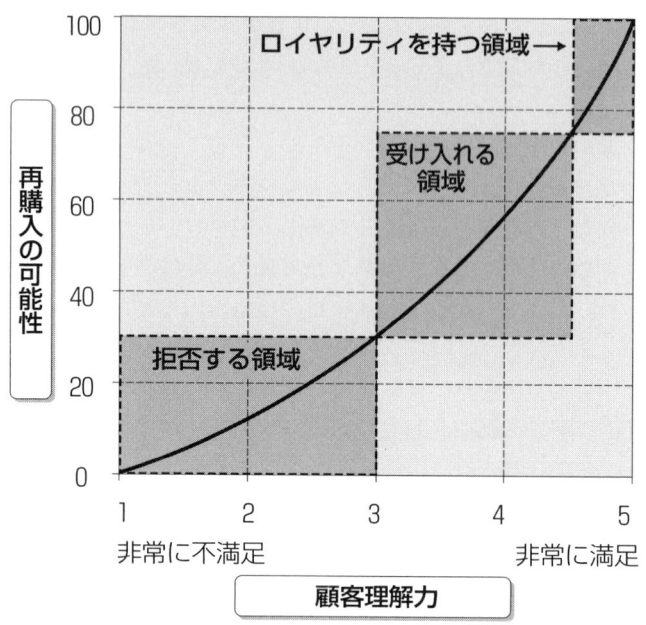

図5　ロイヤリティと実行の関連

6. どのような問題が顧客の満足と不満を分けるのかを理解し行動できているか？

　本書において，我々は事業自体がどのようなものであれ，あらゆるコンタクトセンターに対して有効となる1つの明確なビジネス戦略を選んだ。ここでいう戦略とは，顧客が自社に対してロイヤリティと選好の考えを持つような「喜び」を与えることである。企業内調査においても学術的調査においても，顧客がどのように「選択」または「拒絶」しているかの相互関係について同様の結果を示していることが導き出されている。顧客がCSに関して質問をされた場合，顧客の誠実性見解（もしくは態度）の度合いが1（非常に不満足）から5（非常に満足）までのスコアとして表示される。

　図5は満足度とロイヤリティにおける関係の非線形性を示している。このカーブ上に示されているものは，拒否していた顧客が選択し，受け入れるようになるまでのおおよその領域である。言うまでもなくすべての企業の目指すところは，高い選好レベルで顧客との関係構築をすることである。例えば，顧客が購入先を

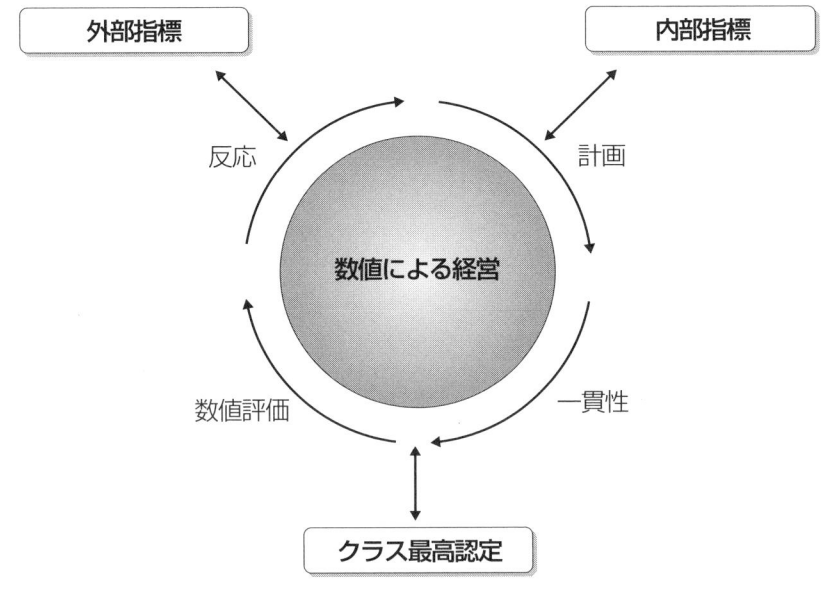

図6 数値による経営

選ぶ局面になったとき，どんな時でもその企業を選ぶような優位性のある地位になりたいと，どの企業も望んでいるのである。

　興味深いのは，「非常に満足」した顧客が，ロイヤリティを持ち再購入したりその製品をまわりに勧めてくれたりする可能性が，単に「満足」した顧客の6倍あるということである。

　ここからの章では，我々の調査を基に，顧客に満足を与えるレベルを顧客満足指数（CSI）＝85と定義する。この数値が得られれば，高い確率での顧客維持が可能となり，顧客維持の可能性を高めるための必要な時間や経費を節約しながら顧客ロイヤリティを獲得する有効な手法であるといえる。大事なのは，高い顧客維持率を保ちながら，コンタクトセンターに与えられた予算内で，顧客満足の度合いを，顧客維持の可能性を高めるレベルにいたらせることである。図6は「数値による経営」のモデルをどのようにコンタクトセンターのマネジメントプロセスへ適合すべきかを示している。「数値による経営」においては，外部指標（例：図5の顧客満足もしくはCSI指数データ参照），競合コンタクトセンター（例：クラス最高のベンチマークデータ），そして内部指標（例：平均回答スピー

第1章　序論　　11

ド，権利放棄顧客割合など）に留意する必要がある。

これら3種類の情報源をマネジメントプロセスに統合することが，経営判断の質を高めるのである。

我々のセンターに連絡してくる顧客は我々に何を求めているのか？

経営陣に質問しよう。通話の質とは一体何か。またメールを経由したサービスの質を構成しているものは何か。1,500以上のコンタクトセンターにおいての我々の経験と調査から，最終的に顧客を満足させる可能性の高い通話の質を構成しているのは以下の要因であることがわかった。
1．顧客が話中音を聞かなかった。
2．顧客が適切な助けを得るために無数のIVRメニューと格闘するようなことがなかった。
3．顧客が長時間に渡り保留にされなかった。
4．顧客が保留，転送もしくは折り返しをされることなく回答を得た。
5．すべての回答が的確であった。
6．オペレーターが素早くかつ正確に，顧客からすべての必要な情報を把握した。
7．顧客が急いで電話を切られなかった。
8．顧客がオペレーターに対する信頼を深めた。
9．求められていない市場の反応をも察知し，結果，当初顧客が予期していなかったことも提案できた。
10．顧客が確認，立証もしくは内容を繰り返す必要性を感じなかった。
11．オペレーターが，専門家として行動したというプライドを持っていた。

eカスタマー応対（ネット経由の顧客応対）において，顧客満足を得る可能性の高い高品質なメールコンタクトを構成しているのは以下の要因である。
1．顧客は回答を受け取るために長い間待たされなかった。
2．回答は，はっきりとわかりやすくかつ簡潔な言葉で表現されていた。
3．メール回答は適切な文法を用いられ，また誤字脱字がなかった。
4．その他役に立つ情報源が提供されていた。
5．別部門による対応が上級サポートオプションとして提供されていた。

我々は調査結果から，顧客が通常期待していることを簡潔にまとめておかなければならない。なぜなら，我々の最終的なゴールは，世界規模のコンタクトセン

ター測定基準とそのマネジメント情報システムを確立し，顧客満足の可能性を最大化するためだからである。業界，製品，サービスに関係なく，コンタクトセンターに連絡してくる顧客のニーズはかなりの精度で予測可能であり，類似性で分類できるものであることがわかった。それらのニーズとは以下のような内容である。

1. 連絡しやすい。
2. 丁重に接してくれる。
3. 必要とし求めているものに反応してくれる。
4. 依頼していることに即座に対応してくれる。
5. 不慣れで無知なオペレーターと接するようなことがない。
6. はじめから正しい対応をする。
7. 約束通りに対応する。
8. 何を期待したらよいか伝えられている。
9. うそやごまかしがない。
10. 社会的に責任のある態度をとる。
11. 道理に適った対応をとる。
12. 2回目に対応したときに継続応対であることをしっかり認識している。

　電話，メール，ウェブサービス等のように顧客のアクセスポイントが開発され，多様化が進んできているので，迅速な回答と質の高い顧客サービスに対する顧客の考え方も変化している。コンタクトセンターが提供するサービスレベルに対応して，顧客の許容度も変化する。顧客の許容度を構成するのは以下の6つの要因である。

1. モチベーションの度合いは，病気のとき医者の診察を待ち望む気持ちと，航空券予約を待ち望む気持ちを比べることで明らかになる。
2. 同じ製品やサービスを他でも簡単に入手できるかどうかという代替の可能性。
3. 競合他社のサービスレベルは，競争に残るために提供する自社のサービスレベルに影響を与える。
4. 人口統計学に基づく不均一な顧客数の見込みレベルは，顧客が期待サービスレベルを決める。例えば，ニューヨークの顧客はフェニックスの顧客より3倍早く呼を放棄する。（訳者注：「呼(こ)」とは，コールセンターでは一般に「通話」を意味する）
5. 飛行機の出発時刻に間にあわせたいなどという顧客の置かれた状況に左右される応対可能時間。

6. フリーダイヤルかどうかといった顧客の通話コスト。

　本書では以下の３つの主要なサービス品質の測定基準に焦点を合わせている。
1. 顧客は何を期待しているか。
2. 我々は顧客の期待するレベルに達しているか。
3. 顧客満足のレベルを十分に達成し，企業資源をできるだけ使わずに顧客維持を確実にするための顧客満足レベルに到達することができるか。

顧客満足を満たすサービスレベルの設定

　これ以降の章では，顧客満足につながるサービスレベルを確立するための方法論について説明する。くわえて，最善のサービスレベルは以下の要因に影響される。
1. 通話の経済的価値
2. 現地のオペレーター労務費
3. 現地の長距離通話経費
4. 前ページにて記載した顧客の許容度に関する６要因
5. コンタクトセンターが提供するサービスレベルによって，製品やサービスの差別化を図りたい，という企業のねらい
6. 択一的な顧客接点

成功するコンタクトセンターマネージャーの属性

　コンタクトセンターマネージャーは，人材，予算管理，情報技術，テレコミュニケーションや統計学が組み合わさった唯一新しい専門職である。この職には，人付き合いに長けているだけではなく，業界の新しい技術を理解することができる人物が求められている。成功するコンタクトセンターマネージャーには以下の特性が求められる。
1. 企業ミッションと協調してコンタクトセンターミッションを遂行する。
2. コンタクトセンターの計画的戦略は全社的な事業戦略に起因すると理解している。
3. コンタクトセンターにおける顧客からの連絡は，その企業における顧客対応の総合的，相互的プロセスの一部であることを理解している。
4. コンタクトセンターマネジメントは，内部また外部の測定指標をいつでも用意しておくことを要求されていることを理解している。
5. サービスの量より質を強調する。

6. 予測精度を得ようと継続的に努力する。
7. 訓練の価値を知っている。
8. オペレーターの離職率に対し何か具体的に取り組んでいる。
9. 主要なコンタクトセンター測定基準を理解し，改良点を分析するために必要な統計学手法の基礎を理解している。
10. 上級管理者に予算を納得させるということは，きちんと経営専門用語で話し，かつ投資収益率および金銭的な顧客生涯価値に関する財務的視点に真っ向から取り組むことであることを理解している。
11. それぞれのプロセスを改善あるいは再構築する試みを進んで行う。
12. 他部署との連携を率先して行う。
13. 質の高い顧客調査を実現するためにコンタクトセンターを利用する。

　顧客の期待が満足にいたらない，もしくは不満足であった場合，どのような結果をもたらすかということは証明されていないのだろうか。これを立証するため，「待ち時間」が顧客サービスと顧客満足の両方にどのような影響を及ぼすのか検証する。思い出していただきたい。待ち時間とは前述の顧客満足KPIsの1つである。

　待ち時間について簡単な例をご紹介する。待ち時間とは，次に対応可能である係員の番号「1」を押した後，あるいは音声ガイダンスのカスタマーサービス番号を押した後，顧客が待っているあの長い時間のことである。顧客は後処理のことを気にしているのではない。顧客はただ単にすぐに対応されるべきであったのに，長時間待っているとだけ思うのである。顧客は，待たされたために緊張が高まり，イライラしたり，不満を抱いたりするようになる。やっと顧客の通話がオペレーターにつながったとき，まず苦情を申し出るのは顧客にとって当然の行為となる。

　残念なことにほとんどの場合，オペレーターはどうすることもできず，不満を持った顧客の苦情に耳を傾けるしかないのである。このことがオペレーターにネガティブな影響を与えてしまい，次の顧客に対して思いやりに欠ける態度をとることになるのである。

　顧客を待たせるような遅れは，何が原因であろうか。我々はたくさんの理由の存在に気づいた。長い待ち時間（1分以上）の主因は，オペレーターの配置にあ

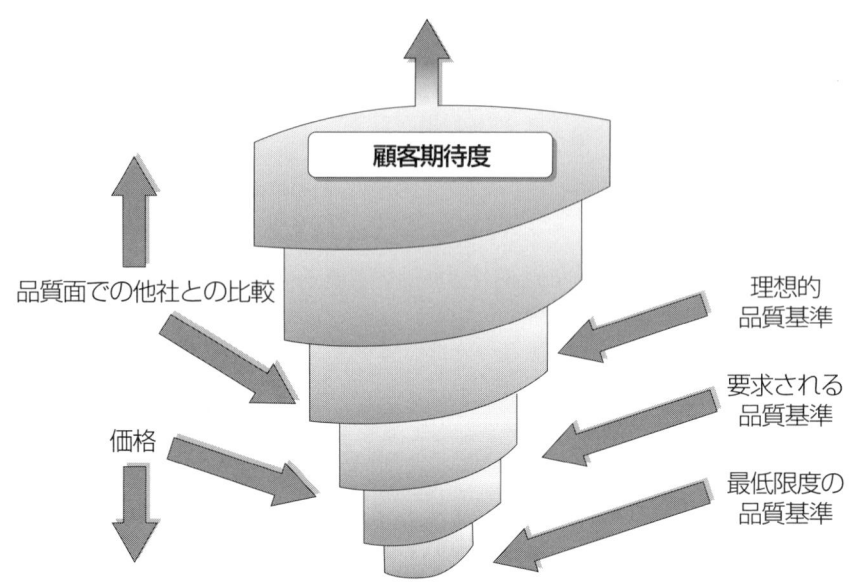

図7　顧客期待インフレサイクル

る。これはコンタクトセンターが受電を対処するのに十分なオペレーターを雇用していないという事実をほのめかしている。しかし，実際には対応するために十分な人数のオペレーターが雇用されているのである。活用できていないだけである。これはスケジュールをきちんと守るという問題につながっている。すなわち，対応が必要なときにオペレーターは席についていただろうか。対応できただろうか。オペレーターは，絶えず席に着いている必要があり，あらゆるコールに対して応対しなければならない。

　他の待ち時間を構成している要因は，オペレーターのスキルに対応した呼の振り分けやトレーニングなどの技術的問題である。通話内容を解決する知識と能力を有し，十分に訓練されているオペレーターを待機させられないと，呼が集中する時間帯にボトルネックが発生してしまう。これが長時間顧客を待たせてしまう結果と成るのである。これらの問題が絡みあい，顧客対応を難しくし，顧客満足度が低下する。これに立ち向かうために企業は，最善のコンタクトセンター経営を実現に向け，集中したアプローチを開発する必要がある。顧客が喜びを感じるような対応プロセスの実現に注力することこそが，真の成功をもたらすのである。

企業イメージ vs. 財務成績

　企業のコンタクトセンターのパフォーマンスは，顧客に受け止められる企業イメージに非常にポジティブ，もしくは非常にネガティブな影響を与える。コンタクトセンター費用の高騰により経営者は，たとえ結果として企業イメージや顧客信用を改善することができたとしても，これらの経費は正当なものなのだろうか，と疑問に思っているはずである。

　「企業の公共的なイメージは，企業の製品やサービスの販売高に影響を与えるのだろうか？」という疑問は，最近の調査においてパデュー大学顧客主導品質センターとベンチマークポータルで実施された最近の調査においてもその真価が問われた。調査は未だ継続中ではあるが，フォーチュンの最初の1,000企業調査の80％において，イメージの定性的測定は，翌年の売上高の示す統計学上の有意な指標である。本調査プロジェクトに関する詳細は付録Gをご参照いただきたい。

本書概要

　第1章では，顧客満足に要点を強調しながらコンタクトセンター業界における最近の重要な変化の概要を示した。顧客満足のベースと最善のサービスレベル設定に関する議論について述べた。最後に成功するコンタクトセンターマネージャーの特徴を示した。

　第2章では，顧客価値の定義づけに着手する。主に顧客生涯価値（CLV）コンセプトに基づき，どのように算定するか説明する。

　第3章では，主要な内部測定基準に基づいてデータ収集や報告頻度についても定め，産業間における共通平均と目的範囲を示し，また，測定基準の変化に基づいて要求されうるマネジメント行動を提示する。もちろんすべての偶発性については期待することはできない。それぞれの組織は異なる方法で運営している。しかし我々が提案する不偏的な概念は，コンタクトセンターにおける行動の確固とした基盤をもたらすことになるであろう。

　第4章では，外部測定基準を決定づけ，また理解するための1つの手段として顧客満足測定のプロセスの立証済みモデルを解説する。

第5章では内部と外部両方の測定基準を関連づける。

　第6章では業界成功事例と比較しつつ，ご自身のセンター運営を効率的かつ効果的に決定づける方法としてコンタクトセンターのベンチマークの利点について議論する。この章では，継続的な改良の概念とコンタクトセンター認証を提示する。

　第7章では投資利益率適応に言及する。そしてこの重要な比率の算定における詳細な事例をご紹介する。その利用に関する根拠は全事業の一部としてのコンタクトセンターの業績測定方法として展開される。ROI計算の取り組みを強調するために，最終的なROIにおける1％の変化について掘り下げて考察する。

　第8章では，人員の管理と評価について，範囲を掘り下げて展開する。文化的要素を含む，チェンジマネジメントの影響や，人員管理のプロセスにおける様々な利点や欠点について範囲を掘り下げて言及する。

　第9章では，品質モニタリングや指導工程と関連づけ成功事例や主要業績評価指数（KPIs）を含めコンタクトセンターにおける品質モニタリングや指導について取り扱う。

　第10章では，コンタクトセンター経営の方向性を詳しく調査する。つまりオペレーターの注目を集め，オペレーター1人1人が単なるコンピュータ部署の一員ではなく，より大きな存在であると感じさせることが成功の重要なカギとなるのである。

　第11章では内部と外部の測定基準の関連性を元に，より完成した奨励プログラムを提案する。いくつかの組織では，応答数，通話時間，保留時間，転送回数など，内部基準に基づき，オペレーターに報酬やペナルティを与えている。このような報酬制度は顧客の声を聞いていない。

　さらに，本書は各章で議論されている業績評価，指数，考え方，事例，そして顧客調査サンプル，内部調査，ベンチマークアンケートもあわせて収録している。

第2章
生涯価値の理解・顧客の価値

　企業経営者および幹部は概して，自社の損益計算書と貸借対照表について固定観念を持ってしまっていると思われる。経営陣にとってそれは，もはや強迫観念である。経営陣は財務評価を維持し，企業資産の増加や株価上昇によって経営者および幹部の業績を測ることに注力している。経営者および幹部自身，これらの財務スコアを基にしてボーナスを受け取っているので，財務指標の結果を注視しているといえるだろう。

　特異なことに，最も重要な企業資産で，コンタクトセンターとして最後の砦ともいえる「好意的な顧客」についての状況は，ほとんどの企業で経営層に報告すら行われていない。実際，パデュー大学で実施された調査プロジェクトでは，フォーチュン誌で公表された上位500社についての年間報告書を見直したところ，顧客満足の傾向についての記録や，好意的で献身的な顧客の人数に関する記録さえ，見つけることができなかった（アントン，1994）。最も重要な資産について，話題にすらなっていないのである。

　したがって，顧客の価値や好意的な顧客の人数でさえ，管理者やマネージャーの主たる関心事ではないのが現状といえる。しかし，この競争の激しい世界において，我々は，もっとその点について論じなければならない。例えば，フィナンシャルサービス，テレコミュニケーション，カスタマーエレクトロニクスそしてコンピュータのような不安定な業界において顧客ロイヤリティは，極めて重要な事柄である。好意的な顧客の典型は以下の事項に当てはまる。
- たくさん買う。
- 購入頻度が増える。
- 頻繁に利用する業者として定着する。

- 他の人に製品やサービスを購入するように促す。
- 推奨される他の製品やサービスを購入する。

顧客生涯価値(CLV)の定義づけ

　顧客の真の価値とは一体，何だろうか。それは，それぞれの顧客が継続的に企業にもたらす利益から認識される生涯価値である。つまり，ほとんどの顧客はほとんど業者を変えることなく，同じ業者に数年間はとどまる。顧客サービスを通じて獲得したり維持できたりしたとき，企業にとって有益なのは，1か月ないし1年間に生み出されるだけでなく，顧客が忠実である限り続く。その顧客から生み出される利益の将来的動向からみた現在の価値だといえる。

　これが，企業に対する顧客の価値の唯一妥当な算定基準である。我々はどのような企業の財務部門でも容易に理解ができる。財務上の概念やモデルを借用することで，顧客の生涯価値の算定法を開発したのである。

顧客生涯価値(CLV)の算定

　効果的なCRMオペレーションと顧客収益性との関係は，企業を離れずに留まった顧客の価値である。顧客が顧客サービスを通じて価値を増加させたり，蓄積させたりするとき，顧客の価値は，顧客が企業に残っている限り，その顧客からもたらされる利益の将来的動向からみた現在の価値だといえる。企業にとどまる顧客の数を顧客収益性に転換するために，顧客の顧客生涯価値が算出される。CLVの算定法は，既存の立証済みである財務上の概念とモデルが用いられる。

1人の顧客の価値

　1人の顧客を仮定して顧客生涯価値算定を例示する。
1. 顧客からの利益流入は毎月25ドルもしくは年間300ドルで均一にする＝R
2. 金利（機会費用）は，他に特定の使い道のない現金について支払われた銀行金利とし，9％と仮定する＝i
3. 典型的な顧客が企業に留まる期間を（この実例の場合は）3年とする＝n
4. 算出法は次のようになる

$$\mathrm{CLV} = \frac{R\left(1 - \left[\frac{1}{(1+i)^n}\right]\right)}{i}$$

このとき，
R＝忠実な顧客から受け取った年間の利益
i＝関連する利子率もしくは期ごとの機会費用の割合
n＝顧客が購入した期数

　平均的な顧客からの１か月の利益を用いて，Rを上の式から求める。計算のために毎月25ドルかける12か月もしくは年間300ドルが，平均的な顧客からの利益と仮定する。

　機会費用（i）は，企業によって異なる。最低でも，他のものに使用されないのであれば，組織が支払われる金利であろう。例えば，費用がデポジットであるとすれば，銀行が支払う利率である。ここでは例を示すために，現金の機会費用を９％と仮定する。

　年間の収入は通常毎年の決算で計算される。しかしながら，期間を年単位ではなく月単位としたほうが適切であることから，機会費用を年利でなく月利で計算する。議論を単純にするために，ここでの計算は，基本的な財務基準を用いて年度末決算とする。

　期間の数に関連する実際の問題は，期間が月単位であるか，もしくは年単位であるかということではなく，むしろ何年間顧客が企業とともにいてくれるか（したがって，顧客生涯期間の起点）が問題であり，そこから現在維持されている顧客の真の価値が算出できるのである。もし，顧客としての平均期間が利用可能であれば，平均存続期間をコンピュータによって予測する単純な問題となる。

　要するに，顧客の平均存続期間の価値は，経験から決めることができる。また，実際に，営業部もしくは経理部がそれを知っているかもしれない。最終CLV測定をより現実的に作成するためには，これらの部署と提携することが推奨される。

　ここでの例証用に，平均的な顧客が企業にとどまる期間を３年間と仮定する。ここでの含意は，顧客がすでに企業にとどまってくれている期間の長さはどうで

あろうと，満足した顧客はさらに３年間とどまるということである。

前述の仮定に基づくと，算出方法は以下の通りとなる。

$$CLV = \frac{300\left(1-\left[\frac{1}{(1+.09)^3}\right]\right)}{.09}$$

例題によると，典型的な顧客の生涯価値収益性は759.39ドルである。維持された顧客の価値は，生涯価値収益性と等しい。それは一体，なぜか。他の条件が同じならば維持された顧客は，別の生涯期間においても維持されることが期待されるので，とどまり続けることが期待できるからである。

１人以上の顧客と顧客セグメントの価値

１人の顧客に対して，顧客価値をどのように予測するのかということができていれば，もっと大きなグループ単位でも予測することが可能となる。まず，顧客グループを選択する。ほぼ同時期に獲得されたグループにおいて，１年後，そのうち何名が企業の顧客として維持されているかを判断する。このことで，顧客維持価値がわかるのである。このグループからもたらされる利益は，このタイプ購買履歴の顧客の数を上の公式にかけ合わせることで計算できる。これにより，特定の顧客セグメントの価値がわかるのである。異なった購入履歴や顧客生涯価値をもつ，他の顧客セグメントに対してもこの予測が適用できる。それぞれの予測から，どのセグメントがより沢山の価値を生み出していて，そしてどのセグメントに力を注いでいけばよいのかが，明確になる。

顧客生涯価値（CLV）を通じた顧客の認識

顧客価値の理解から，顧客がコンタクトセンター経営への追加的価値をどのようにもたらしてくれるのかという見方をすることができる。このことが，非有益な顧客と忠実かつ息の長い顧客との識別を可能にする（図8参照）。

さらに，顧客CLVの理解により，現在の経営のやり方に関する以下の質問をすることができるといえる。
- ROIは，どこからやってくるのか。
- 何を指標としているのか。

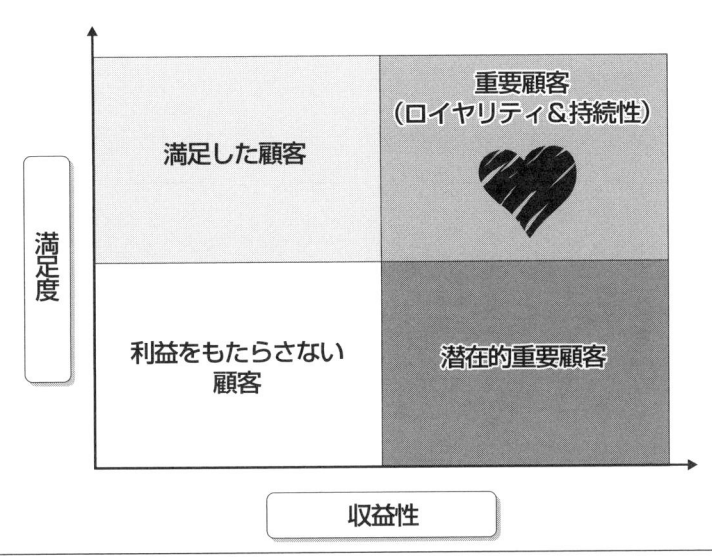

図8 顧客区別と収益性への貢献

- 何を見過ごしているのか。
- 1つ以上の製品を使っている顧客が何名いるのか。
- 顧客維持率はどれくらいか。
- 他の製品の相互販売（クロスセリング）を行っているか。
- どのような方法で顧客サービスが改善されるのか。
- 他に負けないマーケット・シェアを維持しているか。

　CLVの理解の背後に潜む重要なポイントは，顧客が企業にもたらす利益を評価すること，顧客拡大の戦略を練ること，そして顧客へのコミュニケーション・結合性・販売を改善し，それにより顧客生涯サイクルを最適化することである。

企業の顧客資産の増加

　いったん顧客価値を理解すれば，次に，顧客がどのように価値を提供するかがわかり，それを上の計算に加えることができる。次のような見方が可能となる。
- ROIは，どこからやってくるのか。
- 何を指標とするのか。
- 何を見過ごしているのか。
- 技術の受け入れ，ないし拒否の測定を実施しているか。

第2章　生涯価値の理解・顧客の価値

● 当然のことながら，顧客はシステムの利用法を知らないので，技術コストの実施や改定を要因の1つとして含めているか。

> 「多くの例において，企業は，こうした経営システムの新しいケースがあまり利用されていないということを見つけ出すためだけに，時給12ドルのコンタクトセンター職員を使い，CRMシステムに数百万ドルをつぎ込んでいる。見込み経営や経営サービスレベルの適切な方法が省略されているが故に適応障害が存在する」
> ——リサ・スチュワーズ【技術促進における見込み経営
> ——失敗の危険性を減らす——】

制御可能な変数に助けられて成功したくなどないと考えているわけではないが，顧客が財務面に影響を及ぼすなどとは思っていないために，手付かずとなっているのである。我々は，CRMプロジェクトのリスクマネジメントと，実施事項に含まれていない場合に生じる外部財務費用をどう減らすかについても検証する。

CRMシステムの財務面が考慮された場合，予想利益はCRMの展開実質費用を埋め合わせるものとなる。最大利益を得るために，また，顧客価値を増加させるために，どのように顧客の利益を高めていくかについて戦略を練ろうとするであろう。以下のリストは顧客がどのようにCRMシステムを通じて価値を追加していくことができるか，いくつかのアイデアを与えるものである。

1. 1つの製品に対する顧客の利用法
2. 他の製品におけるクロスセリング（相互販売）顧客
3. 資源分配にむけた預貯金支払いの直接的な効果
4. 定着した顧客
5. 相互販売（クロスセリング）
6. 売上増加（アップセリング）
7. 競争力の向上
8. eカスタマーサービスの向上
9. オートメーション販売力
10. 改善された販売プロセスの情報伝達と関連性－導入，契約そして維持
11. 顧客ライフサイクルの増加－マーケティング，販売，サービスサイクル
12. 最適化分析—顧客と製品の最適な組み合わせの発見

くわえて，CRMソフトウェアをいつ購入するか，ROIがいつ約束されたのか，それらを入手するために必要なCRMソリューションの機能性の程度についての理解を望んでいる。

よい例は，例えば，マイクロソフト・ワード（Microsoft Word™）である。これは，書類を作成するときにほとんどの人が利用する文書作成ソフトである。確かに，タイプライターを用いるよりも早くかつ効率的なものだといえる。しかしながら，ソフトウェアの機能をどれほど使いこなせているだろうか。マイクロソフト・ワードはとてもパワフルである。しかし，多くの人は，方程式作成機能，脚注組み込み機能，手の込んだ図表など，付属している機能の半分すら使いこなせていない。

ここでの考え方は，CRMシステム利用の全機能性を調査し，そして実際にあなたが利用しているのは何か，そしてそれの有している費用便益をどうやって増やせばいいのかをはっきりとさせることである。また，機能性に対していくら支払ったのか，どれだけその機能を利用し，そしてROIはどれくらい得ているのかを明らかにすることである。

採用危険性と再加工－負債

技術系企業において，予期されている真の利益をCRMシステムが生み出していない理由の1つは，その利益を「採用への抵抗」のために費やし，再加工していることにある。おそらく，あなたはソフトウェアないしハードウェアを開発し，配信する費用は予測するだろう。利益を出すために必要なマージンもつけ加えるだろう。しかし，再加工の費用は算出されているだろうか。

再加工とは，顧客が戻ってきて「このソフトウェアはあなたの言った通りには作動しませんでした。10回試しましたが，結果は同じでした」と言ってきた場合のことである。ユーザーの問題であるというのは承知であるが，問題をはっきりさせるために，エンジニアのところへ行き，そしてユーザーは何がわかっていないのかを見つけ出すために，このソフトウェアをよくみてもらうように依頼しなければならない。状況を好転させるために，営業部，マーケティングやCレベル役員たちの時間を取らせることになる。これらの人々のリメークに使う時間は企画のお金を費やす。いくつかのケースでは，これは修理が必要な突発事故であり，コスト状況全体を主導していく。

販売後に費やした時間数によって，人々の給料も増加していく。そこに，新しいプロジェクトのために費やせなかった時間や，もし別の顧客へ販売していた場合に得られたであろう収入の含み損が加算される。これがダブルヒットである。

その他の費用は，次の章で算出するマーケットダメージである。例えば企業のCEO達が一緒にゴルフをし，「XZYシステムを購入するな。なぜなら・・・」とささやきあうといった事例による将来の販売損失など，口には出せない費用と同様である。これらすべての要因は，CRM技術のROIを算出する際，考慮されなければならない。基本的に，企業の販売技術はしばしば再加工への対応，マーケットシェアダメージ，そして口に出せないようなあまりよくないものに利益をつぎ込んでいることが多い。

さらにROIの道筋を俯瞰したいならば，CRM技術を購入してくれた企業を取り上げるべきである。同じ損失が見つかるだろう。企業にROIをもたらす何かを購入したつもりが，しかし再加工や採用への抵抗のために，重要な利益がインストールや技術再加工へとつぎ込まれていく。くわえて，システムを利用している従業員の抵抗は，何であろうか。生産力の欠如は，新しいシステムの利用に，困惑し，そして混乱する変化に対する折り込み済みの抵抗によるものである。こうした生産性の欠如には，費用がかかるのだ。後ほど採用への抵抗の費用面について，見ていくことにする。

このことは，技術株の価格がこのような変化をたどっている理由といえるだろう。技術があまり実行されておらず，ベンダーとバイヤーの両方に対する利益はそこにはないというすべての資金が消えていくブラックホールが存在する。損益計算書に書き加えられた予測のこれらの種類に目をやることは，非常に興味深いことであろう。我々が作り上げようとしているパラダイム転換は「CRMギャップに陥るな。技術の導入を今，実行しないと，後からツケを払うことになるだろう」である。

乏しいサービス予測のマーケットダメージ

顧客と顧客価値に対する尊厳とともに，貸借対照表への記入を考え始めるとき，他にも考慮すべき局面が存在する。ここからは，乏しいサービスのために起こるマーケットダメージを算出する簡単な以下の公式をいくつかご紹介する。我々のマーケットダメージの算出では同様に，問題防止価値でマーケットダメージのバ

ランスをとるためと，顧客サービスに力を注ぐために以下のような予測局面を包括している。
- 口から出たネガティブな言葉の影響
- 乏しいサービスの影響
- サービス改善の影響
- 苦情処理の純価値
- 問題防止
- よりわかりやすいサービスの価値

乏しいサービスの影響を量で表すために，このセクションでの主要な目的は以下の質問に答えることである。
- 問題とサービスの現在のレベルでの費用とは何か
- サービス改善，問題防止そして苦情処理からの投資利益率は何か

ひと度，1人の顧客価値の予測を行えば（図9の例を参照），例えば苦情の減少のように，顧客サービス改善の価値を見るため，よりたくさんの顧客情報を集めることができる。まずは，問題や苦情の件数を拾いあげるところから始め，算出された顧客価値で，苦情処理費用を見るという手順を踏むことができる。

```
顧客生涯価値予測：
    平均顧客年数              =           9
    原価                      =       $ 900
    初期購買費                =       $ 5,000
    見込年次追加利益          =       $ 500
    利率                      =           9%
    顧客生涯価値              =       $ 7,098
増加する顧客生涯価値予測：
    2つ目の製品の初期購入費  =       $ 300
    見込年次追加利益          =       $ 300
    増加した顧客生涯価値      =       $ 2,099
    合計顧客生涯価値          =       $ 9,196

マーケットダメージ概略：
    合計顧客生涯価値          =       $ 9,196
```

第2章　生涯価値の理解・顧客の価値

発言数	=	15
影響率	=	100
損失顧客ごとの逸失利益	=	$10,576
苦情数	=	100
苦情率	=	11%
問題対処顧客数	=	909
十分に解決された苦情	=	65%
マーケットダメージ	=	$9,984,353

万が一・・・
より多くの人が問題を知ったらどうなるか。

発言数	=	15

より多くの人が苦情を申し出たら。

苦情率	=	11%

より多くの苦情が十分に解決されたら。

十分に解決された苦情	=	65%

企業財産としての顧客：

スコア5の顧客率	=	14%
およその顧客合計数	=	100,000
合計顧客生涯価値	=	$9,196
顧客財産	=	$128,747K

図9　顧客生涯価値予測

顧客資産の上昇にむけたCRM分析の影響

　製品が類似し，今日は優位な製品が明日は競合他社によってコピーされ，市場では製品や企業間に十分な違いが見つけられない時代，上質なCRMは，競合他社を追い越し，先頭に立つことのできる唯一の方法である。競争力のある顧客サービス戦略およびその実行展開に対する考え方は，異なって当然である。もし1分以内に指先でデータを入手して以下のことを知ることができたとしたらどうだろう。

1. 顧客は製品やサービスについてどのように感じているのか。
2. どの製品がうまく作動しているのか。あるいは作動していないか。
3. どの製品とどのサービスが問題を抱えているのか。そしてそれはなぜか。

着手しようとしている改良されたイニシアティブは，
1. ROIを予測することができたので，素早く経営承認を得る
2. 高額な利益を生み出す
3. 増加した利益と経費削減の両方を通じて利益を生み出す
4. 以下の点で競合他社を打ち負かす戦略的優位性を創造する
   - サービス提供の最大化
   - 生産性の最適化
   - マーケットシェアの増加
   - 不必要な経費削減
   - 役員の合理化

これが適切に影響した場合，CRMシステムの裏づけとなる。役員は，顧客がどこの会社にも目もくれなくなるような上記の並外れたサービスを提供する集団から自社を目立つものにすることができる。それを行うために，組織は，CRMイニシアティブに分析性ソリューションを追加しなければならない。これは役員が，顧客ライフサイクルをどのようにして効果的に管理していくのか，契約，業務処理，仕事の遂行やサービスを通じて顧客態度を理解し，事業成長と顧客生涯価値の最大化を知る必要があることを意味する。CRMが多数のデータソース，多数の機能や多数のシステムの組み合わせであるため，解決にむけた事業プロセスは複雑である。

CRMシステムにおける全重要事項のアセスメント測定

どのように顧客関係が定量化されるかを完全に理解するために，考えるべき3つの側面がある。
1. 情報統一
2. 情報の分析
3. 入手した情報に基づいた適切な行動

データから測定と学習ができるCRMシステム設計において，顧客がいよいよ多様なeタッチポイント（ウェブサーバーログ，サーバー記録，商取引広告を簡

単にクリックするもの）を容認するようになってきているため，企業は全顧客タッチポイントに渡ってデータをまとめる能力が必要となっている。同様に，増加しているウェブ，ATM，POS，コンタクトセンター，キオスク，直販，モバイルディバイス等を含むタッチポイント数を増やす特徴を持つ操作可能なCRMシステムをまとめる能力も求められている。

　CRMにおける次の段階は，顧客と企業タッチポイントの間の相互関係を分析することである。これは，タッチポイントが顧客の行動に非常に大きな影響を与えるという知識に由来する。そして，どのような情報を集めるべきかを決定されるであろう。このときの重要な要素は，メタデータである。これは，集められたデータの特徴を決定づけているデータである。集められたデータは，操作可能なデータベースに保存される。これらのデータベースは日々の事業操作プロセスに活用されている。これらのデータベースから，データ倉庫に保存するためにデータは選択され，抜粋され，そしてすっきりきれいにされる。データ倉庫は，広範囲にわたる多変数分析をもたらすデータの保管場所である。これらの多変数分析は，顧客満足と顧客生涯価値を増すために用いられた顧客知識に由来する。行動パターンから分析されたデータは，データマイニング処理される。これは手の込んだ統計学，論理学，数学的技術で行われる。最終段階は，見つけられた顧客知識が組織中に反映され，顧客のニーズや要望に沿ったよりよい製品やサービスを作るための実用的な様々なタッチポイントがよいタイミングで適用されている状態である。

　顧客フィードバックタッチポイントは以下のものを含んでいる。
- 売上
- マーケティングと広告
- 在庫管理
- 品質管理
- 顧客満足
- 現場サービス
- 顧客サポートコンタクトセンター

　アセスメント測定は以下の事項を含んでいる。
- 顧客収益性
- 顧客区分性

●顧客ロイヤリティ

株主価値を高める顧客生涯価値の増加方法

　運営システムとeビジネスシステムは1か所に集められ,「オープン」フォーマットに巨大な粒子状のデータソースを作り出している。それらは評価指標として収入,利益性あるいはROIといった財務データへと到達するために,結合され,分析され,測定され,改良される必要がある。別の言葉で言い換えると,単にクリックするだけのものではなく,CRM分析は十分な理解力があり,そして顧客が利益や顧客満足を評価するのに十分なほど統合可能なものでなければならない。このアセスメント容量の統合的タイプは以下のことで組織を支える。
●素早い意思決定を行う
●伝統的な実施を強化する（例：先進ERP分析性）
●マージンを上げる
●ROIを最大化する

　この統合された情報は,顧客サービスにおいて顧客生涯価値と株主価値を結びつけている事業プロセスマッピングと事業リエンジニアリングを導いていく。企業は顧客サービスデータベース以上に分析する必要がある。他の顧客サービスシステム（ACD, IVR, eCARE等）からもたらされる,財務,オンライン,オフライン処理,将来予測,参加コミュニケーションをもたらすためのツールが必要である。豊富な顧客分析を可能にするツールは以下のことも可能にする。
●顧客行動をアセスメントすること
●顧客ロイヤリティを強化すること
●顧客生涯価値の量化とその増加させること

　データがサイコグラフィックスデータと同様の生産データ,財務情報,顧客統計を含むように,すべての顧客タッチポイントと事業チャネル（実行可能なCRMからフロントオフィスの自動操作まで）のデータを統合することが必要とされるすべてのことをシステムは実行することができる。くわえて,実際のアセスメントに影響するその他の要因は,
●サービスレベルの一致
●相互作用センターの対応と相互ライフサイクルの管理
●相互作用センターを「証明する」ために必要なもの（顧客に届けられたサービ

スの難解な顧客サービスベンチマークを必要とするもの)

分析論へのフォーカス

　分析と報告には非常に大きな違いがある。多くのCRM技術が,事業分析論を提供していると主張しながらも,1つの数的指標報告を提供しているにすぎないのである。そういう理由から,多くの場合CRMシステムを購入することで,CRMシステムからのデータを処理するために特別に設計されたシステムで処理しなければならなくなる。

　そのままのデータポイントの問題点は,十分に意味のある内容,もしくは豊富で,特有で即利用できる知識を提供していないことである。その知識は,結果をアセスメントし,主要な事業プロセスに適切な変化を目標とするための営業,マーケティングやサービスチャネルにより効果的な影響を与える。他の分野へのこうした情報の連結なくして,顧客生涯価値や株主価値を増加させることはなく,CRMシステムへの投資に対するリターンはわずかであるか,もしくはまったくない。実際,これはネガティブ経費である。

　信頼できる報告が,1度しか利用できない「無口な」データポイントを構成している。この手の信用できる統計的報告書は,何が起こるかをただ教えてくれる。
- 単一データソース
- 基本トップレベルデータポイント（例：送信されたメール数,戻ってきたメール数)
- 単一勘定／区分

理知的な分析

　最終的に意味を成すCRMデータのために,静的な報告書のタイプ以上のものが求められる。役員たちは,素早い意思決定力に有用な簡単に要約されたフォームでCRM情報を持つ必要がある。

　理知的なCRM分析は,最終的な進言のために,洗練され,意味があり,管理可能な情報である。何が起こったのか,それはなぜ,いつ,どこで,どのように起こったのかを証明し,概観的な顧客観点を提供する。さらにまた,事業プロセスにおいて正しいものを変えることができるように,次のステップないし行動アイテムは容易に確認されそして事業チャネルを超えて影響を与えるのである。理知的な分析は,顧客対応事業の役目がどのようなものかその全体を説明する

- マルチプルデータソース
- 高度な報告
- 深く，関連づけられた知識

　企業は，何が，どこで，なぜ，いつそしてどのように，依然として関連づけられたひとつひとつ—粒状—が今日のeコマースの効率性と効果性を完全に理解する必要があったかを述べるために掘り下げていくCRM分析を必要としている。アセスメントは徹底的に顧客関係を分析し，理解することを基に戦略やプロセスに関してビジネスリーダーが計画をたて，管理し，そして遂行できるようにするためのウェブのログ，自動応答システムやeコマース処理といったリアルタイムな顧客相互作用ないし尺度を発掘，測定また管理することによって未補正のデータあるいは測定基準報告に沿って成功する必要がある。さらに，CRM測定の妥当性は，ばらばらな効果を分析する単なる経営報告書を管理する以上のことを行わなければならない。顧客対応事業全体の有効性を解明する必要がある。

　完成した景況を解明することで，CRM分析は全体の状況を明らかにするだけではなく，以下のような批判的な詳細をも明らかにする。すなわち，顧客維持力と利益性，有効的戦略，そして従業員の最適化である。

　ソリューションは，企業に以下の事項を可能とする。
- 傾向を追跡し，歴史的パターンを調査すること
- 戦略と実行を分析すること
- 今後の使い方に焦点を絞ること

　すると，以下のような質問に答えることができる。
- 通話数は顧客サービスにどのような影響を及ぼすか
- どの製品が多大な影響を与えるか
- 製品のどのような側面が引き合いやポジティブまたネガティブサービスレベルを生み出すのか

　システムは，顧客の維持力や利益性，有効性のある戦略や従業員の最適化を示す必要がある。実社会に意味を成すデータとするために，傾向や歴史的パターンを追跡し，今後の使い方を予測する必要がある。データに関する例としては，通話量がどのように顧客サービスに影響を及ぼすか，どの製品が市場で最も大きな

影響を与えるか,そしてキオスク,メール,コンタクトセンター等,CRMシステムのどの局面が良いまたは悪い評判を作りだすのか－が挙げられる。サービスレベルの合意がどのように維持されているかということについての情報も増やす必要がある。財務データと結び付けられたすべての情報は,企業に利益路線や利益性を測定させ,またCRMシステムのROIを判断づけることを可能にしている。

第3章

内部測定基準
——コンタクトセンターの中心部を測定する

　管理レスポンスやコントロールシステムの開発は，容易に実行できるプロセス測定法で収集され，それらの大量な選択肢を通じて高められた。さらに重要なことに，これらの測定（通常「内部測定基準」と呼ばれているもの）の多くは基準技術から新たな費用を必要とせずに提供がなされている。
- PBX：公共電話交換
- ACD：自動コールディレクター
- IVR：自動音声応答装置
- CTI：コンピュータ電話統一ユニット
- CTS：応対追跡ソフトウェア
- RDBMS：特定のデータベース管理システム
- その他，多数

　着信コールマネジメント専門家のゴードン・マクパーソン氏は，世界に通用するコンタクトセンターマネジメントとは「ちょうどよい数のオペレーターが席についていて，必要な時に的確に予測された電話に適切なサービスレベルでかつ顧客を満足させる一方，最低経費で答えてくれる芸術である」とかつて定義づけたことがあった。もちろん，ヘラクレス上場の挑戦は，上記のように定義課題をただ達成する方法である。本書の目的は，この挑戦を可能な限り論理的で定量的な方法として扱うことである。

　第3章では，以下の事項について焦点を絞っていく。
1. 最もポピュラーな内部測定基準を定義づけること
2. それぞれの測定基準が通常どこで，またどうやって収集され，計算されているかを述べること

3. それぞれの測定基準に向けた業界の一般的なゴールを示すこと
4. 測定基準が変わった場合，可能な管理行動を提案する

　図10はこの書籍で我々がコンタクトセンター経営者に対して，何を提案しているかの「概略図」である。例えば，電話に焦点を絞ったコンタクトセンター経営者は管理システムについて慣習，信頼性やサービス測定システムについて，周囲に承認された品質を構築しなければならないことを示している。我々の経営コンセプトは，典型的なコンタクトセンターの複雑性を以下のような一連の内外部測定基準のように簡素化することである。
1. 一貫して測定され，記録され，そして追跡される。
2. すぐに使用可能な報告書へ連結され，そして処理される。
3. 顧客のために通話を改善するための行動をとることができる極めて重要なプロセスマネージャーに引き渡す。

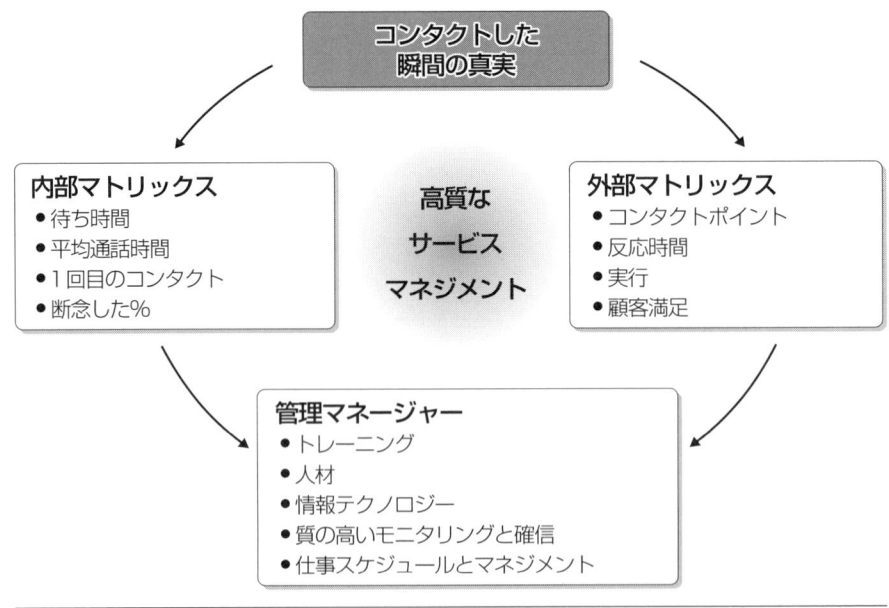

```
                 ┌──────────────┐
                 │ コンタクトした │
                 │  瞬間の真実   │
                 └──────┬───────┘
           ┌────────────┴────────────┐
           ▼                         ▼
  ┌─────────────────┐       ┌─────────────────┐
  │ 内部マトリックス │       │ 外部マトリックス │
  │ ●待ち時間       │ 高質な │ ●コンタクトポイント│
  │ ●平均通話時間   │ サービス│ ●反応時間       │
  │ ●1回目のコンタクト│ マネジメント│ ●実行           │
  │ ●断念した％     │       │ ●顧客満足       │
  └────────┬────────┘       └────────┬────────┘
           └────────────┬────────────┘
                        ▼
              ┌───────────────────────┐
              │    管理マネージャー    │
              │ ●トレーニング          │
              │ ●人材                 │
              │ ●情報テクノロジー      │
              │ ●質の高いモニタリングと確信│
              │ ●仕事スケジュールとマネジメント│
              └───────────────────────┘
```

図10　コンタクトセンターのサービスの品質を測定する

　あらゆるコンタクトセンターのマネージャーは，異なる組み合わせや，よりサブセット的に焦点を当て，内外部の異なるサービス評価システムの品質を差し出

す。議論として，マネジメントスタイルの違いは企業の顧客の戦略的方向性との関係において動き出したミッションに左右される。しかしながら我々は，コンタクトセンターの戦術的ミッションに関わらず，その考えはコンタクトセンター経営の全体的なプロセスとして図10において図示されている。

コンタクトセンターの原動力

　コンタクトセンターは，実質的な他の生産や販売といった事業ユニットと比較した場合，極めて異質な事業環境である。コンタクトセンターが顧客満足という目的を達成する重要な役割を与えられているので，効果的かつ効率的なコンタクトセンター経営を提供するための原動力を理解することが必要不可欠である。

　おそらく，コンタクトセンターの最もユニークな特徴は，一定期間内に行う仕事量が不規則であるという事実である。コンタクトセンターの業務に関与していない顧客たちは，自分たちがコールすることにより，どんな業務処理が必要となるのか，また彼らが完了すべき仕事の量について理解をすることなく一方的に指示をする。この仕事量の不規則性は，年ごと，月ごと，曜日ごと，あるいは1日の時間ごとに変動している。もし不可能でないなら，時間に基づく完璧な仕事を作ることができる。国内外の政治経済両局面の不一致のために，市場傾向への顧客の反応，シフトは，コンタクトセンターへの通話量に影響を及ぼす。

　納得の得られる係員と話すための顧客の待ち時間から測定されたよいサービスとは，着信時に適切な人数の対応可能な係員を有しているかどうかによる。しかし，係員のレベルはいつでも，顧客の要望を下回っている。つまり，顧客に対して低レベルのサービスを提供しているという結果になってしまっている。年間を通してコンタクトセンター財政が，人員削減が適切であるという提案にたどり着いたことを理解するために，この事実はとりわけ重要である。しかし，コンタクトセンターの人員が削減されても，コール数が減少するわけでもなく，結果，顧客サービスは予測された通り品質低下となる。

　カスタマーサービスの品質を維持し，顧客満足度を得るという課題は，計算された科学といえる。コンタクトセンター経営術を作り出すのである。コンタクトセンター経営自体は，多くの課題と結果における精巧なバランスである。つまり，サービスレベルと顧客満足，オペレーター訓練と監督，品質の監視と測定，そし

てもっと多くのことにおいて最適条件を得るための人材管理である。このバランスの効率的かつ効果的な維持は，現実的で測定可能な目標および管理目的を設定することで完遂されるのである。

コンタクトセンター経営の主たるマネジメント要素は，コストである。実質的には他のどのようなビジネスユニットにも似ていないコンタクトセンターは，営業時間内にコストを消費し続けていることになる。効果的なサービスをしていようがなかろうがコストの増減には影響を与えない。1－800サービス（訳者注：日本のフリーダイヤル0120に相当する）が提供された時，粗末なサービスはよいサービスを提供するよりさらに費用がかかるということを調査が証明している。

我々が理解している通り，サービスレベルは単に品質サービスの測定方法の一部にすぎない。コンタクトセンターにおける受電数と複雑性は増え続けている。コンタクトセンターは，極めて専門的経営を必要とする戦略的企業資源である。

テクノロジーの向上			
			(%)
テクノロジー	場　所	計　画	未計画
相互音声応答	56	22	22
オペレーターモニタリング	39	21	40
分析ツール	31	12	57
人材管理	29	18	53
CTI（コンピューター・テクノロジー・インテグレーション）	23	42	35
スキルに応じた呼の振り分け	18	10	72
リーダーボード	17	8	75
顧客応対管理	7	24	69
アウトソーシング・コール	6	15	79
VOIP（ボイスオーバーIP）	1	18	81

図11　コンタクトセンターデータの資料

コンタクトセンターデータの資料

自動応答ディレクトリ
- 受信頻度
- 順番待ちに対する顧客許容度
- オペレーターによる電話対応

相互ボイス応答ユニット
- 誰がコンタクトセンターに電話をかけてきているか
- 何について顧客は電話をかけてきているのか
- 顧客が求めているものを得るために何にアクセスしてきたか

音声ネットワークサービス
- 誰がコンタクトセンターに電話をかけてきているか
- 何について顧客は電話をかけてきているのか
- コンタクトセンターにつながったか

データネットワークサービス
- どのテレコミュニケーション機器が使われているか
- どのテレコミュニケーション機器が使われていないか
- どのソフトウェアデータベースがアクセスされているか

回線モニタリングディバイス
- 何が議論されたか
- 議論はうまくいったか
- 議論はいつ交わされたか

データ端末監視ディバイス
- どのソフトウェアにアクセスされたか
- いつアクセスされたか
- どのようにしてアクセスされたか

実行管理のためのモニタリング装置

- どのオペレーターがログインしたか
- オペレーターは電話対応を行っているか
- オペレーターは計画通り対応しているか

PCに連動した電話装置

- 顧客は電話体験に満足しているか
- 顧客はコンタクトセンターを他の人に勧めるだろうか
- コンタクトセンターは，ロイヤリティを構築しているか

　さらに，メールおよびワールド・ワード・ウェブ（一般的にインターネットとされているもの）は，同様に価値を少し上げるための追加ソース，もしくは以下のような顧客連絡先データを提供する。

電子メッセージ（メール）

- メールの頻度
- メール回答数
- 顧客は何について書いているか
- シフトごとのメール回答
- 時間ごとのメール回答
- 各回答にかかる時間
- 製品ごとの回答数
- 最高回答回数

ウェブサイト相互作用

- ウェブサイトが何回ヒットしたか（図12参照）
- ウェブアクセスを経由してどのセルフサービス機能が利用可能か

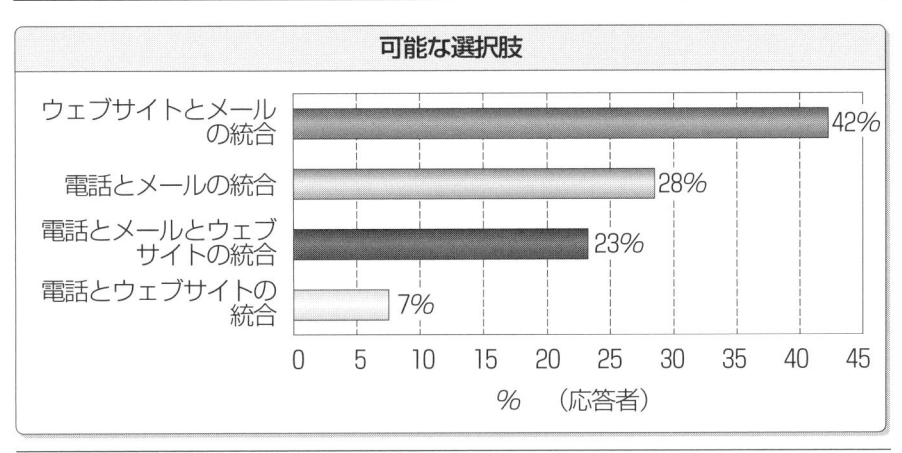

```
                    可能な選択肢
ウェブサイトとメール
    の統合              ████████████████ 42%
電話とメールの統合      ██████████ 28%
電話とメールとウェブ
    サイトの統合        ████████ 23%
電話とウェブサイトの
    統合                ██ 7%
              0  5  10 15 20 25 30 35 40 45
                     ％  （応答者）
```

図12　電話，メール，ウェブサイトの統合
　　　出典：パデュー大学による調査

コンタクトセンター測定基準指標

　本書の多くの個所でコンタクトセンター測定基準を定義し，またどのようにそれらを使っていくかについて述べてきた。第3章では，我々は，それぞれ定評のあるコンタクトセンター測定基準の多くを定義づける。そして，もし測定基準が変更になった場合，とるべきいくつかの行動を規定していく。第5章では，国内外の測定基準をより全体的な経営の意志決定アプローチへと連結させていく。

　さらに，別表Hにおいて，異なった測定目的ごとにコンタクトセンター測定基準を分類している。この表でいくつかの業界の基準と自社のコンタクトセンター測定基準を比べる手助けをすることができる。そしてそれにより，興味深くそして重要なベンチマーキングデータをみることができる。

実行管理の定義

実行管理：この割合は，人材管理システムによってもたらされたオペレーターの
　　　　詳細な業務スケジュールにどれほど忠実に従うかを示している。コンタクトセ
　　　　ンターとしての人材管理システムにおけるオペレーターの実質的業務管理の程
　　　　度である。システム上100％厳守できているという状態とは，オペレーターは
　　　　計画された時間に着台していたということになる。システムにおける計画され
　　　　た時間は，SVとのミーティング，訓練，そして顧客電話への対応に割り当て

られる。実行管理は，結果として割合として予想される電話応答のすべてを割り当てたものとなっている。

$$割合の算出 = \frac{オペレーターが電話に応答するためシステムにログインしている時間}{オペレーターが電話に応答するため準備するスケジュールされた総時間} \times 100$$

実行管理データ集積と報告

実行管理割合に関するデータはACD（自動コールディレクター），日々報告されるべきレポート，そして蓄積された週間と月間のデータから得られる。

実行管理に関する指数目標

個人オペレーターの実行管理の結果は，92％もしくはそれ以上でなければならないという成功事例指標が基準目標として示される。

実行管理に関するマネジメント活動
コンタクトセンター管理者

実行管理が目的であるなら，以下の事項について調査してみることが求められる。
1. 最適な実行管理の必要性を理解させることについて，人材に対しての動機づけと教育に失敗していないか
2. 監督者が新しい人材を指導また支援することができていないのではないか
3. オペレーターがスケジュールを見誤っている可能性
4. 欠勤率が高くないか
5. 顧客は即対応してほしいと要望しているにも関わらず，電話から離れて着台せずにいる時間が多くないか
6. よりよい経営システムソフトウェアの利用がなされているか

通話後処理時間の定義

通話後処理時間（最終仕上時間）：これはオペレーターが顧客と電話を切った後，事後確認作業に費やした合計平均時間のことである。

通話後処理時間データ集積と報告

　オペレーター別，チーム別またコンタクトセンター別の通話後処理時間は，有益な情報で，ACDから収集できる。この測定基準を一覧にするときは，
- グループ別
- 日別，週別また月別を基準にした個人別

　それらはグラフを用いて，過去の傾向との比較分析をすることができる。

通話後処理時間に関する指数目標

　産業界の全体的な通話後処理時間平均は，60秒である。我々は30秒から60秒の範囲で目標を提案している。

通話後処理時間に関するマネジメント活動
コンタクトセンター管理者

1. 時間的に通話後処理時間に問題がありそうな場合，また訓練されたスキル，応答プロセスもしくは技術関係のことでもない場合，状況が改善するまで，グループで毎時間ごとに，この測定基準の結果を知らせる。
2. 目標時間を達成するための補完準備はすぐにはできないかもしれない。配置もしくは位置いずれか一方を変えるべきである。
3. 何が本当に必要とされているかを見通しそれ以上のことをすることは，要約プロセスに追加されることである。各活動がプロセスに価値を提供しているかを判断するためにすべての要約を観察し，測定すべきである。
4. もし，直感的に簡単操作システムが設置されていれば，操作時間や経費を減らすことができ，生産性が上がる。
5. 過剰な通話の要約は，とりわけ問題を定義するのに役立つ通話モニタリングを通じて，さらなる調査が必要なオペレーターの問題を指し示す。
6. この測定基準における上昇傾向は，オペレーターの態度の変化を示す。スーパーバイザーからの曖昧な実態と不一致な報告書であると推定される。
7. 平均的な長い通話後処理時間は，訓練，プロセス，もしくは技術のいずれかの対策が求められる。
8. 新しいオペレーターが加わった場合，不慣れであることが予期されるため，長い通話後処理時間がかかる。
9. 長い時間が特定のオペレーターにみられた場合，再訓練が必要となる。

10. もし新たな階層データのコンピュータが導入されれば，追加情報に対して経費を支払う価値があるかどうか考慮する。
11. もし訓練もされていない，もしくはプロセス指向であるとみなされない場合，技術がアップグレードもしくは発展しているということになる。
12. 通話後処理時間を最小限にするために顧客に話しかけつつ，データを入力するようにオペレーターを指導する。

コンタクトセンタースーパーバイザー

1. 通話後処理時間は，業務を測定する個人やグループに対して用いられる。長い通話後処理時間は待ち時間，未応答という権利放棄までの時間に影響を与え，また顧客満足の減少という影響を与える。
2. モニタリングを数多く実施することにより，不具合の原因特定と，解決に向けたソリューションを特定することができる。
3. いくつかの顧客のタイプが，異なった最終仕上活動を要求している場合，グループ単位最終仕上情報は，特に有効である。これは，オペレーター別通話後処理時間は，グループ平均と比較される。さもなければ特定の時間は，コンタクトセンター全体に関する平均と比較されることができる。

トレーニングマネージャー

1. 電話を完了するために必要なステップは何か，訓練する。
2. テレコミュニケーションマネージャー。
3. 情報を完成させるための画面はゆっくりで，調整もしくは更新される必要がある。

平均放棄時間の定義

平均放棄までの時間：これは電話を放棄するまでの顧客の平均待ち時間(秒単位)である。特定の業界での必要性がない限り，放棄割合を追跡する価値はない。

平均放棄時間集積と報告

これは，ACDと日々と週間のレポートによって組み合わせられている。

平均放棄時間に関する目標

　一般的に産業界では，この測定基準平均は60秒である。我々は目標範囲として20秒から60秒を提案している。

平均放棄時間に関するマネジメント活動

コンタクトセンター管理者

1. ほんのわずかな放棄時間が，競合他社を選択する可能性とコンタクトセンターへ何度もかけてもつながらないと顧客がイライラするのを示すことになる。いずれも顧客離れとなる何かの懸念や行動の引き金となる。
2. 放棄またブロックされた呼の件数，そして電話が通じないということが大きな問題とみなされるための待ち時間を調べる。もし，顧客が重大な問題としてみているのであれば，顧客満足度は下降する。

コンタクトセンタースーパーバイザー

1. 1日で電話件数がピークに達する時間に，パートタイムオペレーターを加える

1コール当たり費用の定義

1件ごとの電話／通話における平均費用：これは一定期間，コンタクトセンターで受信した電話の通話件数で，一定期間におけるコンタクトセンターの運営費用を割った金額である。これは，オペレーターや技術にて処理されたすべての事実根拠に基づいたものであり，すべての電話・通話を含んでいる。

1コール当たり費用データ集積と報告

　受信した電話件数は，ACDによって保存される。センターの合計費用は，経理部から入手できる。この測定結果は，コンピュータで算出されそしてコンタクトセンター経営者によって毎週レビューをされる。

1コール当たり費用に関する指数目標

　この測定基準は業界によって大きく異なる。我々の経験によると産業界全体を通して，1件当たり平均4ドルの測定基準を示している。我々は目標範囲を1件

当たり２ドルから５ドルを提案している。

１コール当たりコストに関するマネジメント活動
コンタクトセンター管理者

1. １コール当たりコストは他の多くの測定基準に影響を及ぼすハイレベルな測定基準といえる。コストの内容となる構成部分を掘り下げていくことにより，コスト低減には何を関連適応させることが必要なのかを判断するのに必要となる。
2. １コール当たりコストの上昇傾向は，電話件数とコンタクトセンターに関わる固定また変動の費用の両方の調査が必要となる。その関係は以下の通りである。
   - すべてを同等と見れば，コンタクトセンターへの通話数が増えるほど，コストが高くなるが，１件当たりコストは下がっていく。
   - すべてを同等と見れば，処理された電話VRU（音声応答装置）の割合，全体としてより低い合計費用であるべきである。なぜならVRUで操作された通話数が増えるほど，総コストはどんどん下がるべきだからである。
   - コンタクトセンターの固定費用が一定であったり，増えたにも関わらず，電話の件数が減少した場合，１通話ごとの平均費用は増加する。この場合は費用を削減することを検討することが求められる。たいていの調整は人員の配置によって行われる。すなわち，
     ・オフピークのスタッフを減らす必要がある
     ・パートタイムスタッフをオンピークのスタッフに追加雇用する必要がある
     ・追加訓練が必要である

     オペレーターの増員は，経験不足により，高い経費を導く長い通話時間の引き金となっている。この場合，新人オペレーターのスキル向上ための緻密なマネジメントは，短期的運営コストを増加させることになるが，最終的には短い通話時間で応答することになりコストは吸収されることになる。
3. １コール当たりコストは全経営者が理解をしていくことが可能な，はっきりと「目に見える」管理対象である。これは，変動する通話料に対する解決策を導き出す糸口となる。
4. コンタクトセンター費用コスト÷正社員（フルタイムに匹敵するもの）はコンタクトセンターの有効性の優れた測定基準であり，本書の後の章で用いられる。

5. 直接費と間接費に費用を分けることが求められる。管理費と変動費は計算から省く必要がある。1件当たりの1-800サービスコストを電話経費削減と顧客満足度増加させるために人材を正しく判断するため計算することが求められる。

平均処理時間測定基準の定義

平均処理時間：これは，応対に関わる通話時間合計および電話応対後の通話後処理時間の合計である。

平均処理時間のデータ集積と報告

ACDは平均処理時間を示している。これは毎日実行され，また毎週および毎月調査されるべきである。平均処理時間レポートを従業員別，期間別，またコンタクトセンター別の書式で作成することができる。すう勢線グラフで示すことができる。

平均処理時間測定基準に関する指数目標

平均処理時間の目標基準値は，コンタクトセンターの業種や形態といったタイプによって異なる。例えば，VCRs，ホームオフィス備品等といった典型的なアイテムに関する技術サポートコンタクトセンター平均は10分から15分の間である。

産業界を見渡してみると，平均処理時間は8.5分である。我々はこの測定基準目標を3分から10分±15％を提案している。望まれたここでの傾向は，減少したままである。通話の種類やシフトに基づいて範囲を広げることができる場合，おそらくそれが最もよいことである。単数目標問題を避けることが条件を満たし，そしてオペレーターに必要な限り1回の通話で完了するようにする範囲を作りだすことでそれが可能となる。

平均処理時間に対するマネジメント活動

コンタクトセンター管理者

1. すう勢線を追跡し，そして中央に見やすいアイテムでこのグラフを作成する。
2. 第一線のスーパーバイザーに目標範囲外の差異を報告させる。
3. 長い平均処理時間は過度の人員増強，ひいては高コストにつながることを示

す。
4. オペレーター訓練は，技術製品詳細もしくはコール処理能力のいずれかであることを指示する。

コンタクトセンタースーパーバイザー

1. オペレーターの人員計画が少なすぎないか（もしくは多すぎないか）検討する。
2. コンタクトセンターオペレーターのための台本書きは，不適切あるいは不正確でないか検討する。
3. 予定された時間に対する実行管理度合いが低くないか検討する。
4. オペレーターと話すこと，また電話をモニタリングすることで，対象とされた平均時間処理目標から外れていないかの調査を行うことや誤差を説明する。

人材管理者

1. 平均処理時間の変化に気づき，基準の遵守の徹底をし誤差を回復させる

トレーニングマネージャー

1. 電話応対の終盤できちんと完了させる訓練を加える。
2. 特別なサービスもしくは製品に関してより理解しやすい訓練を行う。
3. コンピュータデータベースの情報にアクセスするために，よりよい訓練を行う。
4. 各オペレーターの応対に関して，是正訓練が必要かを判断するためにスーパーバイザーと一緒にオペレーターの状況を把握する。
5. 従業員が設定された平均処理時間のレベル維持を行うための方法を見つけるために最もよいトレーニング方法は，お互いの電話をモニタリングすることである。

情報技術管理者

1. システムから配信される情報は，正確あるいはタイムリーな情報を配信していることを保証する。

テレコミュニケーションマネージャー

1. 転送技術が，移送問題を起こしていないことを保証する。

その他の部署
1. 国内部署間においてコミュニケーションミスを起こすことがある。例えば、もしマーケティング部が新しい販促プログラムを行っているにもかかわらず、その情報がコンタクトセンターに流れていなかった場合、コンタクトセンターは、顧客の質問にどのように回答すればいいのかすぐに知ることができない。センターが気づいていない新製品や新しいサービスにおいても同じことがいえる。

平均保留時間基準の定義
平均保留時間：これはオペレーターが顧客との応答時に保留にした平均秒数のことである。

平均保留時間データ集積と報告
ACDは、オペレーターによる保留時間を報告し、また秒単位で平均を出すことができる。この平均保留時間を毎日、毎週、毎月報告し、表にまとめる。そして、管理者が毎週、毎月レビューを行う。

平均保留時間に関する指数目標
産業界全体を通して、平均保留時間は、60秒である。我々は、目標保留時間を20秒から60秒と考えている。

平均保留時間に関するマネジメント活動
コンタクトセンター管理者
過度の保留時間は通常、オペレーターが必要な情報にアクセスする用意をしていない、もしくは顧客の課題解決につながる提案をする余裕を持っていないということである。以下のことが言えるであろう。
1. オペレーターの処理に必要な情報不足か、やり方を理解していない。
2. オペレーターが必要な情報の入手方法を知らない場合、訓練が必要となる。
3. システム故障、つまり必要情報を見つけるのに時間がかかってしまうこと。
4. 第一線に対する権限委譲がなされていない場合。
5. 平均保留時間はコンタクトセンター経営者にとってコンタクトセンターの状

況を把握する重要な測定基準である。保留時間は直接顧客の満足度に影響を及ぼす。
6. この測定基準は使いこなすのが難しい。というのもオペレーターは保留するよりヘッドホンのミュートボタンを使いたがるからである。

コンタクトセンタースーパーバイザー

1. 保留時間の拡大傾向は，オペレーターの態度（応対内容・スキル）の変化，もしくは顧客のコンタクトセンターに対する要求の変化を示している。
2. 保留時間の増加を調査するためにいくらかのオペレーターを選抜してモニタリングを行う

トレーニングマネージャー

1. 長時間の保留もしくは各オペレーターの保留時間の増加した場合は，回答を素早く行うにはどのようにすればよいのか，といった訓練を追加することが必要となる。
2. 顧客との間に起きる沈黙の時間を避けるために保留を使うオペレーターがいないか観察する。訓練は，沈黙時にどのように対処すればよいか。それは，より自信に満ちたオペレーターを作り出すことが目的といえる。
3. 顧客と話しつつキーボードをうまく打てないオペレーターは保留時間が長くなることが頻繁に起きる。この問題は，新しいオペレーターの電話訓練以外に採用前に確認するべきである。
4. オペレーターは保留を本当に必要なときにだけ，かつ顧客の許可を得た上で使うべきである。保留は顧客の課題に対応するサービスそのものがないとき，類似するサービスを提案するときに許される。そして，退席許可なしに顧客から離れることはしてはならない。

情報技術管理者

1. ポップスクリーンもしくはオペレーターが情報を得るためのシステムは，適切に動いているか。

テレコミュニケーションマネージャー

1. 長い保留時間については，その原因を究明する必要がある。これにより企業にコミュニケーション上の問題と情報フローについての障害の有無を発見することができる。

その他の部署

1. オペレーターが必要としている情報が，オペレーターが電話中にアクセスしようとしてもシステムにない可能性がある。新製品，新サービスもしくは新プログラムが，準備が整っておらず，またコンタクトセンターが関与していないまま他の部署にて実施されている可能性がある。

平均呼び出し回数の定義

平均呼び出し回数：これはオペレーター，IVRUもしくはVRUかシステムが電話を取る前に顧客が耳にする呼び出し音の平均回数である。

平均呼び出し回数集積と報告

平均呼び出し回数に関するデータはACDによって集められる。その報告書は，コンタクトセンター経営者に毎日提出されるべきであり，また顧客満足度向上に関わるプログラムにも必要とされるものである。

平均呼び出し回数に関する指数目標

産業界全体を見渡してみると，平均呼び出し回数は，2～3回である。我々は目標呼び出し回数を2～4回と提案している。

平均呼び出し回数に対するマネジメント活動
コンタクトセンター管理者

1. ピーク時は異なってくるだろうが，平均呼び出し回数は最低限にする必要がある。したがって平均呼び出し回数は，コンタクトセンター内にて常に検討する必要がある。また，呼び出し回数は，待ち時間を管理するためのツールとして活用するため，電話のスイッチを入れた時点でパラメーターとして設置することを検討する。
2. 電話中のシグナルを受けない限り，もはや顧客満足に関して重要なものではない。

コンタクトセンタースーパーバイザー

1. オペレーターがマニュアル通り電話に対応していたら，平均呼び出し回数目

標を知っているということを認識する。

トレーニングマネージャー
1. オペレーターにコンタクトセンターとしての目標を意識させる。

平均待ち時間の定義

平均待ち時間：これは顧客がACDにより待たされてからオペレーターが電話に出るまでに待つ時間の平均秒数である。

平均待ち時間集積と報告

　ACDは報告書で平均待ち時間に関わるデータ，またはセンターにかかってきたすべての電話の平均待ち時間を提出することができる。またすべてのコンタクトセンター従業員が見られるように毎日，毎週，毎月提出することができる。

平均待ち時間に関する指数目標

　これはコンタクトセンター業界における特定の測定基準である。産業界全体を見渡してみると，平均待ち時間は150秒である。我々は目標待ち時間を30秒から90秒と提案している。待ち時間は，全体のサービスレベル目標を構築する上で重要な要因である。待ち時間0秒を記録するということになると，オペレーターに電話の着信のために常時待機させることになり，経費をつぎ込んでいることになる。これは非効果的でかつ高額な費用を掛けていることになる。

平均待ち時間のためのマネジメント活動

コンタクトセンター管理者
1. 平均待ち時間短縮のためにオペレーターを管理するための新しい方法を検討する。待ち時間短縮のための多くの処理時間を要するというポリシーの変更が必要となる可能性がある。
2. 平均待ち時間が長い場合は，未熟なオペレーターが多く組み入れられている可能性がある
3. 待ち時間が長くかかる場合は，習慣的に繰り返されるコール処理にIVRを追加することもひとつの解決策といえる
4. オペレーターの業務課題をシステム化するためにCTIを活用することも良い

解決策といえる。
5. 多くのコンタクトセンターは，平均待ち時間や待たせている顧客の人数を知らせるために目に見えるLEDディスプレイを使っている。これは典型的なリアルタイム形式のブロードキャストである。
6. 待ち時間は，コンタクトセンターにおける主要な埋没費用といえる。
7. 待ち時間は，顧客満足度の主な決定要因といえる。
8. 電話数がピーク時にはパートタイムオペレーターを追加することも考慮しなければならない。
9. 求められる社員配置を行うことにより，サービス目標に着実に達することができる。
10. 1－800サービスを利用しているのであれば，待ち時間の支出は低価格になる。

コンタクトセンタースーパーバイザー

1. オペレーターのコールタイプ別の待ち時間に関する報告書を見ると，問題が見えてくる。これにより，待ち時間を増やしている問題を解決するための鍵が案出できる。
2. 業績・文章による応答，調査分析，そしてインターネットによる応答のように振り分けられたオペレーターは待ち時間の削減に役立つ。アプリケーションと通話の種類を分散させることで，長い待ち時間の存在を解決へと導いていく。
3. 待ち時間は放棄，顧客満足度や電話費といった他の測定基準に影響を与えることを理解させる。その理解を確実にするために全オペレーターに最初の段階で時間を費やす。
4. スケジュールを厳守すること，保留時間，平均処理時間や長期欠勤がどのように待ち時間に影響を与えるかを徹底的に理解させるために時間を費やす。スケジュール厳守は待ち時間を確実に行うために大きな要因である。早い時間に退社もしくは休憩，昼食，会議や訓練からの戻りが遅くなるオペレーターは待ち時間の重要な引き金となる。その改善は他の測定基準の一連の改善につながってくる。例えば，12名のチームが5分余分に話して毎週ミーティングから戻ってくることは，12時間のロスタイムを作る。
5. 掲示板に待ち時間を掲示することで，電話の種類において長い待ち時間が存在することを誰もが知ることになり，待ち時間の課題は解決へと導かれる。
6. 基本的にオペレーターは回答を早く済ませることで待ち時間の長さを短縮することができる。

人材管理者

1. 待ち時間を最低限なものとするために，関連グループオペレーターの業績やグループ報酬もしくは特別賞与を考慮する。

トレーニングマネージャー

1. 最初の訓練期間において，待ち時間が顧客放棄，顧客満足そして費用といったその他の測定基準に影響を与えるということを確実に理解させるために時間を費やす
2. スケジュールを厳守すること，保留時間，平均処理時間や長期欠勤をどのように待ち時間に影響を与えるかを理解するために時間を費やす

テレコミュニケーションマネージャー

1. ACDでは顧客は不機嫌に電話を切るようになる。このことは，技術的な問題としてテレコミュニケーションスタッフの注意を促す必要がある。顧客が電話を切ることは，調査した場合，記録として残されることになる。そして，これは平均待ち時間に影響を与える。
2. 顧客のセルフサポートのためのVRU，待ち時間を減らすために折り返し出電するための電話，電話を残すほかの方法を用いる。
3. 何人待っているかを顧客に伝える。
4. オペレーターと話すために，何秒もしくは何分待たなければならないか顧客に教える。
5. 混まない時間帯に掛け直すように顧客を促す。また，その時間帯は混んでないということを電話量の記録を元にしていることを伝えている。

平均回答スピードの定義

平均回答スピード：コール処理数で割った合計保留時間である。IVR処理電話とライブオペレーターに処理された通話を含んでいる。

平均回答スピードデータ確保と報告

平均回答スピードは，直接ACDから利用可能である。30分ごとに報告されそして傾向検出のためにグラフで表される。

平均回答スピードに関する指数目標

　平均回答スピードとして通常参考されているこの測定基準は，しばしば20秒以下を目標とされている。

平均回答スピードに関わるマネジメント活動
コンタクトセンター管理者

　回答平均スピードが高すぎると，以下のことを示すことになる。
1. 通話後処理時間が，設定された目標より長くなる。
2. 予想保留時間より高い。
3. 電話量に関する予測が乏しい。
4. オペレーターの予定に対する厳守が乏しい。

平均通話時間の定義

平均通話時間：顧客がオペレーターにつながっている合計秒数を示す。

平均通話時間基準集積と報告

　通話時間は，ACDがオペレーター別，グループ別もしくはコンタクトセンター別に収集し報告する。そして毎週，毎月測定されるものとする。顧客の特定のタイプ別に，オペレーターグループが処理する場合，通話時間は，よい管理ツールとして役に立つ。個人もしくはグループの通話時間の業績結果は，影響力のあるフィードバックツールであるが，オペレーターが通話時間を短縮することだけを考えず，顧客満足プログラムとの関係からその影響をフィードバックすることにより，バランスをとることが重要である。もし若干の長時間の通話が満足度を高い割合に導くのであれば，通話に要する追加の経費は妥当なものである。オペレーターが最小限の通話時間で顧客満足の増加を可能とする人間関係スキルに関する追加の訓練を行う。

平均通話時間に関する指数目標

　産業界を見渡してみると，平均通話時間は330秒である。技術サポート通話に関しては，6～10分である。我々は目標通話時間270～360秒を提案している。

平均通話時間に関わるマネジメント活動

コンタクトセンター管理者

1. 理由を識別することや解決策をアシストすることができるスーパーバイザーを除いて，通話時間の相違はオペレーターもしくは顧客態度のいずれかの変化を示す。
2. 顧客の通話後に満足度や見込みを聞くために，いくつかの質問をすることによって，顧客満足充足のために質問に答えるための電話に要する平均通話時間は好ましい長さにできる。
3. オペレーターのスキル，オペレーターへの情報の有効性もしくはシステム問題によって通話時間は変わってくる。
4. 電話の種類を参考に通話時間を検証することは意味のあることである。
5. 一般的に，経費を安く抑えるためには，短い通話時間が望ましい。しかしながら，短い通話時間は，顧客に話を聞いていないあるいは急いで処理されたと感じさせるため不満足を導くことになる。
6. オペレーターのコミュニケーションスタイルで通話時間が変わる。これは管理もしくは変更することが難しい。（グループ平均に対し）非常に短い通話時間もしくは長い通話時間の場合は調査する必要がある

コンタクトセンタースーパーバイザー

1. モニタリングの増強は，どのような動きが起きているかを見極めるのに役立つ。

トレーニングマネージャー

1. 電話の切り方に関する訓練
2. 通話をしつつキーボードを打つ訓練
3. 素早い情報の見つけ方に関する訓練

テレコミュニケーションマネージャー

1. オペレーターに必要情報をもたらすシステムに関して問題があった場合，通話時間は必要以上に長くなるだろう。

その他の部署

1. 新しいサービス，新製品もしくは新しいプログラムは，コンタクトセンター

におけるオペレーター訓練は通話時間を増やすことなしに実施される。

1時間当たり通話件数の定義

1時間当たり通話件数：これは単純にオペレーターが時間ごとに処理している平均通話件数であり，働いているシフト時間中に処理された合計通話件数を電話システムにログインした合計時間で割ったものに等しい。

1時間当たり通話件数データ集積と報告

時間ごとに電話を計算するデータは，ACDから入手可能であり，そしてオペレーターによって毎日報告されるべきである。

1時間当たり通話件数に関する指数目標

1時間当たり通話件数測定基準は，実質コンタクトセンターの性質によって変わる。高いシステム技術をもつコンタクトセンターにおいては，毎時5件ほどと少ない。コンタクトセンターへの単純な問い合わせである場合など，毎時100件ほどと多いこともある。

1時間当たり通話件数に関わるマネジメント活動

コンタクトセンター管理者

本来1時間当たりの通話件数は，オペレーター業務の測定法のすべてであった。毎時多くの電話が入電するオペレーターは，高い魅力と生産性に優れていると考えられていた。コンタクトセンターの発達により，この測定基準は不審に思われるようになり，以下の事項により疑問視されている。

1. 1時間当たり通話件数にのみ焦点をあてることは，低品質通話の源となる。
2. オペレーターは，1時間当たり通話件数を増やすためにシステムをごまかすということを覚えた。
3. 変化する通話量や，スキルベースによる配置ルーティンにより，十分な量の電話がない場合は，オペレーターは1時間当たり通話件数をコントロールすることができない。

モニタリングの定義

モニタリングスコア：品質保証専門家によるオペレーターが対応する電話の質的格付けの結果である。

モニタリングデータ集積と報告

モニタリングスコアは，通常100点で格付けされるが，日常的なシステム測定法の１つではない。月に４～５回，オペレーターがポリシーを順守しているか，またコンタクトセンター基準に応じているかを監視するために利用されるものである。

モニタリング基準に関する指数目標

モニタリングは一般的な目的としての測定基準の適応範囲ではない。

モニタリングに関わるマネジメント活動
コンタクトセンター管理者

1. スコアは一貫して同一基準にて生み出されるべきものである。
2. オペレーターは，得点方式に完全に慣れておくべきである。
3. もし可能であれば，実際にモニタリングされた電話を，モニタリングしたオペレーターの実態と比較することができるように電話を録音しておく。

使用率の定義

使用率：労働時間の合計に対し，ACDにつながった席にオペレーターがおり，電話しているか，もしくは電話に応答する用意ができている時間の割合である。使用率は，以下の公式と等しい。

：（通話時間＋保留時間）÷（通話時間＋保留時間＋空いた時間）×100

使用率データ集積と報告

使用率データは，ACDから入手可能である。報告は，ワーキングシフト別オペレーターにより平均化される。

使用率データに関する指数目標

使用率データの一般的目標は，90％もしくはそれ以上が良いとされている。

使用率データに関わるマネジメント活動
コンタクトセンター管理者
1．より良いオペレーター訓練の検討
2．より良いオペレーター管理の検討

放棄率の定義

放棄率：ACDへつながったが，オペレーターにつながる前もしくはIVR内のプロセスが完了する前に顧客とつながらなくなった電話の割合である。放棄率は，全受信電話と比較し放棄された電話の割合である。

放棄率データ集積と報告

ACDは，コンタクトセンターに放棄率を報告できる。またその報告は毎日，毎週，毎月行われる。「短時間の放棄」かどうかの電話の長さを判別しなければならず，収集された事実データから「短時間の放棄」かどうかを判断しなければならない。「短時間の放棄」は，通常20秒かそれ以下と定義づけられている。

放棄率基準に関する指数目標

産業界全体を見渡すと，放棄率は3％である。我々は，目標放棄率を3～5％と提案している。放棄は，ほとんど顧客に依存するものであり，以下の事項の一部，あるいは全てによって変わる。
1．緊急性の程度に関連した顧客のモチベーション
2．答えてくれる可能性のあるコンタクトセンターが他にあるかどうか
3．統計に基づいた顧客の期待度
4．顧客に待つ時間があるか
5．通話料例：1-800と1-900の電話番号

放棄率に関わるマネジメント活動

コンタクトセンター管理者

1. 平均保留時間がおそらく長すぎる。
2. 予測時間がおそらく短すぎる。
3. 業務内容の変化もしくは顧客不満足問題による保留時間の増加。
4. 保留待ち顧客が，受け入れ不能の状況である。
5. 日常入電する電話を処理するためCTI申請書を元にIVRを利用することを考えてもよい。
6. 溢れたグループを利用することを考えなければならない。例，いくつかの電話を外注する。
7. 1日に何度も全オペレーターが見られるように放棄率を掲載する。これによりオペレーターに対してなぜ放棄電話が増加しているのか，減少しているのかというまとまった説明が同時に行える。
8. 電話が長い（平均処理時間の増加）ということは，スタッフレベルが電話量を処理するのに不十分だということである。
9. 放棄率は電話入電パターンまた電話量における変化をみることができる。
10. 高い放棄率は，保留時間が長すぎるということを示している。ACD報告によると，放棄する前に電話保留時間が示されている。もし，多くの顧客が1～5秒以内で電話を切っている場合は，保留時間ではなく間違い電話の問題が存在する。
11. 放棄された電話量は，スタッフの人員量が調整されていないという指標である。
12. 通話時間の長さ，順番の遅れ，スケジュールの執着により，追加スタッフが必要か否かを検討できる。
13. 放棄電話は，保留時間と関連する。顧客の保留に対する忍耐力は，提供されるサービスのニーズ，もしくは可能な代替物の有無に基づき変化する。

コンタクトセンタースーパーバイザー

1. 割り当てられた電話に対してオペレーターの忍耐力が持続しない場合，スタッフは電話量を処理するための本来の配置場所にいなくなる。
2. 非定着は，通話中かまたは対応可能でない（雑談中）オペレーターに起因している。もしくはインフルエンザ流行のように何かの事態に起因する非定着である可能性もある。

人材管理者
1. 電話が長くかかる（平均処理時間の増加）といったことは，スタッフレベルが，混雑に対処するのに十分なレベルではないことを示している。

テレコミュニケーションマネージャー
1. サービスデリバリーシステムの失敗は，仕事量を急増させる。

その他の部署
　広報活動，もしくはシステムデリバリーシステムにおける技術的失敗というようないくつかの未計画事項のために増加する仕事量は，電話量急増の原因となる。

オペレーター利用率の定義

オペレーター利用率：オペレーター利用は，電話モードになっている実際の時間と比較し，オペレーターが通話対応の準備が整い席に着いている時間の割合である。

　利用は，平均通話処理時間（通話時間＋保留時間＋通話後処理時間）の結果と，オペレーター8時間シフトごとの平均入電通話数（ACPS）と等しい。平均入電通話数は，オペレーターがACDに接続されているかまたシフト中で電話を対処する準備が整っている（例：使用中）合計時間で割られた数値である。この測定基準は，以下の数式で計算される。

$$オペレーター利用率 = \frac{(通話時間 + 通話後処理時間)(ACPS)}{使用中} \times 100$$

オペレーター利用率データ集積と報告
　オペレーター利用率データは，ACDから入手できる。

オペレーター利用率に関する指数目標
　オペレーター利用率の成功事例値は，90％もしくはそれ以上である。

オペレーター利用率に関わるマネジメント活動

コンタクトセンター管理者

1. オペレーター利用率は，システムにログインしているオペレーターの割合数であるため，オペレーター処理電話数に関する可視性を与える。
2. オペレーター利用率が低いのであれば，オペレーターはコール処理以外の課題をこなすことに時間を費やしているということである。

出勤率の定義

出勤率：オペレーターが，予定外の欠勤をどれだけしているかを表した割合である（届出欠勤は含まれない。例：休暇，FMLA，陪審義務等）（訳者注：FMLAは，Family and Medical Leave Act〈家族および病気に関わる休職に関する連邦法〉。従業員50人以上の企業は，従業員の出産，育児，病気，家族の看病などのため，年間12週間の無給休暇を与えなければならないという法律）。合計届出欠勤数を取り，そしてオペレーターが勤務すると予定されていた合計日数で割り，そして100からその数字を差し引いたものである。

出勤率データ集積と報告

自動化された人材出欠フォームはこのデータを取得するにおいて最も典型的な方法である。

出勤率に関する指数目標

出勤率は；コンタクトセンターにより大幅に異なるが，頻繁に見受けられる目標は95%である。

出勤率に関わるマネジメント活動

コンタクトセンター管理者

出勤率が低いのであれば，以下の事項を実施する。
1. 動機づけ問題を確認する。
2. 遭遇している個人別の問題をよりよく理解するためにオペレーターと面接する。

拒否電話率の定義

拒否電話率：ACDにかからない電話がある。拒否電話の例として，話中音，サービスメッセージに番号を残していない等が挙げられる。この番号は，テレコミュニケーション提供会社からのみ提供されるものである。

拒否電話率データ確保と報告

拒否電話率のデータは，ACDもしくは電話サービス提供会社によって集められる。また電話のピークがどこで発生しているかを見るために時間ごとに調査される。

拒否電話率に関する指数目標

産業界全体を見渡してみると，全電話の1％が拒否されている。我々は目標拒否電話率を1～3％と提案している。理想的にはビジネスを取り損なった，もしくはすでにイライラした顧客がリストに加えられ，そのことによりさらに苦情を申し立てているかのどちらかを意味するので，拒否電話はあってはならないものなのである。いずれにしても即時の収入もしくは長期顧客満足に焦点を絞っているのだとしても，企業にとってよくないことである。

拒否電話率に関わるマネジメント活動
コンタクトセンター管理者

1. 1つのオプションとしては，対処すべき溢れた電話を外注企業へ依頼する。
2. もしすでに外注済みであるのに拒否率が高い場合は，スタッフを増員する必要があるのは外注先の企業である可能性も検討する。
3. フルタイムオペレーターもしくはパートタイムオペレーターのいずれか，現在のスタッフを増員する。
4. もし待ち時間，通話時間，保留時間等が増加するのであれば，さらにオペレーターの訓練を行う必要がある。
5. 拒否された電話は顧客にリダイアルを要求する。もし拒否率が高い場合，リダイアル率も上昇する。もし管理者が，顧客がリダイアルを試みた結果の数も含めて顧客数と理解しているのであれば，大きなエラーが結果的に生じることになる。
6. たいていの電話サービス提供会社（AT&T, Sprint, MCI）は，日毎や週毎で

特定のリダイアル数を確認するために時間枠（30日程度）に関して自動数鑑定を用いるリアルタイム報告書を持っている。この情報はオペレーターの活用性を予測するのに役立っている。
7. 多くの通信業者は，統計に基づくサービスパッケージを提供している。そのパッケージとは，発信電話番号により多数に跨る要望を整理することになり，多忙を正常化させる。ビジネスを定量化するために拒否された顧客を調査することを検討する必要がある。
8. 小売業においては話し中では，結果的に製品が返却されるという結果となる。

コンタクトセンタースーパーバイザー

1. 電話サービス提供会社は，折り返しの番号を残す顧客を抱えたくないときに話中中断信号の設置を許可している。
2. 話中信号の利用は，メッセージディスクがほぼいっぱいである場合，もしくは要求された折り返し電話数にオペレーターの人数がすでに達したという理由の場合，利用は正当な判断である。

人材管理者

1. フルタイムもしくはパートタイムのいずれかの援助で現在のスタッフを増員する。

テレコミュニケーションマネージャー

1. 2つのセンターにつながっている技術は，適切に作動しない可能性がある。またそれにより，顧客は更なる遅れを味わうことになる。

1回の通話で処理された電話の割合の定義

1回の通話で処理された電話の割合：これはコンタクトセンターへ再度電話することを要求されなかったか，もしくは1回目の電話で問題が解決したためにオペレーターが折り返し連絡をしなかった電話の割合である。

1回の通話で処理された電話の割合データ集積と報告

通話後処理時間中に，ACDはこの情報を暗号化して提供することができる。これは，毎日オペレーターまたコンタクトセンターにより報告される必要がある。

1回の通話で処理された電話の割合に関する指数目標

　産業界全体におけるこの測定基準の平均は，85％である。我々は85％から100％の範囲を目標とすることを提案している。この測定基準は顧客満足度に対してとても敏感なものである。例：顧客は非常に大きな価値を置いている自分たちの質問に答えてもらえ，かつ1回の電話で問題解決された。

1回の通話で処理された電話の割合に関わるマネジメント活動
コンタクトセンター管理者

　折り返し電話の費用や折り返し電話が必要となる顧客不満足度の可能性のため，値を下げるには解決策，素早い回答が必要とされる。

1. オペレーターは，折り返し連絡をしなくてすむように顧客のリクエストに対して即断できる権限を持つ必要性がある。
2. もし顧客の多少なりともの拒否と低放棄率があれば，リダイアル情報は，なぜ顧客は頻繁に折り返し連絡をする傾向があるのかということを確かめるための調査を必要とする。そしてそのことは顧客との相違や分野を認知することに役に立つ。
3. 訓練は効果的である。またオペレーターに利用可能な情報とは何かを調査されるべきである。
4. 解決策にオペレーターを関与させることは，オペレーターの成長のために重要なことである。

待たされている呼の割合の定義

待たされている呼の割合：この測定基準は，センターが受け取った全電話の合計を待たされている呼の数である。

待たされている呼の割合データ集積と報告

　待たされている呼の割合のデータは，ACDで入手できる。これはコンピューターで計算され，そしてコンタクトセンター経営者が毎週調査すべきものである。

待たされている呼の割合に関する指数目標

　産業界全体を見渡してみると，電話の15％が待たされていることになる。

我々は，目標範囲を10%から20%と提案している。

待たされている呼の割合に関わるマネジメント活動
コンタクトセンター管理者
1. オペレーター（フルタイム，パートタイムもしくは外注者）の人数の増加量を調査するとよい。
2. 待たされている呼の割合の増加は，電話代の増加を引き起こしているということになる。その根拠を調査することは重要事項である。

転送電話の割合の定義
転送電話の割合：これはもともとのオペレーターから他のだれかへ転送された電話の割合である。

転送電話の割合データ集積と報告
　ACDは，オペレーター別に転送電話の割合を報告することができる。また，これは毎日，毎週，毎月報告され，少なくとも毎月，可能であれば毎週オペレーターへフィードバックされるべきである。転送された電話を構成している内容を検討する。

転送電話の割合に関する指数目標
　産業界全体を見渡すと，この測定基準の平均は3%である。我々は100件当たり1件の電話を転送することを提案しており，またいつも経験豊富で電話の処理権限を有する人へ転送を行うべきであると考える。

転送電話の割合に関わるマネジメント活動
コンタクトセンター管理者
1. もし，オペレーターの能力にバラつきがあるならば，スキルに応じたルーティンソフトウェアが使用されるべきである。このソフトウェアはオペレーターの能力を，顧客のニーズに合わせるものなのである。
2. もし，オペレーターが電話を転送しなければならないならば，顧客の記録も同様に自動転送することで再確認などの経費が削減できる。

3. ブラインド転送とは，顧客がオペレーターに対して繰り返し状況を説明しなければならないことで，このネガティブな繰り返しが顧客の満足度に影響を与える。
4. 最初，顧客に対して転送がアナウンスされる，もしくはブラインドになるかどうかを明らかにした後は，この決定から脱線しないようにしなければならない。このプロセスをあちこち変えることは，オペレーターに過度の混乱を招くことになる。
5. いくつかの企業は，多忙な時期にのみブラインド転送を使用しているが，オペレーターがどのプロセスを現在使用しているか常に記録をしていない。
6. 大量の転送された電話を抱えていることは，コンタクトセンターとして問題を抱えていることを示す。拒否されている1－800番号へ電話するべきか，ほかの1－800番号にかけるべきか，もしくはオペレーターは必要な情報に欠けているのかということで顧客を混乱させてしまう。
7. 大量の電話を転送するとにより莫大なコストがかかる。顧客対応しているオペレーターと特定グループの顧客を含めて考慮を行い，この問題を識別しそして解決することが求められる。
8. 転送を減らすための顧客対応上の日常の重要な解決策と，スーパーバイザーが報告している報告内容との相違を確認をする。

コンタクトセンタースーパーバイザー

1. 転送電話の割合への配慮は，個別オペレーターレベルで行われるべきである。決まりきった規則的な内容や，現在テーマとしての議論が存在する。この議論状況から，転送電話に関わる訓練の必要性とオペレーターに流れる情報認識についての問題を察知することができる。
2. 低い転送率を保持する従業員のポジティブな認識により，すべてのオペレーターに対する継続した学習の環境を作り出すことができる。
3. 高い転送率は，顧客の質問に答える能力における自信の欠乏もしくは必要とされる訓練の欠乏を示している。
4. すべてを転送する，また処理しなければいけない電話を数多く抱えているように見えるオペレーターをサポートする必要がある。しかし，オペレーターは電話がかかってきた段階で，実際には電話での対応はしていない。このことは転送を行う段階でいち早く現在の電話を処理して次の電話に出るというオペレーター自身の士気の問題を含んでいる。オペレーターとしても転送低減に追いつき，そして止めるために目を配っていることを理解する。

5. 対処しなければならない顧客を転送しようとしている場合，マネジメントの無関心は，考えとは違うほうに行きかねない。オペレーターも成長をしており，様々な電話への対応はすべて網羅できないと意思表示をする。
6. 転送電話の増加は，なぜ電話が転送されなければならないのかということを明確にするための前向きな検討が求められる。

トレーニングマネージャー
1. 顧客が1度で転送されたか，また，その問題を解決できる人物へ転送されたかを確かめる。
2. コンタクトセンター内での転送の増加は，処理について訓練されていないオペレーターの電話をセンタースタッフが，うまくさばいているということを示すことになる。

かかってきた電話に対応した割合の定義

かかってきた電話に対応した割合：この測定基準は，電話に対応した件数をかかってきた電話で割り，それに100をかけた数値と等しい。

かかってきた電話に対応した割合のデータ集積と報告

かかってきた電話に対応した割合を計算したデータは，ACDから入手することができる。そして毎日報告することが求められる。

かかってきた電話に対応した割合に関する指数目標

この測定基準に対する基本的な目標は，98%である。

かかってきた電話に対応した割合に関わるマネジメント活動
コンタクトセンター管理者

1. この測定基準は優れた業績の指標であり，またその測定は実施可能である。しかし，システム上の問題があるがどうかといった単なる指標にすぎない。
2. この測定基準について検討するときは，これまでの問題解決代案に使用された手がかりとなるすべての他の測定基準の傾向を一通り検討することが求められる。
3. この測定基準を考える際には，かかってきた電話に一時的なピークが存在す

る可能性があることを認識しておく。
4. この測定基準が低い場合，オープンライン必要条件が低すぎる可能性がある。
5. この測定基準が低い場合，目標電話量が低すぎる可能性がある。
6. この測定基準が低い場合，配置されているオペレーターに未熟な者が多すぎる可能性がある。
7. この測定基準が低い場合，業務処理の内部フローが，不適切である可能性がある。
8. この測定基準が低い場合，日常的な電話のいくつかを処理するためにCTIアプリケーションとともにIVRを考慮するとよい。
9. この測定基準が低い場合，オーバーフロー電話用の外注社を利用することを考慮するとよい。
10. この測定基準が低い場合，歴史的結果傾向からの予測に不適切な活用判断があるかもしれない。
11. この測定基準が低い場合，新しいプロモーションや営業アナウンスにおける顧客の自社への反応予測といったマーケティング予測が乏しい可能性がある。
12. この測定基準が低い場合，顧客の反応として見逃している，もしくは予定外の季節的反応傾向が存在する可能性がある。
13. この測定基準が低い場合，オペレーターが，予定を厳守することが難しい人員数もしくはスキル不足といった可能性がある。

サービスレベルの定義

サービスレベル：サービスレベルは，X秒以下で応答した通話数を掛かってきた電話数で割り，100を掛けて算出する。

サービスレベルデータ集積と報告

サービスレベルを計算するためのデータは，すぐにACDから入手することが可能である。これは問題の主要な指標であるため，サービスレベルは継続的に監視されるべきである。

サービスレベルに関する指数目標

産業界を通して最も評判のよい目標は，20秒以内で応答した電話の80%である。

サービスレベルに関わるマネジメント活動

コンタクトセンター管理者

1. もし，サービスレベルが，目標値を上回っている場合，電話量もしくは通話の長さは，計画されているものよりも短いものである可能性がある。もう1つの原因は，あまりに多くのオペレーターが対応しているということである。コンタクトセンターにおけるオペレーターの割り当ては常に課題として検討されるものである。
2. サービスレベルが目標値を下回っている場合，それにより起こりそうな問題の原因を明確にするために他の測定基準を検討する。
3. サービスレベルに関わる問題を再検討するために可能な分野は以下の通りである。
   - 電話量に関する予測のが乏しいこと
   - オペレーターによる計画遵守の未徹底であること
   - スーパーバイザーの仕事優先順位づけの欠如
   - 各種履歴データや他の特徴的データ指標の検討が不十分であること
   - オペレータースケジュールの，昼食／休憩開始時間と終了時間も再検討の余地がある

かかってきた電話の合計数の定義

かかってきた電話の合計数：拒否されたもの，放棄されたものそして処理されたものを含め，この測定基準は，コンタクトセンターへ送られた全電話を表している。

かかってきた電話の合計数データ集積と報告

この測定基準は，ACDもしくは電話回線プロバイダーによって獲得されている。毎時，毎日，毎週，そして毎月調査される。かかってくる電話を追跡したり，結果をオペレーターの配置を目的とした小さなユニットに分類する必要性がある。電話の合計数の変動という電話パターンの変化による早期警告は，経営を素早くまた効率的に調整することを可能にする。

かかってきた電話の合計数に関する指数目標

この測定基準は主に他の測定基準の定義づけや，電話を計画したり予測するた

め，また人材管理を行うために利用されるものである。

かかってきた電話の合計数に関わるマネジメント活動
コンタクトセンター管理者
1. 電話応対において，適正な応対から逸脱する状況を把握するには，オペレーターごとに応対状況を示す折れ線グラフを作ることである。かかってきた電話数，応対した電話，放棄された電話，ブロックされた呼の合計について，日の時間別，週の曜日別，月別のそれぞれのグラフを作成する。
2. 顧客が何度も電話をしているか，その結果電話の数が増えているかどうか判断できるように，顧客電話タイプ別にこのデータを測定する。
3. かかってきた電話が，過去の履歴からの推測や予測されていることから大幅に変化してきている場合，その理由を探る必要がある。しかし，ACDに設定された測定基準から考察することはできない。その答えはおそらくコンタクトセンターシステム以外で検討される。例えば，かかってきた電話は，自社によって提供された新しいプログラムもしくはプロモーションによって，もしくは自社の元競合会社の崩壊により著しく増加する可能性がある。
4. かかってきた電話の合計は，ビジーデータと連結して考察されるべきである。もし追跡不可能であれば，かかってきた電話は制限される。

コンタクトセンタースーパーバイザー
1. モニタリングを増やすことは，スーパーバイザーが電話量変化の理由を見つけることに役立つ。もし増加の兆しがあるのであれば，リピート電話が増えているかどうかをみる。

その他の部署
1. マーケティングプロモーション，新製品もしくは新しいサービス等の導入は，電話量の増加の主な要因となる。これらの分野における競合会社のアクションは，かかってくる電話を減少させる主な要因となる。逆に競合会社の動向が，自社の電話を増加させる要因ともなることがある。そしてこれは追加市場シェアを獲得するためのマーケティング活動に機会を与えることになる。

オペレーターの離職率の定義

オペレーターの離職率：ある期間（月，四半期，年）で離職するオペレーターの数である。同期間中に働いているフルタイムのオペレーターの合計人数の割合としての数値である。

オペレーターの離職率データ集積と報告

この測定基準は通常人事部によって提出される。毎月または四半期ごとに調査される必要がある。

オペレーターの離職率に関する指数目標

産業界全体を見渡してみると，平均離職率は25%である。我々は目標測定基準を15%から30%の間を提案している。

オペレーターの離職率に関わるマネジメント活動
コンタクトセンター管理者

1. 常にコンタクトセンター専門の人事専門家によるオペレーターとの退職者面接を行うべきである。有益ですぐに利用できる情報を得ることができるだろう。また，有能なオペレーターが続いて離職する前に正しい行動をとることができる。
2. オペレーターが退職する頻度が少ない理由の1つが報酬であるということがわかった。通常，管理問題，仕事環境，過度の業務プレッシャーというものが挙げられるように，オペレーターに「甘い職場」として職場環境が認識され悩まされている。
3. 退職率増加の理由を知ることは，コンタクトセンター経営者の永遠の課題である。
4. 新しいオペレーターを採用，審査，訓練，準備するための産業界の平均費用は，およそ7,000ドルである。オペレーターの離職は，コンタクトセンターの主要な費用である。
5. 離職者の何名かはよい選択をしている。低離職率は，オペレーターが継続して上達することに責任を感じておらず，促されてもいないということを意味しているのかもしれない。

コンタクトセンタースーパーバイザー
1. 退職者面接結果を徹底的に再調査することは，退職率の増加を補正するための解決策を正確に行うのに役立つ。

人材管理者
1. 正確な退職者面接情報を集め再調査することは，重要である。

新規採用者訓練時間の定義

新規採用者訓練時間：これは，完全に自分のことは自分でできるようになるためにオペレーター を訓練するために必要な平均合計時間である。

新規採用者訓練時間データ集積と報告

この測定基準に関するデータは，人事部が集めている。

新規採用者訓練時間基準に関する指数目標

これは産業界と等しく，同様のグループと等しくなくてはならない。

新規採用者訓練時間に関わるマネジメント活動

コンタクトセンター管理者
1. オペレーター雇用プロセスの再検討を行う。
2. 訓練カリキュラムやトレーナーの資格を再検討する。
3. 迅速なフィードバックシステムについてのトレーニングや通話品質モニタリングを行うことについてスーパーバイザーと共同で開発する。
4. 業務遂行に必要と思われるプロファイルを決定する（学歴，訓練，能力等）。

新オペレーターにかかる費用の定義

新オペレーターにかかる費用：これはオペレーターを訓練する平均費用を表している。詳細は次のものを含む。広告費，採用費，薬物試験費，適性試験費，訓練期間の訓練生の給与，訓練時間中のトレーナーの給与（1クラスの訓練生の人数で割ったもの），助言者の費用（妥当な場合）等。取締役会で直接採用

また新規雇用者を訓練するのに関わったすべての費用を含む。

新オペレーターにかかる費用データ集積と報告

この測定基準のデータは，人事部および訓練部署によって集められる。

新オペレーターにかかる費用に関する指数目標

これは産業界と等しく，同様のグループと等しくなくてはならない。

新オペレーターにかかる費用に関わるマネジメント活動

コンタクトセンター管理者

1. オペレーター新規雇用プロセスの再検討
2. 内部委託／外部委託における利点の調査
3. 採用戦略の再検討
4. 保有戦略の再検討

コンタクトセンタースーパーバイザー

1. オペレーターが持つ能力にバラつきがある場合には，顧客が必要としているオペレーターの能力に適合させる為のスキルベースルーティーンソフトウェアを使用するとよい。

顧客が自分で処理した割合の定義

顧客が自分で処理した割合：この測定基準はオペレーターの介入なしで，何％の顧客が，探していたヘルプやサービスを得ることができるかを測定するものである。

顧客が自分で処理した割合データ集積と報告

この測定基準を計算するデータは，ACDや対話方式応答ユニット/VRUから入手できる。毎日報告することが求められる。

顧客が自分で処理した割合に関する指数目標

この測定基準の推奨目標は，10％以上である。

顧客が自分で処理した割合に関わるマネジメント活動
コンタクトセンター管理者
1. 顧客のセルフサービスのチャネルの再検討と顧客の利便性を考えた利用可能なオプションを再検討する。
2. 対話方式音声応答ユニット/VRUメニューの体系とスクリプトを再検討し、最大限に活用する。
3. 未検討となっているメッセージを再検討する。
4. 通話品質モニタリングのやり方と内容を再検討する。
5. コンタクトセンター業務報告のやり方と内容を再検討する。
6. 顧客満足度測定プロセスを再検討する。

入力エラー平均率の定義

入力エラー平均率：これは，オペレーターが1,000コールごとにどれくらいのエラーを発生しているかを表すものである。エラーは，修正／再解決のために企業が時間やお金を費やしているミスである。

入力エラー平均率データ集積と報告

この測定基準がどのような状況にて発生しているかは，CRMプロセスを通して個々の出来事を追跡することに利用する。この測定基準は，毎日の管理報告を経由し，運用管理レベルで報告され追跡されるべきである。

入力エラー平均率に関する指数目標

産業界全体を見回して，目標は平均入力エラー率2％以下を維持することである。

入力エラー平均率に関わるマネジメント活動
コンタクトセンター管理者
1. エラーの発生するポイントを見極めるためにスクリーン・スクリープ技術を可能にする品質モニタリングを使用する。

コンタクトセンタースーパーバイザー

1. 隣りあわせて入力指導やモニタリングを実施する。
2. 再発防止に向けた訓練を検討する。

トレーニングマネージャー

1. 訓練シラバスを準備し，再発問題に関する訓練を実施する。

最高満足顧客の定義

最高満足顧客：これは，調査おいて最高点をくれた顧客の割合を表している。調査とは，「全般的に，弊社へ通話中に受けたサービスにどれほどご満足いただけましたか」である（「完璧」なスコアは5点満点中5点，7点満点中7点，もしくは使っている尺度におけるトップ値）。別の言葉でいうと，使用された尺度で，何%の顧客がこれ以上の満足はないと感じているかという数値である。（例：「非常に満足した」もしくは「とても満足した」－最高スコア取得は可能か）

最高満足顧客データ集積と報告

この測定基準値を獲得し，報告するために，まず顧客満足度調査測定メカニズムを適切に持たなければならない。調査結果は，頻繁に，またすべての運用管理レベルを元に規則的に報告されなければならない。

最高満足顧客に関する指数目標

この測定基準に関する成功事例得点は産業界全体で65%もしくはそれ以上である。

最高満足顧客に関わるマネジメント活動

コンタクトセンター管理者

1. 電話が処理されて顧客がどのように感じているかに関して，顧客の声を元に顧客フィードバック戦略を展開する。
2. 可能な限りの顧客とのコミュニケーションを生み出すため，このフィードバックプロセスを活用する。そして，コンタクトセンター内に成功事例を元に

効果的影響を展開する。

最低満足顧客の定義

最低満足顧客：この測定基準は，最低満足顧客と反対のものであり，調査において最低スコアをくれた顧客の割合を表している。調査とは，「全般的に，弊社へ通話中に受けたサービスにどれほどご満足いただけましたか」である（「最低」スコアは5点満点中1点，7点満点中1点，もしくは使っている尺度における最低値）」簡単にいうと，使用された尺度で，何％の顧客がこれ以上の不満はないと感じているかという数値である。(例：「非常に不満足」もしくは「とても不満足」－最低スコア取得は可能か)

最低満足顧客データ集積と報告

この測定基準値を獲得し，報告するために，まず顧客満足度調査測定メカニズムを適切に持たなければならない。調査結果は，頻繁に，またすべての運用管理レベルを基に規則的に報告されなければならない。

最低満足顧客に関する指数目標

この測定基準に関する成功事例得点は産業界全体で3％もしくはそれ以下である。

最低満足顧客に関わるマネジメント活動

コンタクトセンター管理者

1. 電話が処理されて顧客がどのように感じているかに関して，顧客の声を元に顧客フィードバック戦略を展開する。
2. 可能な限りの顧客とのコミュニケーションを生み出すため，このフィードバックプロセスを使用する。そして，コンタクトセンター内に最低満足顧客率の低減の成功事例を展開する。

第4章

外部測定基準——顧客の脈を測定する

はじめに

第1章で述べている通り,顧客サービスにおいて重要なミッションは,顧客に満足をしてもらえるように,各コールを適切に処理することである。それを継続的に適切に行うことにより,顧客の更なる獲得と満足度を向上させるというという望ましい結果をもたらしている。それにより,顧客生涯価値が増大し,我々の製品・サービスを他の人へ勧めてくれるという副次効果も大いに期待できる。

第2章で述べている通り,顧客は,コンタクトセンターへ電話するたびに「真実の瞬間」(MOT=Moments Of Truth) を体験しているのである。図10において,コールごとのMOTの評価を行うための,測定基準を図示した。この測定基準は,オンラインフィードバックされることにより,顧客もMOTに大きな影響を与える,コンタクトセンターの特定プロセスの管理者に重要なアイデアを与えることができる。

MOT(真実の瞬間)とは,顧客が,製品・サービスに触れることにより体験する,すべての出来事である。MOTは,顧客が,その製品・サービスに関するデータ収集と,何らかの意思決定を引き起こさせている両方を指す。例えば,顧客は,わが社の製品・サービスに接して,岐路に立っている。このMOTという判断ポイントを経,わが社の製品・サービスの再利用を決定するか,また,他の人へわが社の製品・サービスを推奨するか,もしくは二度とコンタクトセンターサービスを利用しないかを決定する。

もちろん,本当の脅威は,コンタクトセンターを二度と利用しないという顧客

の意思決定ではなく，企業の製品・サービスの利用を中止するという意思決定である。

このような意思決定は，必然的に，競合他社の製品・サービスに乗り換えるという結果に至ってしまう。このような結果がもたらす影響は，第2章で，顧客生涯価値（CLV／財務議論）として説明している。別の言葉で言い換えると，コンタクトセンターは，マネージャーにより定量化され，主張されることにより，企業に価値をもたらしているといえる。

我々の調査（モンガー，1996年）によると，電話をしてきた顧客の認識を測定するには，通話が終了してから，数時間後や，数日後，もしくは数週間後というように，時間をおくよりも，通話終了後，ただちに行われることが最も適切であるということを示唆している。このタイミングで顧客の認識を確認する方法が，MOT（真実の瞬間）を捉えることができ，顧客の実際の体験を適切に把握することが可能であるといえる。

図13に示すように，適切に設計され実施された顧客満足度（CS＝Customer Satisfaction）測定プログラムは，コンタクトセンタープロセス内部測定基準を反映した信頼性のある外部測定基準を作りだすことができることがわかった。

```
┌─────────────────┐
│   顧客認識価値      │
└─────────────────┘
         ▼
┌─────────────────┐
│   顧客認識要因      │
└─────────────────┘
         ▼
┌─────────────────┐
│ コンタクトセンタープロセス │
└─────────────────┘
         ▼
┌─────────────────┐
│    顧客期待度       │
└─────────────────┘
         ▼
┌─────────────────┐
│ コンタクトセンター評価指標 │
└─────────────────┘
```

図13　外部測定基準を内部測定基準に関連づける

CS測定プログラムは，品質改善活動が，顧客に対して最も重要である問題点に焦点を合わせていることを証明できる。CS測定プログラムの直接の目的は，

顧客の反応を適切にして一貫性を持ったフィードバックをすることである。例えば，顧客の認識によって，適切な対応・サービス戦略をすることができるよう，顧客の理解を定量的に把握することである。

どのような指標が測定されるのか，その測定結果はロイヤリティや，再購入にどのように関係するのかを理解しようとするためには，顧客の物の見方を予測し定量化することが重要であることが明らかとなった。図5に示すように，一般的に，顧客の物の見方は，3つの測定可能なカテゴリーの内の1つを示すものと考えられる。その3つのカテゴリーは，以下のようなものである。

- 「拒否する」－まったく受け入れられない，別なものを探す。
- 「受け入れる」－サービスは適正であるが，別の顧客は離反する可能性がある。
- 「優先する」－忠実な顧客である。この顧客を保持するために努力しなければならない。この顧客は，選択肢がある場合，自社が選択される可能性が高い。

CS測定プログラムの重要な目的は，「受け入れる」レベルから「優先する」レベルへ顧客を向かわせるための改善が適切に行われているかを確認する事である。後の章で，定量化の説明は行うが，自社を好む顧客は，その企業にとって財産であり，定量化可能な価値であることを示す。

CS測定プログラムを，継続的な品質改善の重要な作業であると位置づけるのであれば，以下のような要件を示して，効果的であることを明確にすることが重要である。

1. そのプロセスや顧客満足度，ロイヤリティーの影響力を最大にできる変化のプロセスを選ぶこと
2. 顧客の基盤数を減少させないよう行動すること
3. 顧客への提案を増やすこと
4. 「否定的な言葉」を口にすることを最小限にすること
5. 顧客が何を付加価値と認識するのかというより良い理解をすること

我々は3章で論議された内部測定と本章で示す外的測定のコントラストをはっきりしておく必要がある。内部測定基準の多くは，公共電話交換，ACDもしくはVRU等の機械から，または人事部や経理部といった部署から計測されてコンピュータを通して報告される場合が多く，その数値は，詳細な実態を表現する考察も難しい「数字」である。例えば，「今日の平均待ち時間は6分42秒」，「1件

当たり0.6回の転送が行われた」，「放棄率は3％であった」，「オペレーターの離職率は昨年22％であった」，「1件当たりの平均費用は昨年5.67ドルだった」等であり，その解釈は十分に考える必要がある数字である。

　一方，外部測定（CS）基準は，コンピュータや財務システムから出てくる数字のような正確性は持ち合わせていない。しかし，その代わりに質的な測定値という意味での「意見」や「感情」を表現しており，顧客の認識を考察するにはわかりやすい「数字」である。例えば，平均待ち時間は6分42秒であっても，ある顧客は15分待たされ，「待ち時間が長かった」と感じる可能性がある。この感覚，感想，認識は，実際に顧客が再購入，他の人への推薦，また継続して取引を行うとする「ロイヤリティ」を示す場合に，決定的な要因になるだろう。したがって，我々は，この顧客認識重視の原理を中心に考えるべきである。実際の数字がいくつであるかはさほど重要ではない。顧客がどのように感じるかを考えることが重要である。

　しかし，顧客満足度の測定は，厳しい決断を下すに十分な正確さで測定することは不可能であるとは考えていない。まったく正反対に考えている。適切に構築された顧客満足度調査であれば，経営者は顧客満足度調査プログラムから適切な意思決定をすることができると考えている。また，経営者が95％の正確さで，「顧客集団」の見方，考察の方法に関して決断できると考えている。ここでいう95％レベルの正確な判断とは，顧客満足度調査の結果から出された情報から導き出された結論が，20回中の19回は正しかった事を意味する。意志決定する者とっては悪くない水準であると思われる。

CSプロセスモデル

　様々なサービス属性の満足度を考察する上で，「4つの要因」が存在し，それらは「全体的な満足」，「推奨に対する感謝」，そして「再購入の意志」（この3つは主要な世界的CS測定要素である）の要素に対応している。その4つの要因とは「サービス品質」，「期待，属性の重要性」，「過去の経験（製品・サービス上の問題点の有無）」，そして「顧客の種類（製品との付き合いの長さ，性別，収入，年齢といった様々な人口統計学上の要素）」である。我々CSプロセスモデルである図14を参照してほしい。

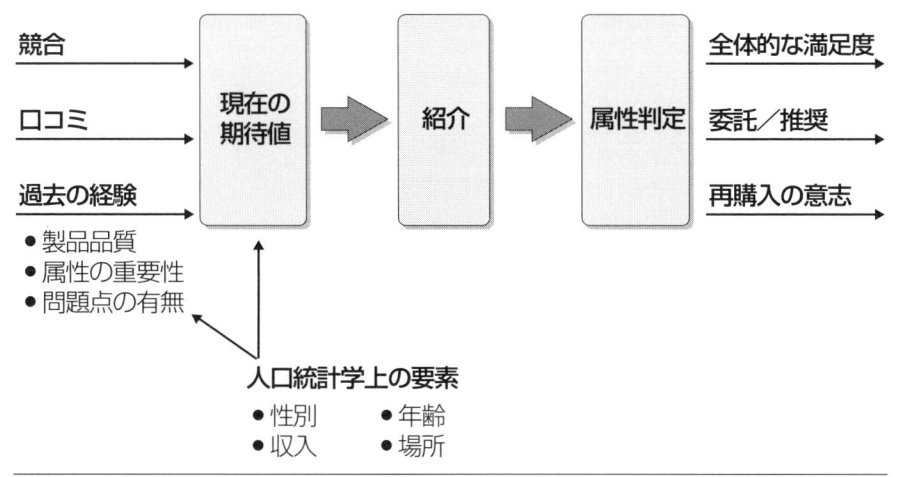

図14　CSプロセスモデル

　我々のCSプロセスモデルは以下の重要な特徴がある。
1. サービスに対する期待度は，例えば企業と企業間（BtoB）か企業・消費者間（BtoC）の取引かといったセグメントの違いや，同様に前回の取引で満足したかなどによって変化することが考えられる。例えば，月々の取引が大きい顧客の方は，取引の小さな企業に比べ，際立ったレベルのサービスをコンタクトセンターに期待する可能性がある。コンタクトセンターのサービスに対する期待度は，一般的に他のコンタクトセンターやあるいはそれ以外の「過去の経験」によって構成されると考えられるのが一般的である。期待度はまた口コミの影響や，競合のサービスレベルにも大きく影響される。
2. サービスの特徴は，顧客期待度に顕著な影響を与えることはない。むしろサービス特徴に関する顧客の評価は，パフォーマンス度を構成するときに加味される。パフォーマンス度は，全体的な満足度から導き出される。その後全体的な満足における特徴の影響は，回帰分析を使用して導き出される。
3. 人口統計学的要素は，通常，顧客満足に直接影響しないが，期待度や重要性の属性から間接的に影響すると考えている。大量に使う顧客，より複雑な製品やサービスを利用する顧客，もしくはより高額な費用を支払う顧客は，他の顧客よりもカスタマーセンターのサービスを重要視するだろう。つまり，CSプログラムが今後充実拡大するため，同じタイプのCS分析は違いを認識し，顧客セグメントに置き換えられる。

CS調査プログラムの重要な目標は，コンタクトセンターを特徴づけること，また洗練したサービスを提供すること，ひいてはすべての顧客に対し適切な電話によるサービスを提供することである。これは必ずしも全員に対して同じレベルのサービスを提供するということではない。例えば，銀行は，大規模投資をする投資家のために格調あるサービスを無料で提供しているが，すべての顧客に同じサービスを提供しているわけではない。それぞれ，セグメント属性に応じた良質なサービスを提供するために努力すべきである。

CSプログラム概要

　CS調査プログラムが，顧客が電話応対の体験により感じる要素に関して再度考察してみたい。基本的には，測定結果でもって何らかのアクションに落とせない要素に関しては，調査を行っても意味がない。アクションに落とせる要素とは，自分が管理可能な要素であり，そのアクションは，曖昧なものでなく具体的なものでなければならない。例えば，大学生活での学生のCSにおいて，経営管理の下にないものとして，大量のローン申請書処理等があげられる。これらは，大学の事務部門の管理下にはなく，外部（ローンを受けつける機関）の書類規則に則っているだけで，このプロセスに関する具体的なアクションは，管理不能な領域であり，具体的なアクションを起こしえない分野である。

　このような場合，ローン申請管理プロセスに関して学生が「どの程度満足したか」という点について生徒に尋ねることで得られるものは少ない。一方で，もし我々が連邦政府のローンの監督機関，もしくは州のローン関係の規制当局で働いていて，そして申し込み用紙や大量の事務処理のプロセスを変更することが可能なのであれば，学生が「大量」と考えている事務処理に関して顧客満足度を調整してみる価値はあるだろう。

　一般的に，コンタクトセンターの管理側面として2つの領域があり，それらはCS調査プログラムで測定されている。1つ目の領域は，第3章で説明したコンタクトセンター事業を評価する内部測定基準である。2つ目の領域は，現在提供しているカスタマーサービスレベルを可能にする人材・プロセス・技術問題である。顧客サービス属性は，外部測定基準を構成するものである。

　一般的に，顧客サービスの属性が3つに分類される外部測定基準は次の通りで

ある。
1. コンタクトセンター利用の可能性（第5章と付録Eを参照）
2. オペレーターとの相互作用
3. オペレーターが提供した回答もしくは解決策

コンタクトセンターサービスレベルの要素

1. 把握しやすく，顧客が感知可能な要素
   - 呼び出し音を鳴らした回数
   - 待ち時間
   - 保留時間
   - 転送回数
2. 顧客がオペレーターとの相互関係において知覚可能な要素
   - 素早く要求に対処した
   - 顧客の状況に関心を示した
   - 顧客の質問を理解した
   - 明確にわかりやすく話した
3. 顧客がオペレーターによって与えられた回答における知覚可能な要素
   - オペレーターの回答の完成度
   - オペレーターの回答の正確度
   - オペレーターの回答の公正度

我々は，顧客満足に関する，以下3つの指標と，その要件に焦点を絞って考察した。
1. コンタクトセンターサービスの質に対する全体的な満足度
2. 顧客コンタクトセンターにおける体験結果として，製品やサービスを購入し続ける可能性
3. 他の人へ製品・サービスを勧める意欲

一般的な手法，データ収集，そして外部分析

付録Aに，コンタクトセンターに関するCS調査プログラムを開始するための立証された顧客満足調査をつけている。別付録Bは，顧客データ収集を勧めるコンピュータ（CAT）調査の議論である。付録Cは，サンプリングコンセプトに関する説明である。この3つの説明は，コンタクトセンターのCS調査プログラムを

実測値	変換値
1	0.0
2	11.1
3	22.2
4	33.3
5	44.4
6	55.5
7	66.6
8	77.7
9	88.8
10	100.0

図15　1－10から1－100へのデータの変化

効率的かつ効果的に実施するために重要なことであると考えている。これまでも我々は，データ収集の考え方や方法，およびサンプリングに関する考え方や方法等に関して，必要としている方々に対して十分な説明をしてきている。

また付録Dをぜひ熟読していただきたい。付録Dは，「リスク分析」を通じて外部測定基準分析をどのように精度の高いものにするかということを説明している。ここでいう「リスク分析」の目的は，顧客を失う事により多額の出費になる前に，顧客問題を改善する十分な行動をとることができるように，とるべき対策を明らかにする事である。実例も示している。

パフォーマンススコアの計算

ここでは，10段階や5段階評価等の顧客調査回答データを100ポイントスケールへ再コード化することをお勧めしている。分析結果を提示する場合，一般的に100ポイントスケールの方が，その意味合いを理解しやすい。図15と図16は，共通データの変化を示している。

はじめの評価スケールを100ポイントに再コード化した後，各サービス要素，

実測値	変換値
1	0
2	25
3	50
4	70
5	100

図16　1-5から1-100へのデータの変化

全体の満足度，サービス継続の意志，そして推奨意志の意味を計算することで定量化され示される。

　パフォーマンススコアは非常に重要な要素であるが，単に必要な経営情報の1つにすぎないともいえる。パフォーマンススコアにより，分析結果からオペレーターが低いスコアを受けた点に関して対策を講じることができる。しかし，より効果的な分析効果を得るには，どのサービス要素が，顧客の3つの主要な要因を導くことになっているか明確にする事である。
1. 全体的な満足度
2. 他の人へ勧める意志
3. 再購入意志

　全体満足度への各要素の関係性を調査するために，重回帰分析を実施している。重回帰分析は，関係するすべての要素（変数）が，目的変数との関係性を考察する事を可能にしている。この重回帰分析は，一組の変数間における関係性を相関分析し，その繰り返しによりすべての要素との関係を分析するよりも効率的な方法である。

　まず，顧客の全体的な満足度の全体像を定義するために，我々はすべてのサービス要素の変数を含むモデルを構築している。「全体的な満足度」とは，図17に示された要素の事である。示された要素は，CS調査された項目である。

　この分析は，全体の満足度に影響している要素を統計的に明確にしている。また，この分析により，重要な取り組みを統計的に明確にすることにより，重点的

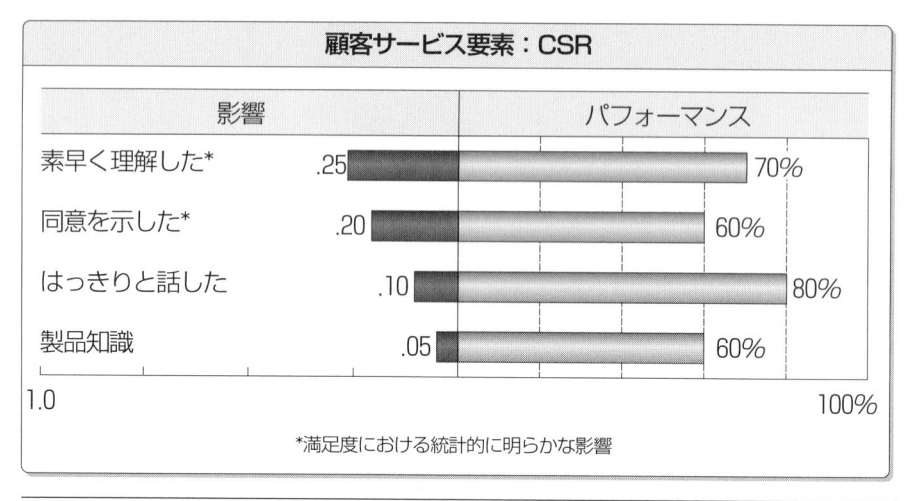

```
顧客サービス要素：CSR
        影響              パフォーマンス
素早く理解した*    .25                70%
同意を示した*     .20                60%
はっきりと話した   .10                80%
製品知識       .05                60%
1.0                             100%
      *満足度における統計的に明らかな影響
```

図17　パフォーマンス要素と影響一例1

に資源を投入できる事になる。その重回帰分析の結果，全体満足度に影響しているサービス要素を図17と図18に示しており，重要なインパクトのある要素に関して，アスタリスク（*）で印をつけている。この分析結果は，統計的に95%の信頼度で計算している。もし，全体満足への影響が大きく，その要素自身のデータも85以下のパフォーマンススコアを有している場合，特に改善が必要なものが特定されていると考えられる。

　重回帰分析結果を明示する事は非常に効果的で重要な事である。その結果を示す場合，我々は，「二面棒グラフ」で示すことをお勧めしている。その理由は，その属性の全体満足度とそれへの影響とそれ自身のパフォーマンススコアを同時に見ることができるからである。図17は，重回帰分析結果を示しており，ここから以下のような考察が可能になる。
1．2つの重要な要素が統計的に全体満足度に影響を与えていることを示している。オペレーターが顧客の質問に答えた時，顧客の状況を「素早く理解した」または顧客に対し「同意を示した」ことが，影響大であることが読み取れる。この2つの要素に経営資源を集中すべきであることを示している。
2．表のパフォーマンス側を見てみると，明らかにいずれの重要な属性も，望んだ85%に達していないことがわかる。
3．この結果から，後の行動に優先順位をつけるかを考察する。全体満足度に関

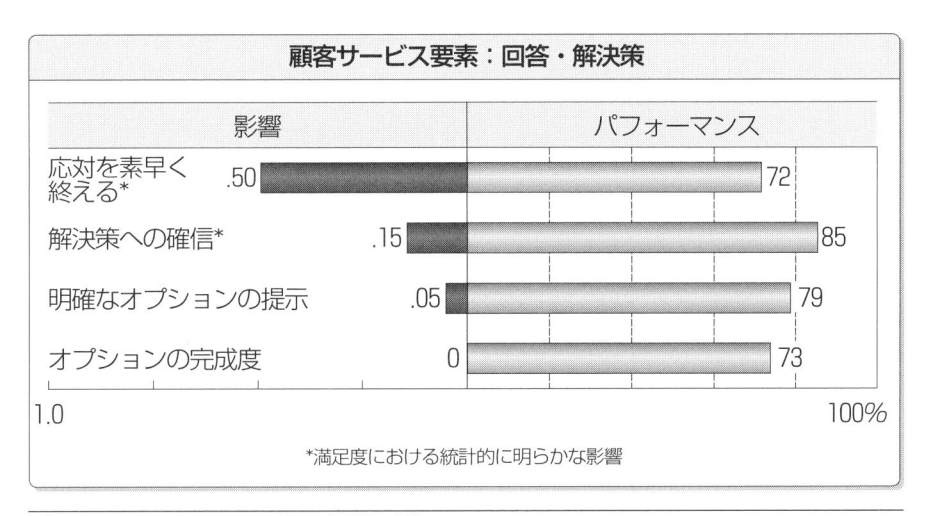

```
┌─────────────────────────────────────────────────────┐
│          顧客サービス要素：回答・解決策            │
│     影響              パフォーマンス               │
│ 応対を素早く  .50                           72     │
│ 終える*                                            │
│ 解決策への確信*     .15                     85     │
│ 明確なオプションの提示  .05                 79     │
│ オプションの完成度   0                      73     │
│ 1.0                                        100%    │
│        *満足度における統計的に明らかな影響         │
└─────────────────────────────────────────────────────┘
```

図18　パフォーマンス要素と影響―例2

するそれぞれの影響は，25，20と近似している。これは，ほぼ同じ度合で影響しており，それぞれ重要であるということを示唆している。しかしながら，「同意を示した」項目のパフォーマンススコアは，60であるのに，「素早く理解した」項目は70である。経営者は，「理解を示した」に関するスコアをまず改善することに重点を置く可能性がある。経営者が，最小の財務投資で最大の効果を得ようとする場合，妥当な行動である。このように最小の投資で最大の効果を得ることは，コンタクトセンター経営者，チームやCS調査プログラムにとって重要なことである。

図18において示された結果をみると，思いやりや話を聞く訓練を改良しなければならないと考えるだろう。もし，通話をモニタリングする適切な統制チームが存在する場合，別の観点から話を聞く訓練の取り組みを進めるかもしれない。また調査質問表の顧客のコメントを再調査することにより，特定のどのスキルを改善すべきであるということが明らかになるかもしれない。

どのようにこの分析結果を利用するか，また顧客認識の課題の原因の究明をどのように始めるべきか，考察しておくべきである。重回帰分析結果や，パフォーマンスデータが明確になれば，どの領域に対して重点的な対策を打つべきか考えることができる。その領域別の考え方を，図19に示している。

パフォーマンススコアが85%を下回った場合の主要改善点	CS調査によって測定されたサービス要素
● 話を聞く力 ● 共感力 ● 電話技術 ● 製品訓練 ● コミュニケーション技術 ● 電話技術 ● 電話, コミュニケーション技術, システム改善 ● システムトレーニング, システム改善問題	オペレーター： ● 顧客の要望を素早く理解した ● 質問に答える時, 理解を示した ● はっきりと話した ● 製品・サービス知識 提供された回答・解決策： ● 回答の完成度 ● 提供された解決策に対する顧客の信頼 ● 明確なオプションの提示 ● 素早く応対が終えられた

図19 調査結果に基づいたとるべき行動

　図19に示された結果は, 測定された回答や解決策のサービス要素のスコアに焦点を合わせている。上記の話と同様に, 統計的に影響のある要素にまず焦点を合わせている。例えば, 顧客満足と最終的な顧客維持力のデータはを反映しあっている。重回帰分析により明確になる統計的に意味のある要素の数は, ゼロの時もあれば, すべてが強い影響を与えている事もある。図18のデータでは, 統計的に重要な影響要因は2つ存在する。それは「素早く電話を終わらせる」と「解決策への確信」の2つである。

　「素早く電話をおわらせる」に関する影響は, あきらかに「解決策への確信」よりも大きいことがわかる。また重要なこととして, 「素早く電話を終わらせる」に関するパフォーマンスは, 「解決策への確信」が85であるのに比較して72と, かなり低い。図18で示された通り, 「素早く電話を終わらせる」は, システム訓練や, もしくはシステムそのものの改善が求められているということである。オペレーターの訓練は, 明らかにシステムそのものの改善より安価にすむことが多いため, オペレーターの訓練で対応したくなるだろう。しかし, システムそのものに改善の余地が見つかるとしたら, このような分析は価値あるデータである。

　「解決策への確信」属性は, 統計的に影響のある要素である。またパフォーマンスは85%レベルと高い値を示している。この結果は, 経営者がコンタクトセンター市場の価値をさらに向上させることができるかもしれないということを示

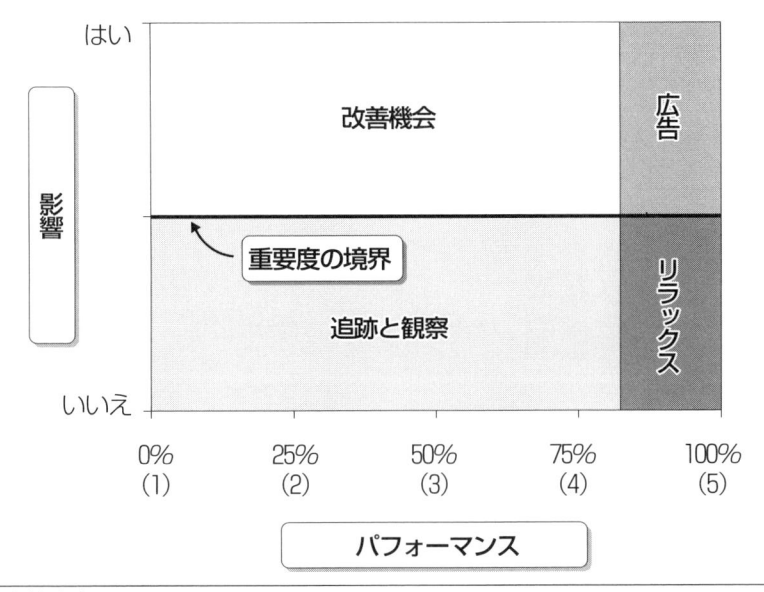

図20　改善決定マトリックス

す。この要素をさらに強化する事によりコンタクトセンターの差別化につながる可能性があるということだ。競合に対してこの要素をキャンペーンとして活用することができる。

　CS調査測定プログラムの結果は，細心の注意を払い，考察し，継続して監視を続ける必要がある。次回の測定における分析結果から，図17と図18のような考察を行い，対策を講じることで，コンタクトセンターを成功に導くことができる。
　図17と図18に示すような分析結果から，対策を実施する方法以外に，図20に示しているような分析の方法もあると考えられる。このようなマトリックスに位置づける事により，まずどこを改善すべきかきわめることができる。

顧客主導のコンタクトセンター経営

　最終的な顧客満足度改善方法の発見は，顧客が素晴らしいサービスを定義することにより考察できる。顧客は，誰も明確に要求してはいないが，すべての顧客が意見を持っていると考えるべきである。

　コンタクトセンターの対応が，企業イメージの形成にどの程度影響を及ぼすか

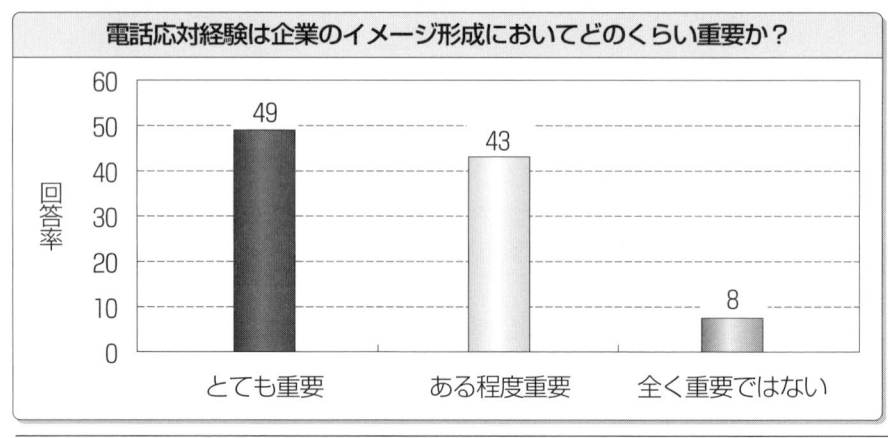

電話応対経験は企業のイメージ形成においてどのくらい重要か？

とても重要: 49
ある程度重要: 43
全く重要ではない: 8

図21　企業イメージにおける経験の影響

考察しているか？　コンタクトセンターの対応が，どの程度企業イメージを形成するのに影響を与えているか，ベンチマークポータル社では最近調査を行った。その調査は，1,000人の米国内に住む消費者に連絡を取り，コンタクトセンターでの経験についていくつかの質問をした。そのうち92％が，コンタクトセンターの対応が，企業のイメージを形成するのに重要な経験であったと回答した（図21参照）。

グローバル経済の進展に伴い，多くの市場が飽和状態に近づいている。飽和状態に近づくほど，新規顧客の獲得は難しくなる。そのような環境下では，企業は，既存顧客が満足しているか，ロイヤリティーを有しているかを確認することが非常に重要になってくる。

顧客満足度要因

図22は，顧客ニーズの階層性を示している。

これらの顧客ニーズは2つの重要要因に分類することができる。
- 低付加価値な満足要因
    ・正確な回答を得た
    ・素早い応答だった
    ・コンタクトすべきチャネルを提示された

アントン博士による顧客ニーズの階層性

```
          特別
        アドバイス
        パートナー
      私を理解している
       フォローアップ
        正確な回答
        素早い応答
       チャネルの選択
```

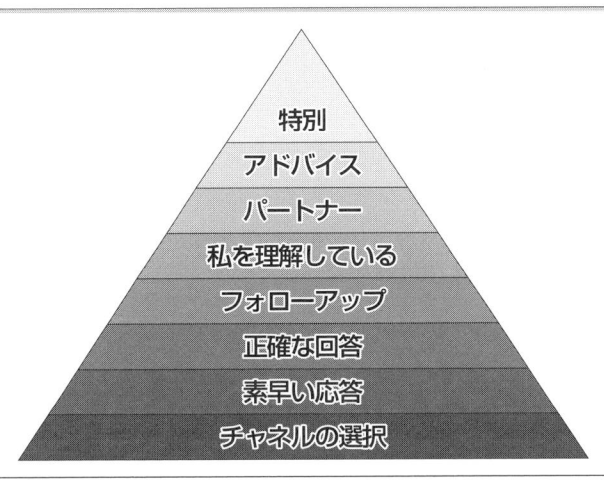

図22　アントン博士による顧客ニーズの階層性

- 高付加価値な満足要因
  - 唯一無二の特別な存在として取り扱われた
  - 明確なアドバイスを得た
  - パートナーとして考えられた
  - 企業が「私のことを理解している」と感じた
  - タイムリーにフォローアップを受け取ることができた

　残念なことに，多くのコンタクトセンターが測定し，管理しているものは低付加価値の要因である。
- 正確な回答
- 素早い応答
- コンタクトすべきチャネルの提示

　コンタクトセンターが焦点を絞って取り扱うべき要因は，
- それぞれ顧客を唯一無二の特別な存在として取り扱うこと
- 顧客の期待に沿ったあるいはそれ以上の明確なアドバイスを提供すること
- 各顧客を企業のパートナーとして考えること
- 企業が「自分をよく理解している」と顧客に思わせること

顧客意見を収集しているか？

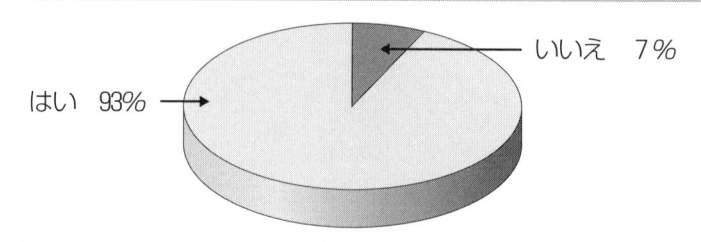

いいえ　7％
はい　93％

図23　顧客意見を回収している企業の割合

集められた顧客意見が内部の変化につながるように利用しているか？

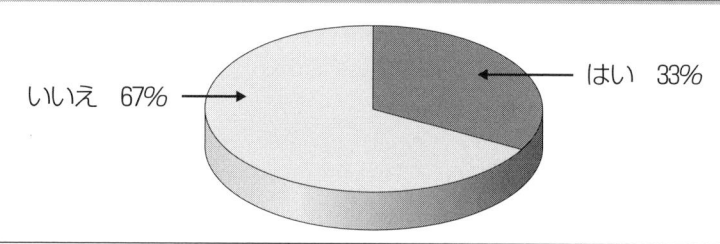

いいえ　67％
はい　33％

図24　顧客サービスを改善するために顧客意見を利用している企業の割合

● タイムリーにフォローアップを受け取ること

　顧客の何％が，自社に対してロイヤリティーがあるのか考察する必要がある。もし顧客の声を聞き，収集し，分析し，役立てる仕組みがなかった場合，そのロイヤリティーの改善をどのように行えばいいのか，わからないだろう。大部分の企業は，ある程度顧客の意見を収集しているが，それを役立てる仕組みが効果的に動いていないようである。最近の調査によると，多くのコンタクトセンターは，図23と図24で示している通り，あまりその情報を改善するために活用していないようである。

　残念なことに，顧客からの価値ある声はあまり活用されていない。つまり顧客の声を活用し，オペレーターの応対改善を行える機会を有効に活用していない。一方，多くのコンタクトセンターでは，応対改善の目的で，モニタリング作業に多くの時間と費用を費やしている。しかし，調査は以下のことを示している。

1. 多くのコンタクトセンターが，顧客満足度を改善する1つの手段として，以下のような伝統的なモニタリングや指導モデルに頼っている。
   - 毎月，オペレーターを無作為に抽出し，5つの電話機をモニタリングする。
   - スーパーバイザーは，モニタリングを評価する為，チェックリストを使っている。
   - 24時間以内にオペレーターとスーパーバイザーが意見交換をしている。
2. モニタリングが適切に行われていて，その継続性・一貫性があるとしても，顧客満足度の向上には，あまり効果を与えることができないだろう。
3. このような情報収集，改善活動の問題点は下記の通りである。
   - モニタリングにかける時間が不足している。
   - モニタリングを行う経験のある人材が不足している。
   - スーパーバイザーがオペレーターを指導する時間が不足している。
   - オペレーターの正確な状況を得るためにモニタリングしている電話数（サンプル数）が十分でない。

そこで提案であるが，顧客自身の意見・感想を収集活用し，コールの質を管理する仕組みを構築する方法を考えることが必要と思われる。そのようにすれば，この一連のプロセスの効率は向上し，費用の低減も可能となるだろう。この方法をとることで，顧客からの直接のフィードバックが統計的に整理され，かつ情報がリアルタイムであるため，オペレーターへの影響も大きくなるだろう。

ベンチマークポータル社は，Echo^{TM}（「顧客全員が意見を持っている」）と呼ばれる重要な「サービス改善解決策」を構築している。Echoは，単に顧客の意見を得るということ以上のことを可能にしており，その結果を利用することを可能にしている。Echoを利用することで，顧客の声に耳を傾けた，競争力あるコンタクトセンターを構築できる。

「Echo解決策」を構成している4つの主な要素は以下の4つである。
1. 顧客意見
   - 顧客に直接，適確な質問を行う
   - メールで回収，またはIVR調査
   - 顧客タイプ別の詳細分析
   - コンタクトしてきた理由別の詳細分析
   - 不満足を感じる理由についての詳細分析

2. オペレーターの態度
   - 成功事例調査結果に基づくオペレーターのベストプラクティス検討
   - コンタクトセンターの本来の目的から構成される測定基準
   - コール終了後の顧客からの率直な生のフィードバック
3. 成功したサービスの分析
   - 不満足顧客に対して素早く対応策を提供
   - 重要なリカバー能力により行われる回復
   - 様々なリカバー方法の影響を追跡する調査
   - サービスBDの詳細
   - 顧客の最終満足度を確信するための調査
4. 失敗したサービスの分析
   - 不満足要因に関するわかりやすい報告書
   - 顧客からの公平な意見の詳細
   - この失敗による影響とパフォーマンスの関連性分析
   - 影響のあった動機へ関係した情報の流れ
   - 製品，ポリシー，プロセスへの有効性の考察

　Echoは，顧客の満足度に関して，実際に調査して得られたデータを，「計器盤」のように，常に今の状態を管理できるよう示す形態をとっている。以下に示す事項は，Echoを通じて経営者に示すことができる報告情報のいくつかの事例である。

管理者は，どのチームでも，いつでも顧客満足結果にアクセスすることができる。

全体的に，電話応対にどの程度満足したか？

指導者は，オペレーターが最重要顧客との関係をどのようにして築いたかを簡単に確認するために，「待ち時間レポート」に相互にアクセスすることができる。

- 非常に満足している　　　(N = 2587 − 80.86%)
- 満足している　　　　　　(N = 522 − 16.31%)
- どちらともいえない　　　(N = 62 − 1.93%)
- 不満足である　　　　　　(N = 22 − 0.68%)
- 非常に不満足である　　　(N = 6 − 0.18%)

© Benchmark Portal,Inc.

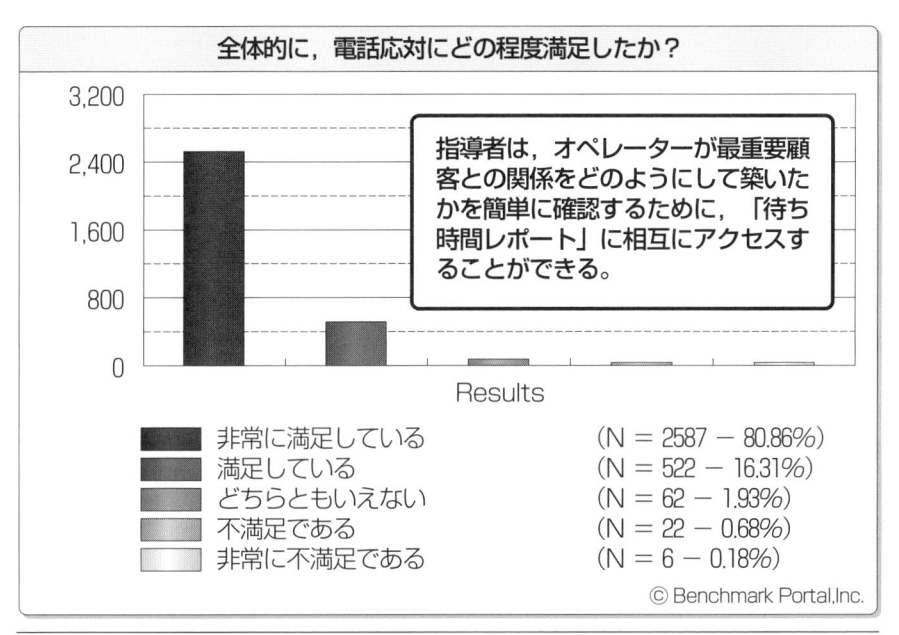

図25　Echo™実例報告#1

Echoは，顧客は何を重要だと考えているかを高いレベルで示すことができる。

顧客が最も優先する項目としてオペレーターの誠実さが最上位に位置づけられている。

項目	影響	パフォーマンス
誠実な対応	54.47%	81.78%
回答時間	48.48%	82.04%
分かりやすさ	48.99%	81.00%
適切な長さでの回答だった	46.84%	81.58%
フレンドリーな口調だった	42.42%	83.91%
指示が簡単だった	42.28%	77.71%
理解した	17.90%	81.59%

© Benchmark Portal,Inc.

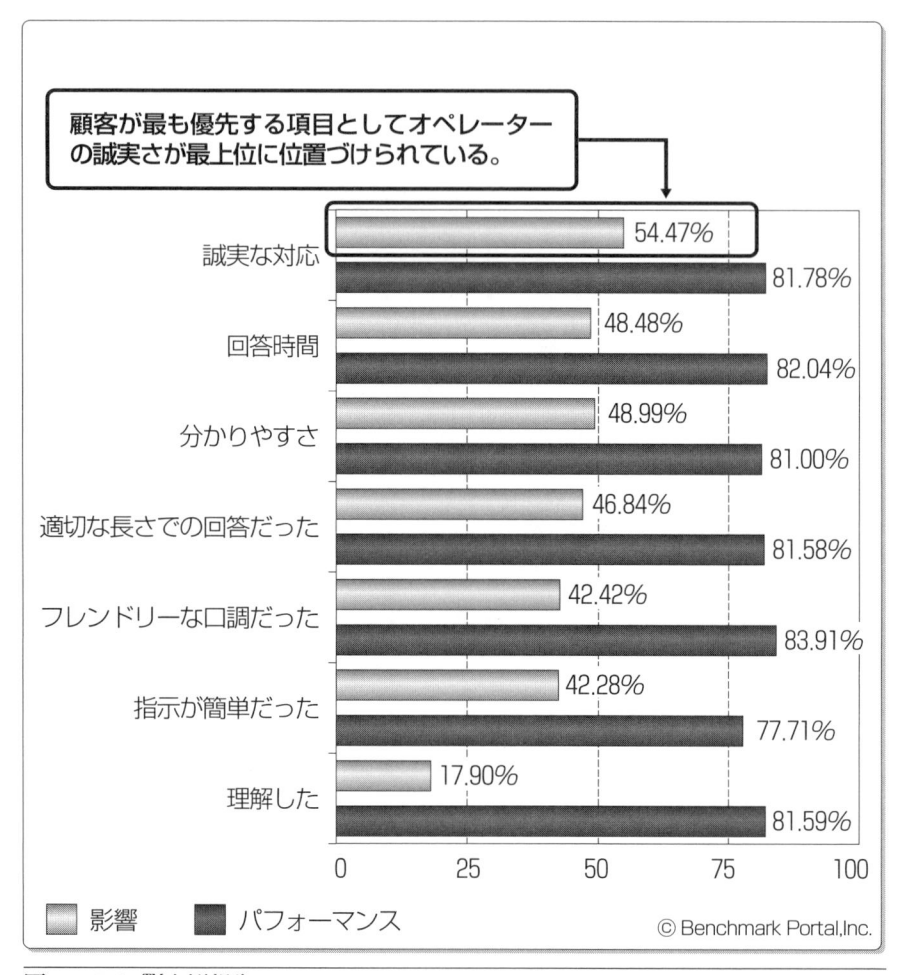

図26　Echo™実例報告#2

何％の顧客が「非常に満足」（トップクラス）だったと順位づけされたかを示す

このオペレーターは，即時のコーチング指導に用いられた。

オペレーター	%
Jesse C. (N=23)	47.83%
Randy F. (N=23)	56.52%
Sandra F. (N=58)	62.07%
Bob W. D. (N=44)	63.64%
Su M. (N=45)	64.44%
Terry J. L. (N=31)	64.52%
Sara. (N=26)	65.38%
Tom G.M. (N=47)	
Chris D. B. (N=25)	
Dave S. S. (N=52)	
Brian B. K. (N=66)	
Brian W. G. (N=30)	73.33%
Kelly B. J. (N=27)	74.07%
Jason. F. R. (N=29)	75.86%
Tyson. P. C. (N=38)	81.58%

このオペレーターは，非常に満足した顧客を作る一団を指揮している。業務を支援する。

© Benchmark Portal,Inc.

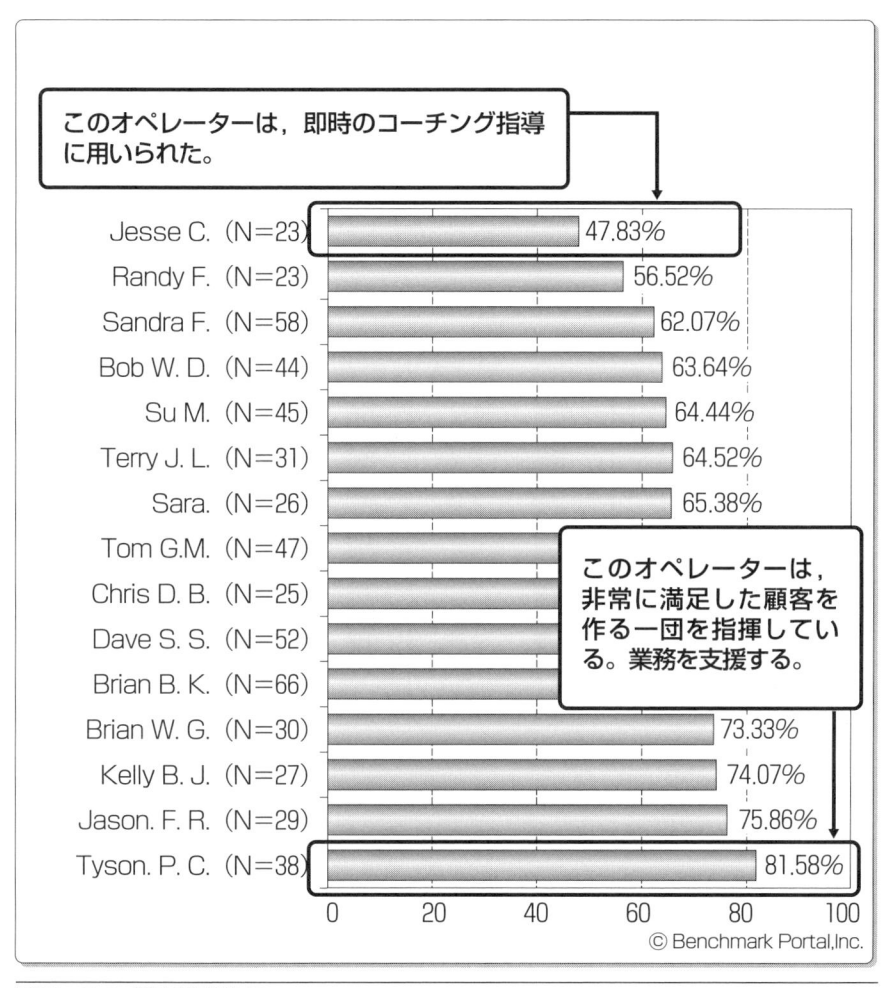

図27　Echo™実例報告#3

第4章　外部測定基準——顧客の脈を測定する

このEchoの特徴は，コンタクトセンターのマネジメントに，「リアルタイム計器盤」として，的確な情報を提供して続けることができる。それに加え満足感を個々のオペレーターを遡るための正当な能力を包括している。また，オペレーター自身も，これまでの無味乾燥なチェックリストの代わりに，Echoを自己管理に活用できる。

オペレーターは自分たちのパフォーマンスが同様のグループにくらべてどのくらいかを知るだろう。

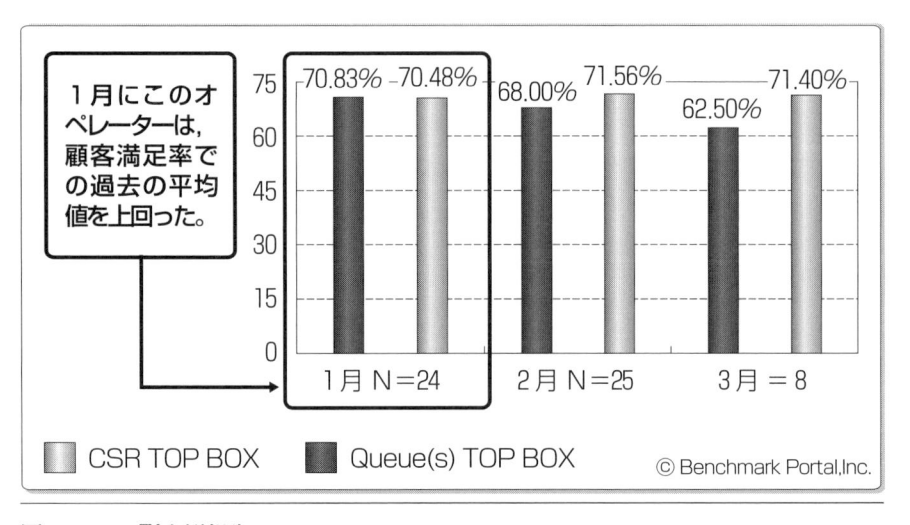

図28　Echo™実例報告#4

　このEchoシステムは，古典スタイルとも言えるチェックリストモニタリングよりも的確な指示を出すことができる。

　最後に，Echoは，リアルタイムで「回復専門家」(不満足な顧客を，非常に満足な顧客に変えることができる専門性の高いオペレーター)に適切な指示を出し，機会を創出することができる。

この重要性は以下の表に示している。

効率的なクレーム対応

顧客の状況	再購入の可能性
何の問題もない製品	78%
問題のある製品と，有効性の低い（電話とメール）	32%
問題のある製品と，有効性の高い顧客ケアセンター	89%

© Benchmark Portal, Inc.

図29　Echo™有効性表

事実，満足度を取り戻した顧客は重要な存在であり，強い口コミ能力を持っている。

これは，非常にハイクオリティーであり，分析／改善にとって高品質，リアルデータを提供できるインプットである。

主要なコンタクトセンタープロセスの要素

コンタクトセンターを，顧客志向のビジネスに転換させるために，顧客の要望・ニーズを元に設計されたセンタープロセスを設計し実行しなければならない。

以下に考慮すべきコンタクトセンタープロセスの要素を記載している。
1. 戦略とミッション：顧客はコンタクトセンターのミッションに同意しているか。
2. アクセスポイント：どのようにして顧客はコンタクトセンターの電話番号・メールアドレス・ウェブサイトを見つけるか。
3. 伝達方法：どのようにして電話や連絡がコンタクトセンターに届くのか。
4. 災難回復：いつ災害が起こり，顧客に対するサービスロスを最小限にするためのバックアップは何か。
5. テレコミュニケーション製品：どのディバイスが電話やメールに回答してい

るのか。
6. スタッフィングとスケジューリング：システムは，顧客のニーズに合った妥当なオペレーターを毎回配置しているか。
7. 教育：どのような頻度，方法でオペレーターは訓練，再訓練されているのか。
8. ツール，アプリケーションとデータベース：オペレーターが必要とするデータは素早くアクセス可能か。
9. メッセージ送信（スクリプト配信）：顧客へ言うべきことや書くべきことに関して，コンピュータが配信するスクリプトは役立っているか。
10. 顧客コミュニケーションチャネル：もし顧客からの問い合わせ対応するコンタクトセンターが1つ以上存在する場合，顧客に一貫性を示すための仕組みはあるのか，またどのように調整されているのか。
11. 測定基準と報告：意志決定が必要な時に，適切な情報が得られるように適切にプロセスを測定しているか。
12. 顧客満足：管理下にあるサービスに対して顧客がどのように感じたか，適切に測定しているか。
13. 事業運営費：コンタクトセンターの運営予算は適切に管理しているか，またマネージャーが行動を起こすときに必要な情報を適時提供できるか。
14. 設備：コンタクトセンターの設備は，ワークプロセスを考慮した，人間工学に基づいたものになっているか常に監視しているか。

第5章

内外部測定基準の連結──最終経営ツール

背景

多くのコンタクトセンターマネージャーは，センターの改善や再構築に日々奮闘している。我々の経験からいうと，今日多くのコンタクトセンターは図31に示されたマトリックスの左下のセルに当たる，いわば「あるがまま」のコンタクトセンターに該当する。そして，右上のセルに当たる「企業の資産」として位置づけられるコンタクトセンターになるためにこそ，マネージャー達の日々の奮闘があるのである。

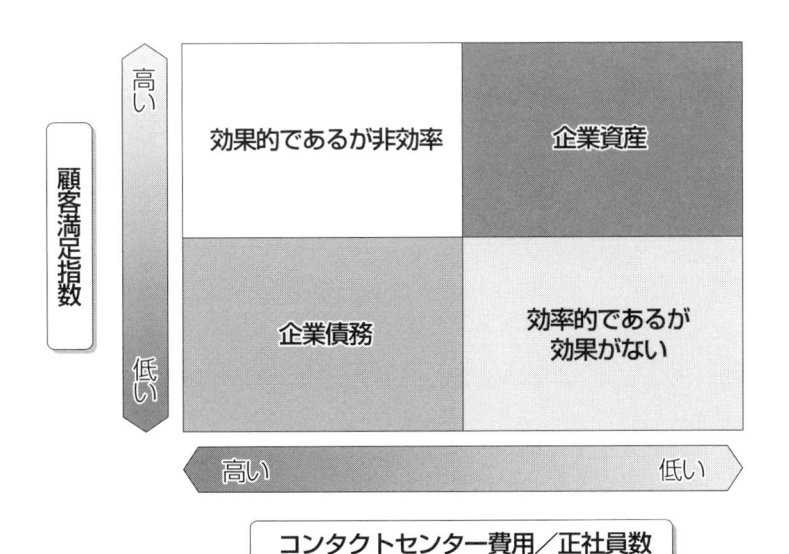

図31 改善ビジョンに関する経営マトリックス

顧客アクセスセンターに「なるための」ビジョンに到達するにあたり，多くのコンタクトセンター経営者を支援してきたが，彼らはまず顧客満足でよいアセスメントに達するために非常に効果的なものとなる。我々は長年にわたり，多くの経営者が自らのコンタクトセンターを「理想的な状態」にするという目的を達成するための支援を行ってきた。理想的な状態，つまり右上のセルに当たる「企業資産」としての位置づけに達するために，最初に取り組むことは高いレベルの顧客満足を効果的にもたらすことができる体制ということになる。効果は上げられるが，効率性に欠ける状態である。そして最初の目的が達成された後には，コストダウンの実現に向けた組織やシステムの再構築に向けた奮闘が続くことになる。これは図32のマトリクスに矢印で示したように，左下のセルから最初に左上のセル，次に右上のセルへと変化する流れになる。結果として，十分な効果を上げながら効率性にも優れた「企業資産」としてのコンタクトセンターになるのである。

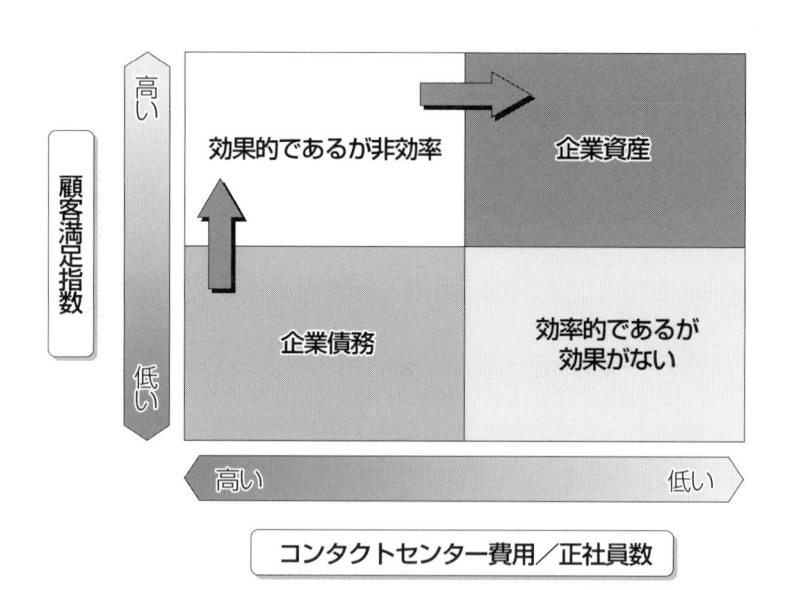

図32　経営マトリックスにおける改善の道のり

　図31は，費用と満足要素をかけ合わせた理論的根拠を示している。まず，応対当たりのコスト削減だけを目指しているセンターのことを考えてみよう。このセンターは生産性の向上にのみ囚われており，特筆すべき顧客サービスを提供できるとは思えない。生産性，つまりできるだけ多くの電話をとることは，効率的

ではあるが，センターとして効果的であるということではない。効果的とは，顧客からの高いサービス評価を得る可能性を最大限にするためにそれぞれの応対内容をうまく設計しているということである。CSプログラムは，通話ごとの費用を削減したいという企業の要求に応えることを可能にするが，顧客満足に影響を与える主要な要素についての考慮を忘れてはならない。

コンタクトセンターのミッションは，図32に示された通り，可能な限り通話ごとのコストを低減しながらも，付加価値のある顧客サービスを提供する，という方向に向かっている。コンタクトセンターのマネジメントは，図31の右上セルに当たる企業資産センターになる，というビジョンに向かっている。

インバウンドコンタクトセンターマネジメントの目的は，コンタクトセンターのROIを最大限にするためのネットワークサービス，機器，そして人材を含む資産の構成バランスをとることである。バランスのとれたマネジメントが達成される一方で，コンタクトセンターのオペレーションは質，生産性，効率性がターゲットになる。しかしながら，質の向上や顧客満足のためにコンタクトセンターミッションに費用をかけて，内部測定基準をマネジメントさせないことが重要である。

質，生産性，効率性にとって，サービスレベルの目標は通常セットである。
1. ベンチマークにおける，クラス最高のコンタクトセンターの経営
2. 業界平均を確認する
3. コンタクトセンターマネージャーのこれまでの経験を総動員する

上記3つのポイントが，どのようにお客の予測に影響しているかを知らないと，コンタクトセンターのマネージャーがオペレーショナルコールを設定できても，3つのアイデアは機能しない。

もし，コンタクトセンターが効率性をできるだけ考える一方で，SCを求めるなら，サービスの達成はセットされない。以下のセオリーは目標がCSをなしでセットされた時の可能性のあるアウト・プットである。
1. すべて，または部分的にでも顧客の要求を大幅に上回る基準値を設定した場合，顧客の満足やロイヤリティが得られないままにコストだけが上昇する結果を招く。

2. すべて，または部分的にでも顧客の期待を下回る基準値を設定した場合，顧客は不満を持ち，その顧客を逃してしまうことになる。
3. 何が顧客満足に影響を与えるのかを知らずに，サービスレベルの目標値を変更する，必要以上のコスト増をもたらすか，顧客を逃す結果となる。
4. 目標値は顧客の期待値の変化に伴って微調整を続けなければならないが，定期的な顧客調査が行われていない場合にはこのような微調整は実現できない。
5. すべての顧客グループは，同じサービスレベルを受けることになるが，セグメント内の顧客の期待がそれぞれ異なっている場合には，そのようなグループ分けは不適切なサービスを生んでしまう。

　以下の図33において，内部測定基準が，顧客の認知に関係している点を記載した。次に述べられる単純な回帰分析では，内部測定基準と外部測定基準は，相関関係にあることがわかる。内部および外部調査については，付録Eで述べており，それぞれがリンクしたスクリプト，質問と内部測定基準が示されている。

内部運営上の測定基準	顧客の認知と受容度
● IVRにおける実際の時間 ● 待っている実際の時間 ● 保留にしている実際の時間 ● 転送された実際の回数 ● 実際の通話時間 ● 電話時にブロックされた呼の割合 ● 電話時に破棄された割合 ● 電話時に破棄された回数 ● 電話時に電話業務後の平均時間	● IVRに費やす時間の認知 ● 待ち時間における認知 ● 保留時間における認知 ● 転送の必要性＆オペレーターの製品知識における認知 ● 問題解決するためにオペレーターに十分な時間を費やさせる ● 全体的な満足を感じ，継続的なサービスを歓迎するような顧客に対して，コンタクトセンターのどのような行動が応対品質に影響を与えているか

図33　内部運営上の測定基準と顧客理解

　これらデータ分析と，ベンチマーキング情報，そしてマネージャーの過去の経験を合わせて，マネジメント活動の方向性を定めることになる。あらゆる統計分析にいえることであるが，この手法を利用しても，マネージャーが「考える」ことから解放されるわけではない。マネージャーが持つべき武器の1つとして活用することで価値が生まれるものである。

単純回帰

　コンタクトセンターのサービスレベル基準値を設定する際には，コンタクトセンターの業務遂行上のディメンションに対する顧客の認知という視点を持つべきであることをここまでに指摘してきた。いくつかの分析のタイプは，経営者にとって，サービスレベル目標を設定するために強力で様々な局面で使えるツールとなる。

　我々は，単純な直線回帰モデルの使用を提案する。1つの例を用いて高度に簡略化された回帰についての議論を説明する。追加事例を用いての更なる詳細の議論は付録Fに示した。

　回帰は，独立変数の値を用いて従属変数の値を予測するためのモデルを作る手法である。このアプリケーションにおいて，独立変数とは，ACDによって取得された，通話ごとの実際の内部測定数値である。従属変数は，それぞれの基準値に対する顧客の認知度を外部CS調査から抽出することで，予測値を設定する。

　回帰法は，それぞれの独立変数と従属変数の両方を曲線で表す。例えば，一連の座標軸上に，1つの軸が，ACDによって取得された通り（値を3と仮定する），顧客#1に実際に占められるリングの数を示す。その他の軸は，外部調査で顧客#1によって報告された通り（値を5と仮定する），リングの数で満足度を示す。これら2つの交わりは，データ値（3，5）の組み合わせでグリッド配置を定める。すべてのデータの組み合わせが配置され，回帰算法は，データを通して最も合う直線ができる。

　3つのタイプの関係が，独立変数と従属変数の間に存在する。ポジティブ（原点から上方向に傾斜した線），ネガティブ（原点から下方向に傾斜した線），もしくは傾斜のない線（水平もしくは垂直）である。1つは「顧客と十分な時間をすごす満足」と「会話時間」の間に存在するためのポジティブ関係を予期するものである。1つは，例えば，「待ち時間」が長すぎる，というように測定基準の状況におけるネガティブな関係を予測するものである。2つの変数は，何の関係も示さない点において，経営者は，測定基準に焦点を絞ることは，満足度における変化を引き起こさないと推定できる。

ケーススタディ1

状況

　可変の「待ち時間」に関する疑似回帰結果を用いて，ベータ（付録Fのベータの定義参照）を得る。ベータは，「満足できる待ち時間」の平均と「実際の待ち時間」の平均の関係の形式を表すポジティブ，ネガティブもしくはゼロとなる。

　試しに結果を付録Fで詳細を述べた回帰モデルへ当てはめてみると，
$$69 = 92.27 + -1.3\ (17.9)$$
　69が「待ち時間の満足度」（従属変数）の平均で，17.9秒（独立変数）は「実際待ち時間」の平均である。ベータがネガティブである。したがってその関係もネガティブである。

経営解釈

　「待ち時間」が1ユニット（1秒）減った場合，「待ち時間の満足度」は1.3ユニット（69から70.3へ）増加する。もし「待ち時間」が2ユニット減った場合，「満足度」は2.6ユニット増の71.6となる。したがって，「実際の待ち時間」における減少は，1：1.3という信頼性のある関係において「満足度」の理解力を増加させることを予測させるものである。

　上述のような調査率で最小の変化が満足度におけるたいていの改良点をもたらす点を判断するために，これらの結果を他の変数結果と比較することができる（もしくはベータが，回帰方式から垂直に負荷をかける）。この情報は，最善の経営上の意志決定に到達するために，算出された変化を生むための費用算定とリンクされる。

経営報告

　図34に図示した通り，eBayのCEOであるメグ・ウィットマン氏は，単純な法則を持っている。

　管理者の情報の必要性は，以下のようにまとめることができる。
- データへのリアルタイムアクセス
- 意思決定スタイルを考慮した報告書
- タイムリーな報告書

```
ウィットマンの法則:
    「もし測定できないのであれば,コントロールすることもできない。」
どのようにeBayが測定しているか:
```

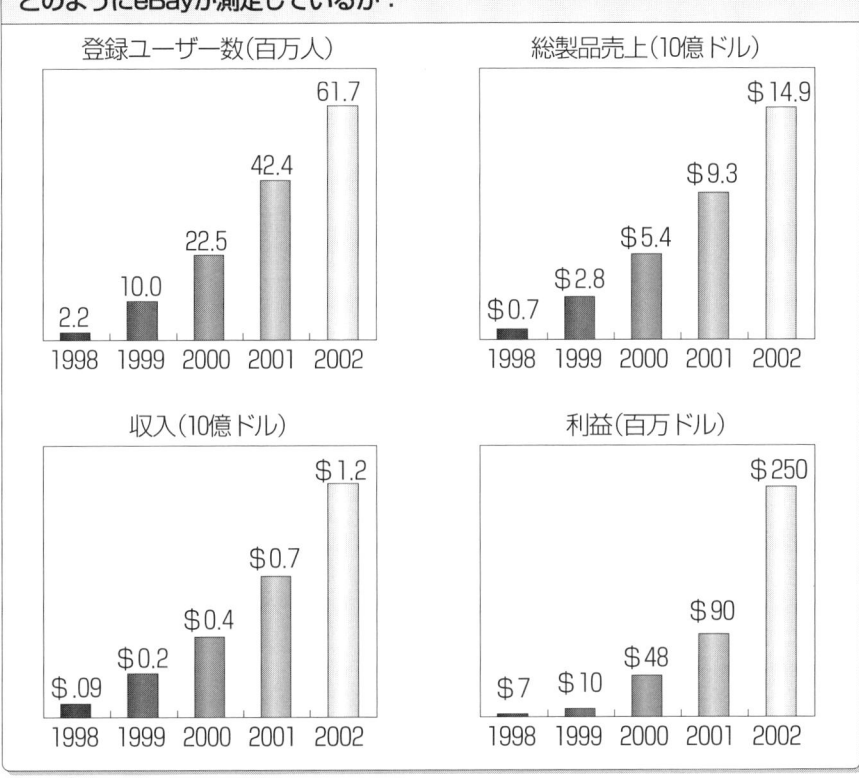

登録ユーザー数(百万人)
- 1998: 2.2
- 1999: 10.0
- 2000: 22.5
- 2001: 42.4
- 2002: 61.7

総製品売上(10億ドル)
- 1998: $0.7
- 1999: $2.8
- 2000: $5.4
- 2001: $9.3
- 2002: $14.9

収入(10億ドル)
- 1998: $.09
- 1999: $0.2
- 2000: $0.4
- 2001: $0.7
- 2002: $1.2

利益(百万ドル)
- 1998: $7
- 1999: $10
- 2000: $48
- 2001: $90
- 2002: $250

図34　ウィットマンの法則:もし測定できないのであれば,コントロールすることもできない。

● 「行動可能」な報告書－要するに,報告内容の表示デザインが行動をとるための明確なヒントを与えてくれるもの

　もしあなたが,自分のビジネスを目的地にナビゲートしなければならないパイロットだとして,窓の外の情報を失うことなく,多くの情報をアクセスする必要があるとき,ダッシュボードがこんな様であったらあなたはどう感じるだろうか?

　多くの報告書は,情報を我々が意志決定をするための知識に変換することなく

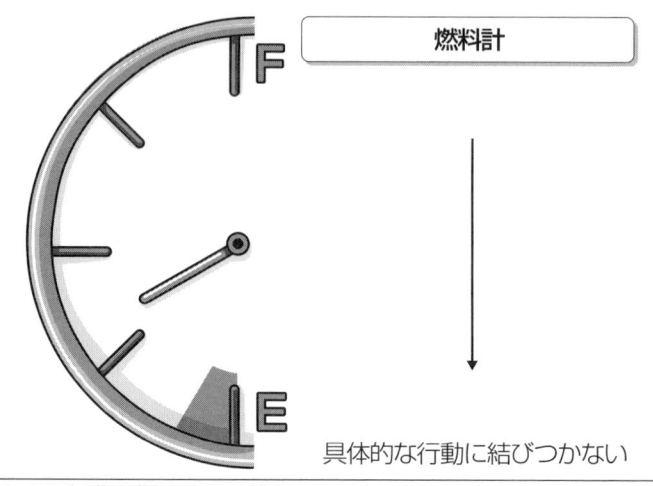

図35　例：あまり行動可能ではない情報

図36　例：完全に行動可能な情報

単に数値を計測しているだけでは不充分である！

計測数値対ビジネス思考力

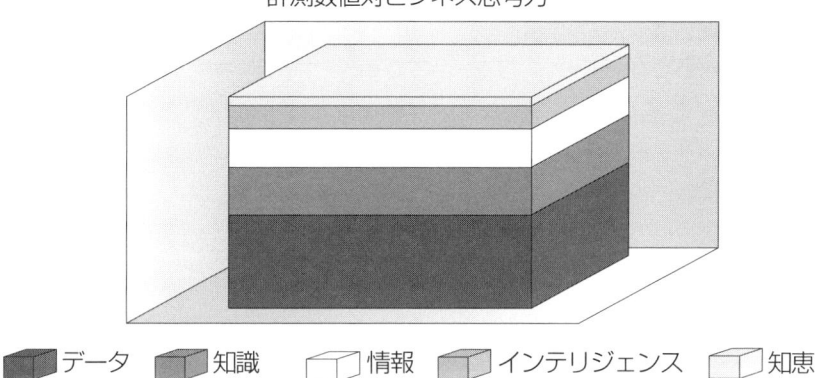

■データ　■知識　□情報　■インテリジェンス　□知恵

図37　パフォーマンス経営に関する「ビッグピクチャー」

生の情報を供給しているにすぎない。言い換えると，本当に「行動可能」なものではないのである。以下の2つの表は，我々が何を意味しているかについてのわかりやすい例である。

図37は図式による概要を提示したパフォーマンス経営に関する「ビッグピクチャー」である。

パフォーマンス報告書の計画と構造

「行動可能」な報告書を計画するには，まず読手を考慮しなければならない。つまり，報告書の目的や報告書の趣旨は以下の通りである。
- 個人＝行動を変える
- チーム＝パフォーマンスの比較
- 部署＝品質，量，バランスのとれたスコアカード
- 他の部署＝意思決定の助けとなる下記の顧客情報
  ・経営管理
  ・マーケティング
  ・PR活動

・現場セールス
・品質保証
・法律行為
・現場サービス
・その他業界特有のもの

「行動可能」な報告書の典型的なタイプの例は，以下のものを含んでいる。
- 例外－データが限界を超える場合のみ送られる。
- 傾向－時系列での変化。
- 状況－現状の瞬間的な状態。
- 統計－変化は統計学上で異なるものか。データマイニングにクロス集計表を用いる。
- マッピング－地理的な位置上のパフォーマンスの分布状況。
- 診断－根本的原因を見つけるために掘り下げる。
- データオーバーレイ－情報コンテンツに関しては１＋１が５である。

オペレーターの「自己管理」のために提供されている報告書の例は，以下の通りである。
- オペレーターレベルでの顧客満足度
- シフト毎オペレーターごとの応答呼数
- 占有率
- 実行管理
- １回で完結する通話

オペレーターチームを最適に管理するためにスーパーバイザーが利用しているパフォーマンス評価基準は，以下のものを含んでいる。
- チームレベルでの顧客満足度とオペレーターレベルでの顧客満足度の比較
- チームレベルでの応答呼数とオペレーターレベルでの応答呼数の比較
- チームレベルでの１回で完結する通話とオペレーターレベルでの１回で完結する通話の比較

コントロールタワー（司令塔）に要求されたパフォーマンス測定基準は，以下のものを含んでいる。
- 入電数と受電数
- 拒否率

- 最大遅延時間
- サービスレベル
- 放棄率

　データ分析に必要とされたパフォーマンス測定基準は以下の通りである。
- 可能性を分割し，細分化する
    - 最適のASA（平均応答時間）を決定づける
    - 不満足を引き起こしている中心的な問題を決定づける
- 専門的支援担当：
    - 専門的支店担当への呼数
    - 専門的支店担当に電話を掛ける一番の理由
    - 通話の最終的対処

　コンタクトセンターのサイトディレクターによって用いられたパフォーマンス測定基準は，最も有利にセンターを管理する。例えば，
- 分割されたすべてのコントロールタワー測定基準
- 予算問題
- ヘルスケアへの対処
    - 調整数
    - 再起するまでの平均期間
    - 調整の一番の理由
- NMIS（Network Management Information System）の報告
    - NMISの必要条件と比較されたパフォーマンス
    - 合計は，2，7，21日で解決されたものを必要とする
    - 平均遅延
    - 失った入電呼の割合
    - 回答の正確度

　つまり，図38に示された例とは異なり，価値，パフォーマンス測定基準計測や報告は，タイムリー，正確でかつ「行動可能」なものでなければならない。

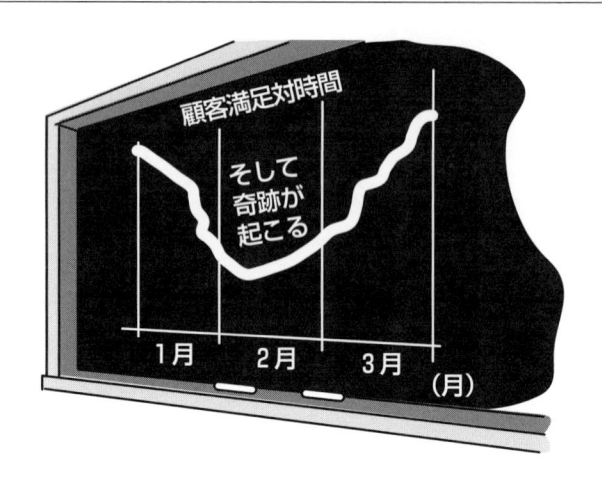

図38 「これは行動可能な報告書に関するあなたの考えですか？」

第6章
コンタクトセンターベンチマーキングに対する議論

ベンチマーキング概論

　昨今，製品開発能力の向上による高品質な製品の出現，マーケティングや物流機能の高度化により，その面での差別化が困難になり，顧客サービスの質での差別化が大きな経営課題になってきている。つまり顧客は，メーカや，ベンダーに直接問い合わせて回答を得ようとする傾向が強くなっている。そのため，競争要因が「製品そのものの品質」から「顧客サービスの品質」に移っているといえる。また，顧客サービス品質の多くの成功事例が報告されるようになってきている。これらの変化は，市場のリーダに以下のような積極的な行動を強く求めるようになってきた。a) 顧客維持力の増加　b) 顧客コンタクトチャンネルの使用の最大化　c) 競争的な市場シェアを維持（コールセンターエクセレンス，2001年）。ベンチマーキングパフォーマンス測定基準は，コンタクトセンターが，効率的，効果的で良質な顧客サービスを提供するための能力を測定するために，最善の方法に関する情報を提供している。

　以前は，顧客サービスの重要な部分は，カウンター越しに行われていた。製品が壊れた場合，顧客は喜んで店にその製品を持ち込んでいた。また追加サービスについて知りたければ，販売員がカウンター越しに簡単に対応できた。誰かが苦情を申し出た時も，店全体にその状況が伝わり，適切な対応ができる人が，対応できた。そのような対応は，何かサービスが必要なときに，非常に人間的で，親しみやすい対応ができた。このように，適切な顧客サービスを受ける環境があったときは，人々は買い物自身を楽しむことができた。こうした環境が，顧客サービスの高低を判断する方法を提供していた。

残念にも，そのような日々はもはや過ぎ去ってしまった。最近は，対面でなく，電話，メール，インターネットが顧客サービスの新しい窓口になってしまった。多くの店で，製品・サービスに関して精通している店員は見つけることができるが，サービス契約の内容や，保証に関する詳細な内容を得るためには，顧客は企業のフリーダイアルやホームページにアクセスを要求される。パーデュー大学とベンチマークポータル社の調査によると，2008年までに顧客の85％以上が，電話かインターネットを経由したコンタクトセンターを通じて管理されるだろうという結果が出ている。多くの企業は，これは，効率的かつ効果的なサービス向上につながると考えている。

コンタクトセンターを通じた通話量の劇的な増加は，たいていの場合，顧客に挨拶し，電話をつなぐためたった1人の電話オペレーターを抱えるようなコンタクトセンターであったものが，多人数のオペレーターを抱え，多様な種類の製品や（アウトソーシング企業を含む）多様な企業の製品をサポートする多くの機能を持ったコンタクトセンターを必要とするようになってきた。また，コンピュータと電話の融合（CTI）機能や，高度化された人材管理ソフトウェア，品質モニタリング機器，多くのコンタクトセンターマネジメント手法の後押しにより，以下のようなことが現実的になってきた。
● 革新的で戦略的な経営スタイルを可能にする
● 大きな顧客満足度へと導く積極的な活動を可能にする
● 製品やサービスによって異なる顧客に提供できる

この顧客との関係の変化に対して，伝統的なタイプのコンタクトセンターは，メールやインターネット，WEBサービスと連携する最新技術を持つコンタクトセンターに変化してきた。伝統的なコンタクトセンターへ電話をかけてきていた顧客は，現在はコンピュータと電話の融合（CTI）に接続されている音声自動応答装置（IVR）ユニットに挨拶され，そのIVRとの対話（ボタン操作等）で自分のリクエストに対応したオペレーターにアクセスすることが可能になる。コンタクトセンターのこの進歩（IVR等）は，顧客に自分で判断しているとの感覚を与えており，高い顧客対応レベルを実現しようとしている。しかし，このような連携・オートメンション化（自動応答）の弊害もいくつか存在する。すなわち，オートメーション化が人間味を取り除いてしまっており，顧客と企業のコミュニケーションの大切な部分が欠如してしまっていると主張している顧客もいることに注意しなければならない。

さらに，コンタクトセンターの技術向上により，マネージャーや研究者が圧倒的な量のパフォーマンスデータを収集し，利用できるようになった。このような大量のパフォーマンスデータは，ベンチマーケティングポータルにおいて，測定可能な基準を作り出している。コンタクトセンターの仕事量は，顧客のコールの変動に左右されている。その為，コンタクトセンターのマネージャーは，現実的には仕事の量を正確に計画できない。将来の仕事量は，過去の実践に基づいた予測により計画立案ができるのみである。コンタクトセンターの測定情報を監視しているマネージャーは，以下のような顧客の特徴について理解を深めることができる。

- ユニークなコールの頻度
- センターに誰が連絡してきているか
- コールする主な理由，または稀な理由
- 電話やメールによる回答を待っていられる許容度

　センターのパフォーマンス測定情報を監視していないコンタクトセンターマネージャーは，本来の仕事以外の観点でセンターをマネジメントしていると考えられる。アントン博士によると以下のような状況になっていると説明している。

> 「コンタクトセンターのパフォーマンスが不十分だったことが原因で，顧客がコンタクトセンターの対応に不満足になり，次の利用機会に，別な企業の製品やサービスを採用するということは十分に考えられることである。このようにコンタクトセンターは，共同責任の当事者である。（図31を参照）」

　「顧客主導の品質」に関する研究で有名なパデュー大学センターのディレクターであり，卓越した世界的な講師，そして優秀なコンタクトセンターのスポークスマンであるアントン博士は，ベンチマーキングを「世界的な競争上の優位性を確立するために，成功事例（ベストプラクティス）を認識し，それと継続的に比較し，仮説を立て，レビューを行う，手段であり分析手順」であると定義している。

　コンタクトセンターのベンチマーキングとCRM分野の第一人者として認められているアントン博士は，コンタクトセンターのベンチマーケティングに関する研究に，50年以上取り組んでいる。また顧客サービスとコンタクトセンター手法に関する本を22冊以上執筆し，96誌以上へ記事を掲載している著者でもある。

アントン博士の定義で1つ重要なポイントは，「継続的なプロセス」としてベンチマーキングを位置づけている点にある。つまり，測定される情報を用いて，継続的なベンチマーキングプロセスを実施することが重要であることを示している。

アントン博士の指摘するもう1つの重要な点は，その情報の構成である。つまり，適切なベンチマーキングを行うには，同業者グループから，同一基準で収集されたデータで，成功事例を収集しなければならないという点である。今後とも，そのような同一業界における成功事例の研究が重要になってくる。つまり，同一業界におけるプロセスのベンチマーキングは，時間と成功事例を導くKPIの研究を必要としている。

コンタクトセンター測定基準は，内部測定基準と外部測定基準の2つに分類される。内部測定基準とは，コンピュータ，電話，自動ダイアル装置，ACD，VRUやスタッフ管理での数字，といった具体的な内部数値である。また外部測定基準は，しばしば主観的なアクセス情報ではあるが，顧客の感情や心情を象徴している定性情報である。

コンタクトセンターのパフォーマンスデータを収集する情報源としては，ACD，自動音声応答装置（IVR），自動メール管理システム，音声ネットワークサービス，データネットワークサービス，回線監視，支持監視，コンピュータを使った電話・メール調査などがある。これらの情報が，適切に継続して記録され監視され，この情報を元に，適切な報告が作成されれば，マネージャーは，顧客満足度を向上させるために，積極的な行動を指示することができ，顧客満足度も高まり，結果的にコンタクトセンターの投資対効果を向上させることができる。

内部測定基準の例を以下に示す。
- スケジュール順守率
- コール終了後の通話後処理時間
- 平均放棄時間
- 1コール当たりの平均費用
- 平均処理時間
- 平均保留時間
- 平均メール返送時間
- 平均回答スピード

- 平均通話時間
- 8時間シフトごとのコール／メール数
- オペレーター在籍率
- 1回の通話で処理された電話
- 初回のメールでの解決率
- IVRで解決されたコールの割合
- メール自動応答で解決されたコールの割合
- インターネットチャットで解決されたコールの割合
- インターネットで，顧客自身が解決したコールの割合
- コールごとの費用
- コールごとの売上

外部測定基準の例を以下に示す。
- 待ち時間
- 保留時間
- 呼び出し音を鳴らした回数
- 転送回数
- 回答／応答の完成度
- 回答／応答における情報の正確度
- コミュニケーションレベル（応対レベル）
- 他の人へ勧める意志（リコメンド）
- 再購入もしくは再度サービスを利用する意志
- 製品や提供されたサービスに対する全体的な満足度

　ベンチマーキングプロセスを実施している間のデータ収集（パフォーマンスマトリックス）のポイントは，他のコンタクトセンターとの比較のために収集される。収集されたコンタクトセンターデータを加重平均されたパフォーマンス指標が，評価基準となる。ゆえにコンタクトセンターのベンチマーキングは，バリューとそれらの数値（同一業界，同業者グループにサービスする）の両方のデルタやギャップを測定することで優れたアイデアを提供する。この例は，簡単な形式によるベンチマーキングであり，コンタクトセンターにとってそれが好ましい。

　ベンチマーキングについては，様々な形式があるが，2つのfromが主流である。それは，「ハイレベル業界ベンチマーキング」と「同業者グループベンチマ

ーキング」である。

ハイレベルなベンチマーキング

　ハイレベルベンチマーキングは，以下の形式のうち，1つもしくはそれ以上のグループ平均に対するベンチマーキングを行う形式である。
- 様々な業界におけるコンタクトセンター
- 同じ業界のコンタクトセンター
- 様々な業界における最高のコンタクトセンター
- 同じ業界の直接の競合他社のコンタクトセンター

　このタイプのベンチマーキングは，以下に示す目的のうちの1つに関する，コンタクトセンターの現状を明示することを目的としている。
- 改善への積極的な行動に先立ち考え方の優先順位を想定する
- 所定の期間（3～6か月）におけるパフォーマンスや改善メリットの数字のバリデーションを行い，後に続く積極的な改善活動の目標を明示する
- 全体的なコンタクトセンターパフォーマンスの年2回のチェックのため
- 積極的な改善活動に対する正当性の確立
- 経営上層部に対してコンタクトセンターのパフォーマンスを報告するため

　最もハイレベルなベンチマーキングプログラムの1つであるRealityCheck™は，素早くで簡単にできるプログラムが，ベンチマークポータル社のウェブサイト（www.BenchmarkPortal.com）から，無料で提供されている。RealityCheck™は，インバウンドやアウトバウンドの顧客サービスや，技術サポートコンタクトセンター運営の双方に適応する多くの選択肢を提供している。RealityCheck™は，センターがどのようにうまく機能しているかをすばやく示すことができる。我々の調査後，RealityCheck™は，あなたのコンタクトセンター業務と他のコンタクトセンター業務と比較し，効率的かつ効果的にコンタクトセンターを位置づけ示すことができる。この分析結果は，「バランス・パフォーマンス・マトリックス」グラフに表示される。このマトリックスの例を，図39に示す。

　何も躊躇することはない。このチェックは無料で，また分析結果はオンラインでただちに受け取ることができる。www.BenchmarkPortal.comですぐに始めてはどうだろうか。

バランス・パフォーマンス・マトリックス

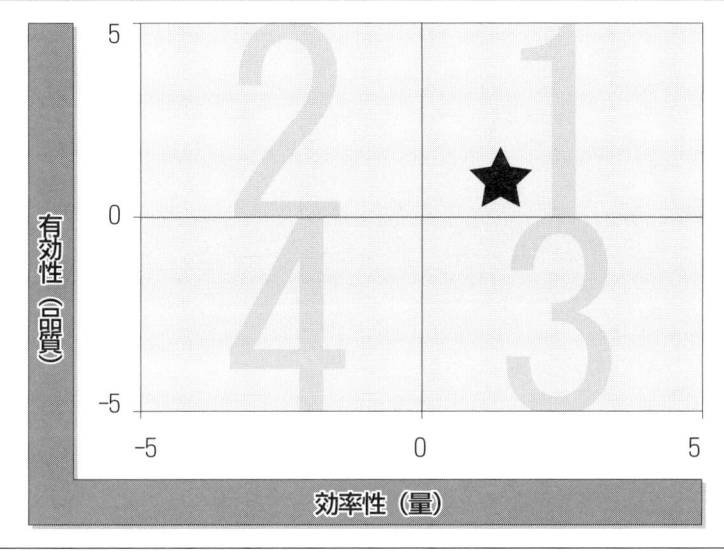

図39 RealityCheck™のバランス・パフォーマンス・マトリックスの例

同業者グループベンチマーキング

　同業者グループに対するベンチマーキングでは，他のどのハイレベル業界ベンチマークよりも，大まかなデータを供給している．同業者グループベンチマーキングのコンセプトは，毎年恒例の定期健診のために医者を訪問することに類似している．その時，医者は，血圧，年齢，身長，体重，その他，一般的に全部で39個もの要素に関してデータを収集する．これらの情報から，医者は，同様な人たちのグループ情報から得られた指標を元に，収集したデータで診断する（例，年齢，人種，民族性，身長，体重）．そして健康状態を明らかにする．同業者グループベンチマーキングは，同じような考え方手順でデータを収集する．

　以下に示す，一般的な区分は，同業者グループを識別する際に用いられる．
- 業種
- オペレーターの仕事場としてみたコンタクトセンターの規模
- オペレーター数（フルタイムとパートタイム）
- センターが処理するコールの数（年間）

- 外部へ委託したコールの割合
- 機能性：顧客サービス，受注，技術サポート，予約，販売，コールルーティン等
- 聞き手：B to B，B to C，内部顧客
- コンタクトフロー：インバウンド，アウトバウンド

理想的なベンチマーキングのシナリオにおいては，ターゲットとなるコンタクトセンターは，同業者同士で同じ特徴を持っている場合が多い。しかし，同業者グループベンチマーキングプロセスにおいてのみ生じるものではない。もっといえば，同業種または，似た性格を持つ業種のみベンチマーク対象として望ましいと考えることは一般的ではある。以下の例を用いて，まったく異なるタイプの企業のコンタクトセンターが，ベンチマーキングをして価値があることを例証してみる。

同業者グループ構造を理解するために，図40を考察する。

電話のタイプ	ご自身の企業	メディカル・ブラッド・サプライ社	オートモーティブ・インシュアランスカンパニー	ビバレッジ・ボトルカンパニー
インバウンド	はい	はい	はい	はい
顧客サービス	はい	はい	はい	はい
派遣	はい	はい	はい	はい
アウトバウンドがインバウンドコールへのフォローアップを行う	はい	はい	はい	はい

図40　ベンチマーキング同業者

図40において，メディカル・ブラッド・サプライ社（医療用輸血提供会社），オートモーティブ・インシュアランスカンパニー（自動車保険会社），ビバレッジ・ボトルカンパニー（飲料製品会社）は，それぞれプリセールスとアフターフォロー（顧客サービス）を実施し，現場に問題を解決するために人材を送り（派遣），そして注文リクエストに対しフォローアップを行う（インバウンドコールに対するフォローアップとしてのアウトバウンドコール）。これらの企業はそれぞれ異なっているものの，コンタクトセンターの属性としては同じ同業者グルー

プの特徴を共有している。

　例えば，医療用輸血提供会社は液体（輸血製品）を販売している。液体を輸送し，そして透析装置を修理するために人材を派遣する。飲料製品会社も液体（飲料）を販売している。液体を輸送し，そして自動販売機を修理するために人材を派遣する。保険会社は，保険商品を販売し，商品をサポートし，そして道路を修理する人材を派遣する。これらの企業はそれぞれ，コンタクトセンターにおいて同じ機能を実行している。このように，上記のような企業群のコンタクトセンターを，コンタクトセンターのベンチマーキングにおいては，同業と位置づけ成功事例を考察している。

　同業者グループベンチマーキングの目標は，同業者のコンタクトセンターに対して，効率性，効果性の観点で競争優位を確立することである。その考え方は非常にシンプルである。同業者に対して効率性，効果性で優位にあるコンタクトセンターは，企業にとって非常に重要な資産である。しかし，同じような業務を遂行しているコンタクトセンターより，効率性，効果性で劣るコンタクトセンターは，大きな重荷になる。また，コンタクトセンター間のギャップを認識することにより，マネージャーは，企業業績の影響を与える測定基準に対して理解しやすくなるだろう。

継続的な進歩：最高の時点でのベンチマーキング

　ベンチマーキングにより，コンタクトセンターのマネージャーは，業務運営に大きな改善を行うことができる。それは，ベンチマークにより継続的な改善が行われ，顧客満足度においても改善され，マネージャのキャリアとコンタクトセンターで働く人々のキャリアにおいての大きな価値上昇が証明されるし，企業の基盤を強化することに貢献することができる。そして四半期ごと，年ごとにパフォーマンスの改善が目に見える指標となって明示される。

　我々の調査では，コンタクトセンターのシニアマネージャーの平均在職期間は，およそ2年半である。考えとしては，マネジメントと予算プロセスの一体化という水準をつくること。多様性のあるベンチマークを行うことは，以下のような利点が挙げられる。
- 適切なベンチマーキングプログラムは，経営層の注目や承認を得ることで，コ

ンタクトセンターマネージャーの支援を行うものである。また，極めて重要な企業の機能について良質な情報を提供する優れたプログラムに好意的である。
- マネージャーが，世界に通用するコンタクトセンターになるように，長い時間をかけて改善を進めることが，当初の目的であるコンタクトセンターの強化よりも，重要であると考えることができる。はじめから完璧であることを求められてはいないのである。クラスで最高でバランスのとれた卓越性を獲得するために継続的に活動することが求められているのである。マネージャーは，ボーナス時期には，自分や自分のスタッフのためにシニアマネージャに成果を示すことにより，企業から報酬（賛辞）を受け取ることになる。

このプログラムが提供するマネジメントの力と実際に起こるであろう結果を想像してみよう。このプログラムを採用することにより成功の道へ一歩踏み出そう。

コンタクトセンター認証：企業への付加価値と自身のキャリア形成

コンタクトセンター部門全体のパフォーマンスを向上という我々のビジョンは，センターの管理を超える努力をさせてきた。これらの事業にはコンタクトセンター認証を含んでいる。

前述のように継続的な改善法であるベンチマーキングは，「認証」において，その最高点をみられることを前述で述べた。コンタクトセンターとしての優秀さを確認する作業の中で，コンタクトセンターは，以下の事項を含むプロセスに関して関与しなければならない。
- コンタクトセンター運営を測定可能な成功事例基準に合わせる
- 長時間に渡りこれらの成功事例基準を維持する
- 成功事例を維持するための人材を育成する

同業者グループ・パフォーマンス・マトリックス（図41）において，右上のセルに位置するコンタクトセンターは，全体としてバランスがとれており（効率的かつ効果的），「認証」されるのにふさわしい状況である。このようなコンタクトセンターは，我々を現場に呼んで監査を求めることができ，そして「認証」を即すことができる。

右上のセルは，ここに位置するセンターが，低コストのセンターであることも

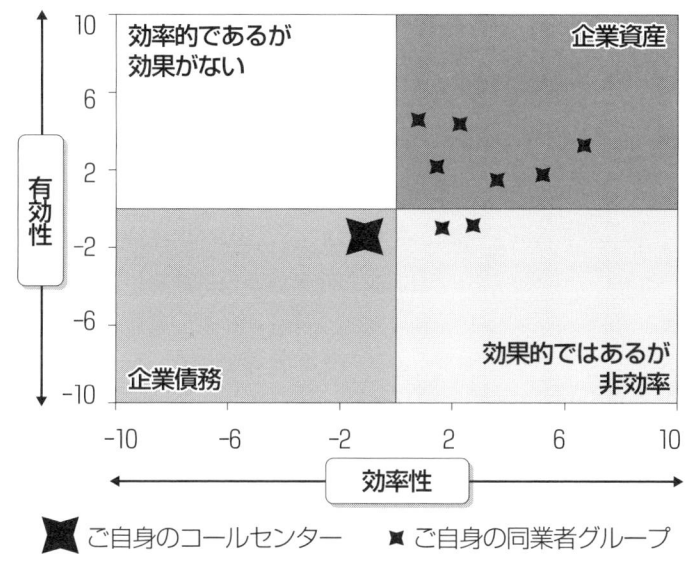

同業者グループ・パフォーマンス・マトリックス

図41　同業者グループ・パフォーマンス・マトリックス

パフォーマンスマトリックス

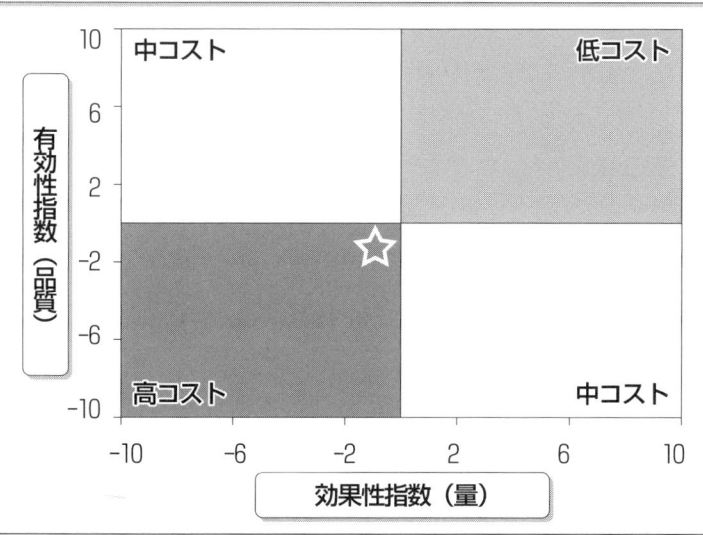

図42　バランス・パフォーマンス・マトリックス

第6章　コンタクトセンターベンチマーキングに対する議論

我々の調査が示している（図42）。他の3つのセルは，高コストのセンターであることを示しており，その点での改善を必要としているセンターであるといえる。

つまり，運営方法を改善し高コストを改善することは，企業にとって最も有益である。

コンタクトセンターアセスメント－セカンドオピニオンを得る

コンタクトセンターは，企業内の企業である。本書の序文で述べた通り，コンタクトセンターは，適切な費用で適切なサービスを顧客に提供することを，株主への義務として約束している。しかしながら，ほとんどの場合，コンタクトセンターは，企業にとって費用がかかる部署であると理解され，偏見をもたれているようで，コンタクトセンターの価値は認められていないことが多い。したがって，マネジメントチームの責務として，センターのミッションを明確にし，組織における信用と価値を築き，経営層からの支援を得られるよう意識を高めることも重要なことである。

このような点に関して，これまで，コンタクトセンター運営の広い領域で，毎日の行動指針を得るものとして，マネージャー支援するために設計されたマネジメントツールである，ベンチマーキングを考察してきた。また，内部・外部の測定基準や，ベンチマーキングを行うための収集可能な種々のデータに関して考察してきた。また，コンタクトセンターの重要なプロセスを継続的に改善するための手法としてベンチマーキングの重要性を考察してきた。これらの理由からも，独立した，偏見のない，第三者の外部支援を得ることが最善の方法であるといえる。

コンタクトセンターあるいはクレーム対応者のパフォーマンスに関するセカンドオピニオンを得るためには，昔から知られている手法であるが，第三者のコンサルタントへ依頼することである。では，誰に依頼すべきか，この答えは簡単である。コンサルタントと共同作業をして，最も居心地がいいと感じている人に依頼すればいい。この分野では，非常に多くの人的ネットワーキンもしくはコンタクトセンター専門家コミュニティが存在し，この分野で仕事をしている独立系コンサルタントがネットワークを組み，グループを形成している。くわえて，主なハードウェアとソフトウェア製品ベンダーは，自社製品固有のコンサルタント，もしくは専門コンサルタントサービスへの紹介の手段のいずれかを有している。

独立コンサルタントとベンダー関連コンサルタントの選択の主要なポイントは，それぞれのコンサルタントはふつう，特定のプロセスもしくは解決策を得意としている。またそれ以外の実行可能な代替案は，ベンチマークポータル社から提供される「コンタクトセンターアセスメントプロセス」を実施することである。

ベンチマークポータル社のアセスメント認定プロセスは，世界規模の大きなデータベースに基づいてアセスメント基準が設計されているという点で特徴がある。ゆえに，それは最高の業務とプロセスの改善を育成できる一方で，それは，基本的に多くの結果や，真の意味での成功と失敗の違いを意味する結果にタイトである。

「顧客主導による品質認証」によるベンチマークポータル社センターは，competitive backgroundに対してのコンタクトセンターエクセレントの最終認識である。例えば，それは，目標を達成しようと努力している人のキャリアを手助けするステップとなる。最も尊敬される会社はその区分けを実施するコンタクトセンターである。

ベンチマークポータルのアセスメント認証プログラムは，以下の点において独特である。
- 優位性獲得に対して「測定可能な」価値を高めることのできる，明確な目標を提供するプログラムである。
- 最高の質の良いトレーニングと改善に対しての正しいやり方や最終的な認識という機会をアセスメントする完全なメニューによってサポートされる。

アセスメントと認証プロセスはすべての基本目的（第1章で示した）に貢献する。
- プロセス分析だけでなく，測定可能な基準を用いた，オペレーション分野に対する広い視野を提供する。
- 運営の改善と，意識が高揚した職場環境
- 高いキャリア開発，マネージャーとスタッフのための機会と報酬
- 企業基盤の改善点を通じて，株主価値の増加

ベンチマークポータル社では，「認証」がベンチマーキングアセスメント認証プロセスの主な目的である。

認証は，コンタクトセンターにとってプライドの重要なポイントであり，マネジメントによって「てこ入れ」可能である。
- コンタクトセンターの人材の士気を高める
- 社内でのコンタクトセンターに対する認識を高める
- 改善に必要な予算の要求に対しての信頼性が増大する

アセスメントと認証プロセス

リサーチャーはすべてのコールと顧客，すべてのパフォーマンスギャップを結び付ける少なくとも16のプロセスがあるが，1つ，あるいはそれぞれのプロセスが関与している。ベンチマークポータル社のアセスメントプロセスは，卓越性の認証を通じて，マネージャーにセンターの付加価値の認知を提供する。

アセスメントプロセスは，以下の2つの基本的なステップで構成されている。まず第1ステップは，同業者や業界の平均に対するパフォーマンスギャップを認知するためにベンチマーク報告を作る。次に，徹底的なIT調査や，組織構造に関する調査を，パフォーマンス分析のために行う。第3のステップとして，ベンチマークポータル社や，パデューセンター認定のコンサルタントが，作成され提出されたデータを確認するため，またギャップ，プロセス，またギャップに関連するサブプロセスを確認するために，コンタクトセンター施設を訪問することになる。

例えば，オペレーターの離職は，多くのマネージャーにとって変わることのない悩みである。この悩みに対する取り組みにおけるマネージャー行動の共通点は，人事部門と共に離れることである。多くの人事部門は，この問題に非常に積極的である。インセンティブは，しばしば他の職員との比較でオペレーターに付与される。企業ピクニックが開催され，そして健康キャンペーンがポジティブな企業文化を作ることに活用された。しかし，多くの努力の甲斐もなく人材派遣会社の「適した人材がいます」といった申し出が採用される。アントン博士とロックウェル氏著（2001年）の「Minimizing Agent Turnover」で，組織内での出世の機会が少ないことが，オペレーターの離職につながる大きな原因となっていることが指摘されている。

オペレーターの離職問題に対して，ギャップを改善するために考察すべきプロセスは以下のものである。

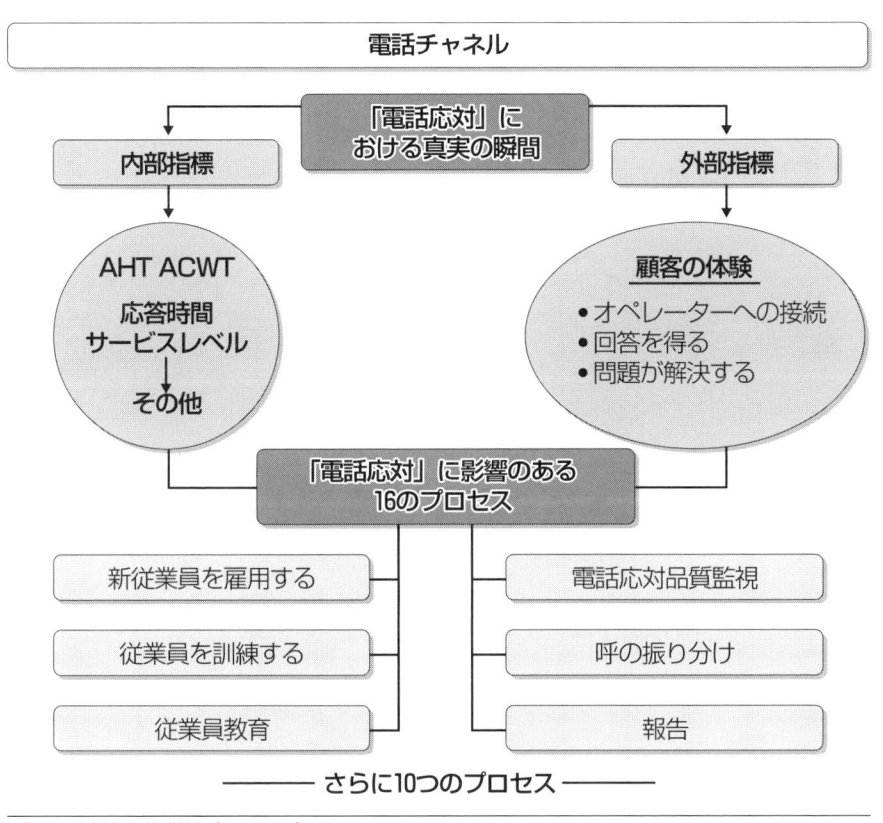

図43　電話に影響を与えるプロセス

オペレーター雇用プロセスは，以下のサブプロセスを含んでいる。
1. 採用の成功事例
2. オンラインスクリーニングの成功事例
3. 適性試験の成功事例
4. 能力試験の成功事例
5. 行動面接の成功事例
6. 最も有能な才能分析の成功事例
7. オペレーター賃金水準を決める成功事例
8. 効果的な退職者面接の成功事例
9. 一時的な雇用プロセスの成功事例

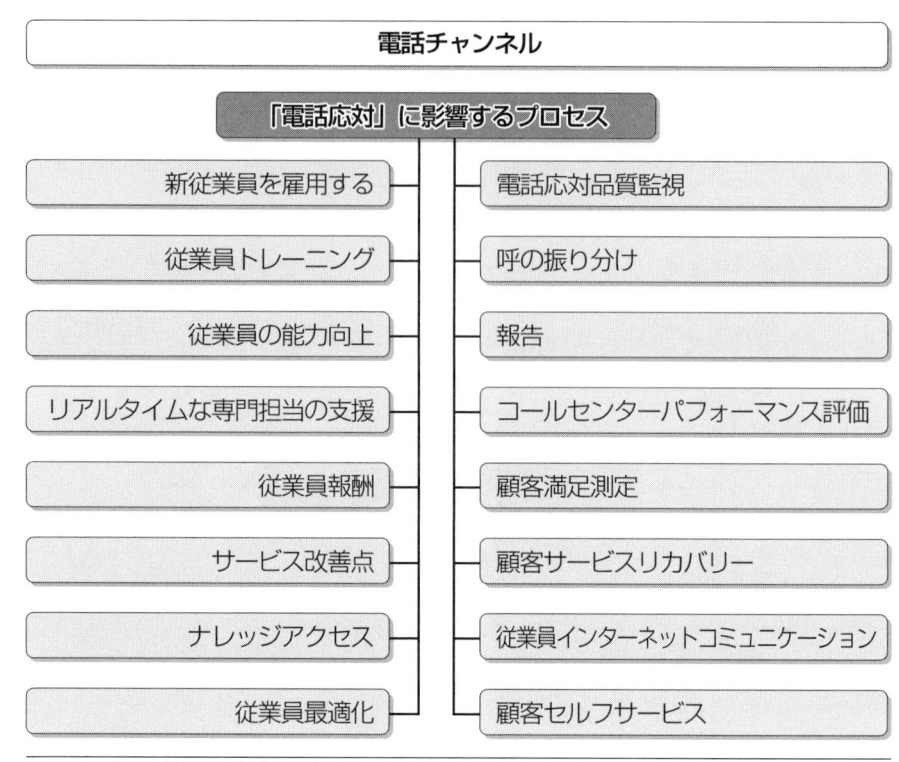

```
                        電話チャンネル
                  ┌─────────────────────────┐
                  │ 「電話応対」に影響するプロセス │
                  └─────────────────────────┘
    ┌──────────────────┐         ┌──────────────────────────┐
    │  新従業員を雇用する  │         │    電話応対品質監視       │
    └──────────────────┘         └──────────────────────────┘
    ┌──────────────────┐         ┌──────────────────────────┐
    │  従業員トレーニング  │         │      呼の振り分け         │
    └──────────────────┘         └──────────────────────────┘
    ┌──────────────────┐         ┌──────────────────────────┐
    │  従業員の能力向上   │         │         報告             │
    └──────────────────┘         └──────────────────────────┘
    ┌──────────────────────┐     ┌──────────────────────────┐
    │リアルタイムな専門担当の支援│     │ コールセンターパフォーマンス評価│
    └──────────────────────┘     └──────────────────────────┘
    ┌──────────────────┐         ┌──────────────────────────┐
    │     従業員報酬      │         │     顧客満足測定          │
    └──────────────────┘         └──────────────────────────┘
    ┌──────────────────┐         ┌──────────────────────────┐
    │   サービス改善点    │         │   顧客サービスリカバリー    │
    └──────────────────┘         └──────────────────────────┘
    ┌──────────────────┐         ┌──────────────────────────────┐
    │  ナレッジアクセス   │         │従業員インターネットコミュニケーション│
    └──────────────────┘         └──────────────────────────────┘
    ┌──────────────────┐         ┌──────────────────────────┐
    │   従業員最適化      │         │   顧客セルフサービス       │
    └──────────────────┘         └──────────────────────────┘
```

図44　電話に影響を与えるプロセス

　<u>コールモニタリングとオペレーター指導プロセス</u>は，以下のサブプロセスを含んでいる。
1．コール録音における成功事例
2．モニタリングを行うべき人材発掘の成功事例
3．モニタリングの頻度に関する成功事例
4．モニタリングと採点すべきことの成功事例
5．モニタリング時の評価差の調整の成功事例
6．オペレーターコーチングの成功事例
7．オペレーター育成に関するモニタリングの成功事例
8．モニタリング指導プロセスにおいて顧客フィードバックを利用することの成功事例

<u>オペレーター・リアルタイム・ヘルプ・ハブ</u>は，以下のサブプロセスを含んでいる。
1. リアルタイム・オペレーター・ヘルプ・ハブの開発の成功事例
2. リアルタイム・オペレーター・ヘルプ・ハブの配置の成功事例

<u>オペレーター同士の競争環境</u>は，以下のサブプロセスを含んでいる。
1. 競争環境を設定する成功事例
2. 能力給システムの成功事例

<u>オペレーターの指導</u>は，以下のサブプロセスを含んでいる。
1. 競争環境を設定する成功事例
2. オペレーターモニタリングの成功事例
3. オペレーター訓練の成功事例
4. オペレーター指導の成功事例
5. オペレーターのキャリア・パス開発の成功事例
6. リーダーシップ訓練の成功事例

このリストからわかるように，離職におけるあるべき姿とのギャップの調査に関するチャンスと範囲は数多くあるということになる。またベンチマークデータを精査することにより，現場でのコンサルタント機能は，成功事例とのギャップと，プロセスの関係を整理する。このシャーロック・ホームズ的手法の結果は，現場をつぶさに観察することにより，コンタクトセンターの現状と改善点を，グラフやチャート，表で示した，経営幹部向けの報告書を作ることができる。これから先どのように改善していくかといった選択はコンタクトセンター経営者の判断に任される。

下図は，サンプルデータを用いて，目に見える発見により考察されることや提案されることを示した典型的な報告書のサンプルである。

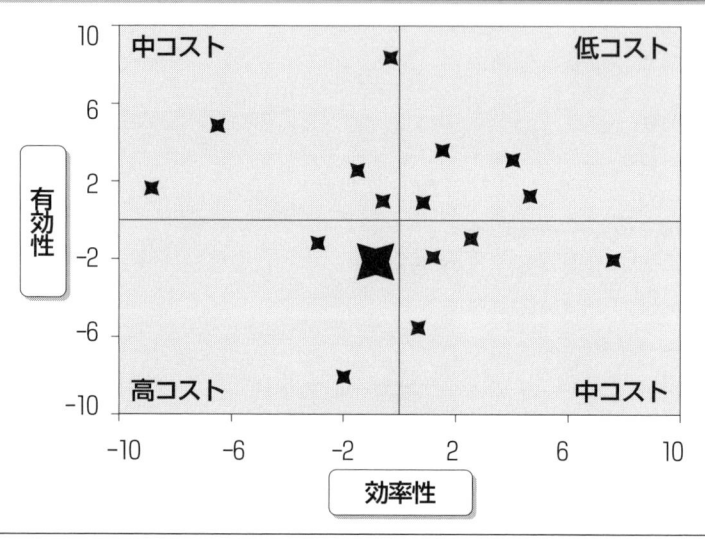

図45 ベンチマーク・パフォーマンス・マトリックスのサンプル

サンプル企業におけるバランス・スコアカード

同業者グループ・パフォーマンス・マトリックスは，効率性および効果性指標における「バランス・スコアカード」を反映している。
測定基準は，集成値をもたらすことを重要視する。以下事項が主要な測定基準のサンプルである。

効果的な測定基準	企業数値	業界平均	効果的な測定基準	企業数値	業界平均
最高満足顧客の割合	63.53	62.50	平均インバウンド電話／オペレーター／時間	9.00	8.52
トップBox A-Satの割合	73.20	68.10	算出されたセルフサービス割合(%)	35.00	22.90
初回コールで解決された割合	85.74	71.40	コールごとの費用（$）	4.23	5.46
最低満足顧客の割合	3.50	2.24	算出された$／FTE	87,653.00	80,173.00
ボトムBox A-Satの割合	15.47	11.23	最終仕上時間（分）	1.50	1.33
平均応答スピード（秒）	25.00	20.10	平均離職率（%）	22.00	29.60
電話が転送された割合	9.00	4.00	平均通話時間（分）	2.53	3.10
保留時間（秒）	42.00	28.90	平均利用率（%）	64.00	77.89
放棄呼の割合	3.28	2.99	オペレーターの在席率（%）	85.00	88.30
すべての入電呼の80%が数秒で応答された	35.00	22.50	算出額　$／分	1.12	0.89
平均保留時間（秒）	35.00	25.40	スケジュールに忠実である割合（%）	88.00	93.50
ブロックされた電話の割合	2.00	2.10	平均出勤率（%）	93.00	95.60
IVR以外を選択した割合	5.00	21.40	平均補助時間割合（%）	15.00	12.354
平均放棄時間（秒）	27.00	62.80	オペレーター／スーパーバイザー	28.00	17.34

図46　バランス・スコアカード報告書サンプル

| オペレータ離職に関連する調査結果と提案 |

- 調査結果：主要なオペレータが，地元地域内の別のコールセンターで働こうとする（競合センター6社以上）。
- 主に雇用推薦や地元新聞を利用する。
  地元大学を利用して拡大してきた。
  - 提案：現在の採用方法と雇用プロセスを調査し磨きをかける。
  - 何故人材が離職するかを知るために退職者面接を行う。
  - センターや組織内で昇格の機会を進展させる。例：チームリーダー，スーパーバイザー等。

Benchmark Portal

図47　アセスメント調査結果と提案のサンプル

オペレーター離職率

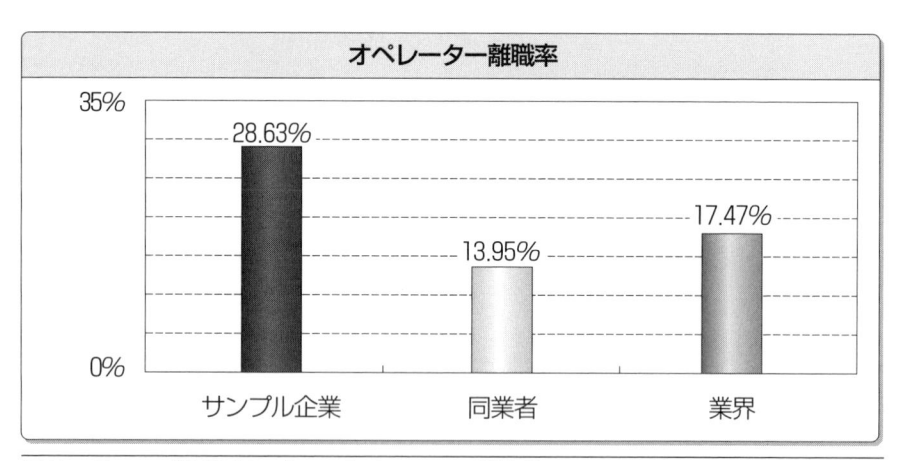

- サンプル企業：28.63%
- 同業者：13.95%
- 業界：17.47%

図48　ギャップ分析サンプル：オペレーター離職率

スーパーバイザーはいかに時間を使っているか

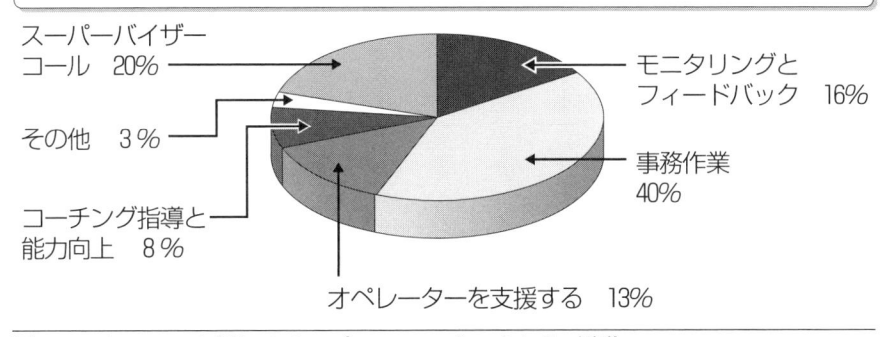

- スーパーバイザーコール 20%
- その他 3%
- コーチング指導と能力向上 8%
- オペレーターを支援する 13%
- モニタリングとフィードバック 16%
- 事務作業 40%

図49 アセスメント認知のサンプル：スーパーバイザー活動

次のステップ

- オペレータ離職防止戦略を決定する
- 戦略に対応した1～3の代替案を選択する。
- もっとも重要な代替案から積極的に行動する。
- 最終的な解決策を構成する短期間改善法の提案をする。

Benchmark Portal

図50 次のステップ提案アセスメントのサンプル

アセスメントプロセスの最終段階で提供できるものは以下のものを含む。
- 雇用調査結果の報告ミーティング
- 同業者グループ・パフォーマンス・マトリックス測定基準
- パフォーマンスベンチマークのヒアリング結果報告
- 卓越したセンター認証に到達するための次の提案ステップ

卓越したセンターに到達した場合，その場合は，
- 卓越したセンターの認定証（図52参照）と，センターの目標達成を証明するバーナーとセンター自身の必要性が表示されるバーナーが与えられる
- 成功事例プロセスと改善法を継続する

図51 卓越したセンターの認定証のサンプル

　認定されたコンタクトセンターは，毎年恒例のイベント（コンタクトセンターキャンパス）で表彰され，セレモニーが行われる。また，コンタクトセンター全職員に関する全社イベントとして祝われる。

　認定に到達したセンターでは，長期間に渡って高いパフォーマンスを維持するために活動している。これは，継続的な改善法に関して有効であり，成功事例環境を支援するものである。

まとめ

　これまでの説明のように，ベンチマーキングは構造化されたアプローチで進められる必要がある。コンタクトセンターマネージャーは，ベンチマーキングへの強い動機を示し始める前に，認定された専門家から適切なアドバイスを求めるべきである。

　また，ベンチマーキングはツールであり，その作業が，コンタクトセンターの

成功を保証するものではないことを理解することが重要である。しかしながら，コンタクトセンター内で，以下のような顧客対応の解釈が適応する。
- プロセスの知識
- 人的資源
- 人材管理
- 質のモニタリング／アセスメント
- 顧客満足度
- パフォーマンス測定法

　ベンチマーキングを通じて，改善法が必要とされる箇所をマネージャーが正確に指摘し，コンタクトセンターのパフォーマンスを高め，顧客満足度を向上させ，コストを減らし，競争的利点を改善し，市場のシェアを増やすことができる。

第7章
コンタクトセンターROIを増加させるための運営——企業資産としての顧客

　第2章で紹介した顧客生涯価値（＝CLV）計算を振り返ってみると，顧客を企業資産として見ることや，顧客の価値を資産に加えることが可能なのである。これに関連して，我々はコンタクトセンターに対して，通話サービスによって顧客に喜びを与えたりロイヤリティを持つに至らせたりするような新たな価値を与えることができるのである。顧客がコンタクトセンターでの応対に不満足を感じ，その結果，次の機会に競合他社の製品やサービスを選んでしまうことは十分起こり得ることだと留意していただきたい。このようなコンタクトセンターは，図41と図42の左下のセルに示した通り企業債務の当事者となる。

　図5で我々が示した通り，顧客満足指数（もしくはCSI）で85点もしくはそれ以上を記録している顧客は「喜び」を感じており，自社の製品やサービスを購入し続けてくれる忠実な顧客として残る可能性が高い。これらの顧客は，同時に他の人へ積極的に口コミで紹介しつつ，競合からのアプローチを受け入れない可能性が高い。50点もしくはそれ以下のCSIを記録した人々は不満足で，かつ，粗野なコンタクトセンターサービス体験について他の人へネガティブな口コミを広めつつ，競合他社に乗り換える可能性が高い。口コミは，加護できない影響を生み出す可能性がある。つまり，自分たちが聞いたことに影響されて行動する人がいるのである。

投資利益率を定義する（ROI）

　すべての最高経営責任者は，資本を最大限に活用し，利益を最大にする義務を負っている。また，顧客情報の分析結果とCRMシステムがあれば我々はROI計算を始めることができる。したがって，プロセス向上に対する投資額に上限があ

る以上，支出を伴うすべての提案は，その投資に対する財務的分析を伴った明確な回収額の分析結果が伴わなければならない。多くの人は予算と格闘するための業務量の多さを知っているが故に，こういった計算をすることを避けがちなのである。多くの三流重役にとっては，考え抜かれた推定値は，ないよりはマシという程度の認識である。

ほとんどの CFO予測はその程度である。だから，ROIの地へ足を踏み入れることを恐れることはない。

すべてのものは測定可能である。事を始めると周囲に宣言し，あなたの周りにいる専門家からできるだけ多くの情報を集め，そして先入観を持たずにフィードバックを得るのである。まずはROIの背景となる考え方を提示した上で，以下の章でコンタクトセンターにおけるROIに焦点を絞っていく。

伝統的に，ROIへのアプローチ方法が2つある。直接費と売り上げから発生する利益である。

経費削減およびコスト回避

「直接費」は，企業から提供された製品やサービスに直接付随している支出のことであり，企業の会計システムで容易に追跡できる。間接費は，見えにくいコストであり，会計システムでも容易には追跡できないため諸経費として全体までまとめて扱われることが多い。

直接費に焦点を絞ることは，ROI計算への最も一般的なアプローチである。コンタクトセンターの場合には，情報システムや通信システムへの投資を指す。一般的な直接費削減としては，下記のうなものが考えられる。
- 少数のオペレーターにより短時間で多くの業務をこなすことを可能する生産性の向上
- オペレーターの業務機能を完全に移管できるIT設備の設置
- 待ち時間短縮による通話料の削減

これらのROI計算の方法は一般的で単純なものであり，議論の余地のないものであるが，我々は，以下で説明するROI計算技術を併用することを強く推奨する。

生み出された新しい財源からの利益

このアプローチはいくつかのコンタクトセンター投資にとてもうまく作用する。これは特定の顧客サービス強化に向けた取り組みがより多くの顧客を維持する結果となり、また、維持された顧客が我々から継続して購入し、そして利益を生み出すという単純な概念に基づいている。以下に示す例ではこのアプローチに集中して取り組んでいるが、MBAや他の事業教育プログラムであまり教えられていない。

この費用／利益分析についての抵抗と非難に対し、心の準備を整える必要がある。なぜなら財務の専門家が容易に理解できず、測定するのが難しく、プロジェクトへ直接つながらないように思われるからであるということを見つけたからである。

節約と収入のコンビネーション

節約と収入のコンビネーションは素晴らしいが、ROI計算において重要な設計ルールの1つは、読み手が理解し、信頼することができるように「単純化する」ということである。

我々がコンタクトセンターに対してコンサルティングを実施しているとすると、信憑性をもちよく整理されたROIを示すことで、コンサルティングを受けている企業側は提案で示された増強施策を受け入れ、実装する取り組みを始める可能性が高まるのである。結局のところ、「ハードダラー」のROI議論は、新しい技術投資を販売できるかどうかということである。「ソフトマネー」と呼ばれるきれい事の議論では、経営トップに対して具体的なアクションを起こすよう説得することは難しいものである。

考えられる財源要素

我々のコンタクトセンター基準調査研究において、我々は、できるだけ手間をかけずに顧客満足度を高めるようなプロセスを定義づけている。企業にとって展開するために我々が必要なモデルは、「もし、我々が選んだプロセスに投資をし、改善した場合、何が顧客ロイヤリティを増加させ、再購入により金銭的な価値を生むのだろうか」ということである。我々がこの顧客からの追加収入価値を得る

ために必要なデータは，下記の通りである。
1. 毎年の平均購入数と購入ごとの利益率の平均
2. 顧客が企業に対するロイヤリティを持ち続ける平均年数

考えられる費用要素

費用要素は，以下のもので定義される。
1. 情報技術におけるすべての個別要素に対するコスト
2. 情報技術を装備し，訓練，維持するためにかかる人件費
3. 装備される設備投資の耐用年数すべてに渡って必要となる費用の累計額

顧客生涯価値に重きを置いたセクション6において，我々はROI計算がどのように立証されるのかを，CRMを実行しているセンターでの成功事例を通じて示す。

ROIモデル推定

あらゆる財務モデルにおいて，モデルを動かし財務的な結果をもたらすための基本的な推論が存在する。以下に示す推論は，財務モデルのコンセプト自体を変えることなく，直感に合うように変化させることができるものである。
1. 調査結果において85点もしくはそれ以上の顧客満足指数（CSI）を示した顧客は，満足したという推論。
2. コンタクトセンターの応対に満足した顧客はロイヤリティが継続され，その顧客生涯価値（CLV）が向上するという推論。我々のROIモデルを目的は，顧客に満足を与えてCLVを守るコンタクトセンターに最大の賞賛を与えている。
3. コンタクトセンター体験に関するよい口コミを1〜5回聞いたことで購買に達した顧客は，100人の見込み客のうち1人存在するという推論。
4. 調査結果において50点もしくはそれ以下のCSIを示した顧客は非常に不満足であり，次の購買機会においては他の企業を選ぶという推論。
5. コンタクトセンター体験に関する悪い口コミを1〜20回聞いたことで購買をやめた顧客は，50人の見込み客のうち1人存在するという推論。
6. 85点以上と50点以下の通話のみの調査から，顧客全体を推測することができるという推論。これは基本的に，サンプルアルゴリズムが有効であるということに我々が確信を持っているということを示している。つまり，サンプル人口は，コンタクトセンターに電話を掛けるすべての顧客を代表しているのである。
7. それぞれの目標顧客グループは，おそらく異なったCLVを持つとの推論。

8. 企業のコンタクトセンターの予算は，およそ1か月単位で確定されるとの推論。
9. 月ごとにROIを計算することを提案する。

モデルに用いるために必要とされる情報

1. それぞれのターゲット顧客のセグメントごとに顧客生涯価値（CLV）が必要である。
2. 顧客満足指数（CSI）が85点以上の目標顧客セグメント別に調査された顧客の割合が必要である。
3. CSIが50点以下の目標顧客セグメント別に調査された顧客の割合が必要である。
4. 月別の目標顧客セグメント別の顧客の数の合計が必要である。
5. 月別の企業のコンタクトセンターの合計費用が必要である。

モデルで行われた計算

1. ロイヤリティ顧客数の定義では，ターゲット顧客セグメントごとに調査された係数をそのセグメントの人数に乗ずることで算出する。これらのロイヤリティ顧客がもたらす価値を定義づけるために，それぞれのターゲット顧客セグメントに関する顧客生涯価値（CLV）ごとにコンピュータで算出している。このすべてのセグメントの総計値は，コンタクトセンターの優れた品質のサービスによって生み出された収入の増加額という価値を示している。
2. 非ロイヤリティ顧客数の定義では，ターゲット顧客セグメントごとに調査された係数をそのセグメントの人数に乗ずることで算出する。これらの非ロイヤリティ顧客がもたらす価値を定義づけるために，それぞれのターゲット顧客セグメントに関するCLVごとにコンピュータで算出している。このすべてのセグメントの総計値は，コンタクトセンターのサービス品質が劣っていることで失った収入の減少額という価値を示している。
3. 1つか2つの結果を上記に加えることで，特定の1か月間でコンタクトセンターが作りだした純利益の流れを知ることができる。
4. コンタクトセンターにとってのROIを決めるには，その月の純利益を得て，そしてその月の純費用を差し引き，そしてその月の純費用でこの数字を割ることである。ROIを割合に変換するために，その結果に100を掛けている。

コンタクトセンターROIの簡単な例

　実証するために，第2章で展開した顧客生涯価値（CLV）の例で計算してみる。この場合，1人の目標顧客のみを想定している。

　図52において，コンタクトセンターにより満足を感じ，それ故にロイヤリティを持った顧客からの強固な財源が生み出されるということを，これらの算定数値が明確に示している。それは，テレコミュニケーション，ファイナンシャルサービスといった類の非常に競争環境の激しい業界において，特に有力な武器となる。

コンタクトセンターROIの簡単な例		
コールセンター測定基準からの入力データ	**値**	**算出**
顧客生涯価値 =	760	
CSI>85を用いた割合 =	5	
CSI<50を用いた割合 =	2	
月別合計電話 =	1,000,000	
コンピューターで算出された値		
生み出されたロイヤリティの高い顧客： =	50,000	(1,000,000×.05)
積極的な口コミ：5：1 =	250,000	(50,000×.5)
積極的なな影響を与える要因：100：1 =	2,500	(250,000/100)
失った顧客 =	20,00	(1,000,000×.02)
消極的な口コミ：20：1 =	400,00	(20,000×20)
積極的な影響を与える要因：50：1 =	8,000	(40,000/50)
顧客に関する純利益（もしくは損益） =	24,500	(50,000+2,500−20,000−8,000)
予算に関して算出された利益（もしくは損失） =	$18,620,000	
コールセンターに対して算出されたROI		
利益を得た（もしくは失った）合計財源 =	$18,620,000	
想定されたセンターのコスト =	$15,000,000	
毎月の投資回収率（ROI） =	24%	(((18,620−15,000)/15,000×100)

図52　コンタクトセンターROIの簡単な例

より複雑なROIの例

コンタクトセンターと連絡を取る4つの異なった顧客セグメントを用いる複雑なコンタクトセンターROIの例について考えてみる。すべての図53の数値はあなたにアディシャルパフォーマンスのはかり方を与えている。例えば，利益を得た合計財源とコンタクトセンターROIである。ご自身の企業の経営陣が，単なる

複雑なコールセンターROI例

ビジネスユニットに記載された入力データ	ビジネスユニット			
	1	2	3	4
顧客生涯価値：	$8,000	$3,000	$6,000	$10,000
85を上回るCSIを用いた割合：	5	10	4	2
50以下のCSIを用いた割合：	3	1	1	3
月別合計コール数：	70,000	60,000	30,000	65,000
事業ユニットによって計算された値				
生み出されたロイヤリティの高い顧客：	3,500	6,000	1,200	1,300
積極的な口コミ要因：	175	300	60	65
失った顧客：	2,100	600	300	1,950
消極的な口コミ要因：	840	240	120	780
顧客に関する純利益（もしくは損失）	753	5,460	840	-1,365
財源に関して算出された利益（もしくは損失）	$5880,000	$16,380,000	$5,040,000	($13,650,000)

市場利益（もしくは損失）シミュレーター

計算された市場利益（もしくは損失）					
毎月の利益を得た（もしくは失った）合計財源	$13,650,000				
もし毎月の合計センター費用が：	$10,000,000				
毎月の投資回収率（ROI）	37%				
もし喜ばれた割合が：	5	10	4	2	

図53 コンタクトセンターROIの複雑な例

ACDデータから取得した内部測定基準を示す報告書やグラフよりも，どちらかというとパフォーマンスの財務分析を理解しがちであるということに気づくだろう。

ROIモデルに関する「もしも」質問

　もしも，それぞれの目標顧客セグメントで満足度（CSI）の割合が85点以上を達成し，1％以上の顧客の人数を増やすことに成功したとしたら，一体どうなるだろうか。それは企業にとって何の価値があるだろうか。最後に示す例（図54参照）についてのROIモデルシミュレーターを再現する場合，増加は，およそ1700万ドルで，かつROIは37％から200％以上にあがるのである。この例において，増加している費用（新しいプロセス，技術，追加の訓練もしくはオペレーターが，CSI割合におけるこの増加を成しとげるために環境を整えようとすると確実に発生するもの）をより現実的に計上したとしても，見事な結果であることには変わりがない。これは，顧客によって最も価値のある分野を選別してコンタクトセンター顧客サービスに投資することで，十分な見返りを得るという「ポジティブ面の証明」である。もちろん，それについては，第４章と第５章で取り上げた。この章との関連としては，第５章で議論された回帰分析，そして全体的な顧客満足度における増加に焦点を絞っている付録Fで図示されている場合，ここで財源利益とコンタクトセンターからのROI改善を計算することに結びつけることができる。

市場利益（もしくは損失）シミュレーター

計算された市場利益（もしくは損失）				
毎月の利益を得た（もしくは失った）合計財源	$30,135,000			
もしも毎月の合計センター費用が：	$10,000,000			
毎月の投資回収率（ROI）	201%			
もしも喜ばれた割合が：	6	11	5	3

図54　「もしも」ROI例

第8章

人員管理とアセスメント

人員管理の目的

　人員管理は，様々な観点に応じて異なった目的を演じる。効率性向上と経費削減を含め，あらゆるコンタクトセンターの全体的なパフォーマンスにおいても重要な役割を果たしている。

　最近出版されたガートナーの『マーケットスコープ：コンタクトセンター向け人員管理ソフトウェア』，によれば，人員管理（以下，「WFM」とする）は，50人以上のオペレーターを抱えるいかなるセンターにおいても再検討されるべきであるという。

> 　コンタクトセンターアウトソーシング企業，ファイナンシャルサービス，旅行代理店，サービス業，テレコミュニケーションプロバイダー，小売業者やeコマース企業は，コンタクトセンターWFMソフトウェアの最も頻繁なユーザーである。WFMシステムを用いて，以下の事項を達成したと報告してくる企業も珍しくない。
> - オペレーターのスケジュールを作成する時間が45%〜90%削減された
> - サービスレベルが10%〜13%増加した
> - 人件費が10%〜13%削減された
> - 電話放棄率が3%に減少した
> 　全体的な電話放棄率は概ね，平均7%前後である。しかしながら，ガートナーによると，稼働率が最もよいとされる上位25%のデスクは，平均するとわずか3%の放棄率であった。

エグゼクティブの観点：良質の顧客体験と積極的なオペレーター文化を支援し可能にする。

　エグゼクティブについての観点は，企業が顧客へ優れたサービスを届ける一方で，最適な操作環境を作ることである。エグゼクティブにとって重要な，人員管理に関連する要因は以上のようなものである。
- 費用，サービス，品質のバランスをとること
- 操業成績の一貫性を向上させること
- 顧客からの電話での要望に応えることができるように，資源計画を準備すること
- 効果的な長期計画と予算管理
- 品質保証，訓練，指導や会議のための時間を割り当てること

運営管理の観点：適時適策，適材適所

　毎日の業務に対する管理責任は，人員管理の目的を，日々の業務を監督するマネージャーに役立つ価値のあるツールを提供するものであると考えている。マネージャーにとって重要な要素は，以下の通りである。
1. 最適事業条件モデルに近づくための勤務表やスケジュールの最も優れた組み合わせを最適化する諸計画を作成すること
2. オペレーターのワーク・ライフバランスと合致するスケジュールの多様な組み合わせを提供すること
3. 品質保証，訓練，指導や会議のために時間を割り当てること
4. フルタイムとパートタイムのオペレーターの調和を手助けすること
5. コンタクトセンターの混沌状態を削減すること
6. 仕事量のバランスをとること

オペレーターの観点：管理されたスケジュール方法にいくつかの規律を提供すること。業績の再検討と発展を可能にすること。

　個々のオペレーターにとっては，WFMシステムが，「独裁者」システムのもうひとつの要素，もしくは特に効率性に関係した測定基準において個人の効率性を測る録音システムのようなツールに見えるかもしれない。オペレーターの観点は，どのようにWFMが導入され，センターがどのように利用されるのかに関ってい

る。最善のアプローチは，オペレーターが計画やプロセスに組み込まれるときである。

オペレーターレベルにおける最も優れた事例は，事業必須条件をオペレーターが理解することの重要性や，センターのゴールと目標が合致していることを確かめるために計画ツールがどのように使用されているかを明らかにした。オペレーターには，「ソースカード」や「ダッシュボード」のいくつかのフォームを利用して，個人の目標と実際の業績の両方について，個人の業績に関する，リアルタイムもしくはリアルタイムに近い情報が提供されるべきである。オペレーターは，チームと自分自身の達成度を比較するために，チームの「スコアカード」にもアクセスしたほうがよい。

文化の重要性

どの組織にも独自の文化というものができあがっている。それらの文化は，共有された価値観，基準，信条や期待，方針や手段，そして権限関係を反映している。

人員を効果的に配置したコンタクトセンターは，単に「スケジュールの管理」（いわば伝統的なWFM）を行うことより，企業文化の重要性に気づいた。第一線のオペレーターの役割とは「優れた」サービス体験を的確に届けることであると認識させている。このように組織として人員管理を形式的に行うのではなく，優れたサービスを提供するという企業文化を浸透することで手にする利益は，綿密な予定を遥かに凌駕し，最終的な利益や1株当たりの収益に直接影響する。

その一方で，未だ階層による命令や統制の文化にとらわれている企業は，従来のWFMを継続している。このタイプの文化においては，WFM最適化ツールを使うことで大きな効果を挙げることができる。しかしながら，大きな従業員満足度を得られるはずのこのチャンスを，顧客や関係する利益とともに掴み損ねてしまうのである。

推奨される企業文化の成功事例

社是は，戦略的な計画目標や目的のための焦点を提供し，価値や組織の文化を形成する一助となる。世界に通用する組織の社是は，ビジネスにおいて最良の顧

客サービスを提供するという目標を典型的に示している。

優れた顧客サービスを展開している世界企業における社是の例である。

> 「世界旅行において明白な先導者になりなさい。我々は，卓越した，最高レベルの顧客サービスに情熱的に全力を注いでいる」

WFMの役割は，組織のミッションを支えることである。最良のセンターは，全社的な成功に与える影響を理解している。センターは，特定化された社是による貢献を考慮する。例えば，
- 高いスキルをもち動機づけられたチームを展開し，維持すること
- 一貫して優れたサービスで顧客に奉仕するために必要なスキルを最適に提供すること

陳腐に聞こえるかもしれないが，人員チームは，「継続的な改善に尽くす」を日々表明する。そのことが，コンタクトセンターの業績を，ある時点からその次の段階へと，継続的に改善することが人員チームの役割となる。

我々は，我々が調査した世界に通用する企業における基盤をくり返し述べていくことであろう。これらの組織においては，すべてのマネージャーが，第一線のオペレーターに対してさながら顧客のように，礼儀正しく，尊敬し，好意的に接していることが常である。

チェンジ・マネジメントの重要性

WFMシステムが導入されるとはじめのうちは，そこには典型的に抵抗がおこる。なぜならそれは変化をもたらすからである。

この変更を管理する最も重要な側面は，教育である。まずはじめに，オペレーターとマネジメントチームに変更がなぜ必要だったか，どんな利益が双方（会社とオペレーター）にあるかを理解すべきである。オペレータースケジュールプロセスの変更が作られる前に，教育とコミュニケーションは必須である。

コンタクトセンターチームの教育において最も効果的なツールの1つは，多く

のオペレーターが不在のときに，平均応答スピード（ASA）においてどのような現象が起こっているかをグラフによって理解することと，顧客満足度と能率が結果として高い経費となることを理解することである．

人員管理システムの理想的な構成

理想的な人員管理システムは，
1. それぞれの日のそれぞれの時限（基本的には15分ないし30分）に発生するであろうインバウンドの着信率と業務の量（応対時間）を予測する．
2. 前もって算定されたサービスレベル目標に従って，インバウンドに応対するための通話量を換算して，その日の特定の時限に必要なオペレーターの数の予測をする．
3. サービスレベル目標に達するように，日々のそれぞれの時限において予測される通話量とオペレーターの応対可能性とのバランスを最適化する，効率のよい人員配置を展開する．
4. サービスレベル目標に到達するために，オペレーターの出勤とスケジュールの遵守とともに，実際の通話着信率を明らかにして，人員配置を調整する．
5. インバウンドについて，以下の事項を追跡ないし統計値を収集するために，ACDによって調整する．
   - いつ着信したか
   - 対応されるまでの待ち時間はどれくらいか
   - 何人が電話を放棄したか（切ったか）
   - どれくらいの時間，オペレーターは話をしているか（平均通話時間）
   - 通話が完了してから，通話によって生じる仕事を終えるのに，オペレーターはどれくらいの時間を費やしているか
   - 通話量と待ち時間に関するリアルタイムの統計
   - オペレーターのログイン／ログアウトの状況に関する統計
6. 通話量，入電率，ピーク時間，平均処理時間，それぞれのスケジュールにおける最小および最大の勤務時間数，週末と休日のシフトがどのように割り当られているかを決めている契約に基づくこれまでのデータを考慮する．例えば以下のようなことである．
   - パートタイムのシフトは，4時間以上，6時間以下にすること．
   - パートタイムの従業員は，少なくとも，週に20時間以上，30時間以下の労働時間にすること．

- フルタイムの従業員は，週に8時間シフトを5回か，10時間シフトを4回与えること。
- 食事休憩は，勤務開始後，3時間以内でも5時間以上でもあってはならない。

7. Erlang C（もしくはErlang C derivative）などの，高度な予測演算手順を用いる。
   - 正確な通話量を予測するため
   - 最適なオペレーター人員計画を展開するため

8. サービスレベル目標に達するため，必要な人的資源を予測し，スキルグループや応対のタイプ別に集められた過去のデータを用いて，スケジュールや人員配置予測を示す。

9. 以下の規則を含め，オペレーターのスケジュールを作成するための規則を定義づけることをマネジメントに許可する。
   - 各スケジュールタイプにおける最小あるいは最大の時間数。例えば，
     - パートタイムのシフトは，短くても4時間，しかし6時間を越えてはならない
     - パートタイムの従業員は，少なくとも週に20時間以上働かなくてはならないが，30時間を越えてはならない
     - フルタイムの従業員は，週に8時間シフトを5回もしくは10時間シフトを4回与えられなければならない
     - 食事休憩は，勤務開始後，3時間以内でも5時間以上でもあってはならない
     - 週末と休日のシフトがどのように割り当てられているかを定義づける規則

10. オペレーターにスケジュールの選択を許す。
    - オペレーターが勤務可能な日数，1日の労働時間
    - 開始もしくは終了時間
    - 特別なニーズや要望

11. 以下のような多様な報告書を作成する。
    - マネージャー，スーパーバイザー，オペレーターのための予測やスケジュールの詳細を述べたもの
    - 予測された結果と実際の結果を比較したもの

12. オペレーターがスケジュールを入手するためのメール，メッセージシステム，ブラウザーベースのツールの使用を支援する。

13. コスト効率に対するマネージャーのニーズ，オペレーターのニーズのバランスをとり，サービス目標のためのニーズを予測する。

人員管理サイクルにおける成功事例は，このセクションのそれぞれの構成要素内に記載されている。

一般的に見た場合，WFMの最適化は，4つの主要なステップで構成されている。それらの4つのステップは，人員サイクルにおける異なった主要な連結点が生じる一方で，人員の入れ替わりの進行中のプロセスと同じように，規則的に連続して起こるものではない。
1. データ収集
2. 同世代予測
3. 世代計画（必要条件とスケジュール）
4. 改善に向けた結果のアセスメントと改善方法の分析

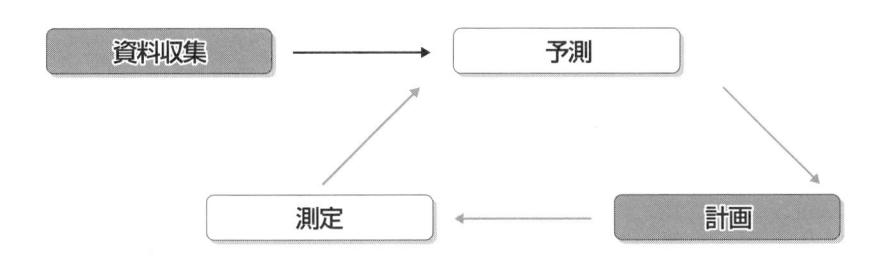

図55　WFMの最適化ステップ

データ収集

たとえコンタクトセンターの予測やスケジュールに用いられるだけとしても，データ収集は見落とすことができない重要なプロセスである。スケジュールが固定されている組織でさえも，オペレーターの日頃の監視やセンター全体のパフォーマンスは，日常的に収集されている基礎データを表している。正しく最適化された組織の場合，データ収集は，リアルタイムと将来予測の両方において，コンタクトセンターを運営するための重要要素である。

ほとんどのWFMソフトウェアパッケージは，データ収集プロセスにおいて，手動入力の手間を除くために，通話管理システムでしっかりとまとめられている。

これは，オペレーターの態度や業績データと同様に，着信パターンデータ（間隔別や日別の電話）のような重要な通話量データを含め，より多くの種類のデータ収集を可能にする。間隔別の平均処理時間（AHT）に関するデータはまた，1日の特定の時間や曜日ごとのオペレーターの技量における相違といった複雑さを明らかにするための予測を可能にしている。

データ収集は，自動化されてはいるが，主要な人員チームの手動操作や修正によって蓄積されることもある，常に進行するプロセスである。手動操作や修正はめったに起こらない例外的な期間の着信があった時に重要となってくる。そうした出来事の例として，もし，VRUが2日間，正常に機能せず，すべての顧客を待たせてしまった場合，その間の通話の人為的な増加は，例外的で二度と予想通りに起こらなかったとしても，予測演算のずさんな予測に影響する。手動で正常化される機能によってのみ，データは予測を正確な状態にする。

予測作成
予測演算

予測とは，予測演算を通じて得られる，最近の履歴に基づく顧客の通話データの結果である。予測演算は，過去の通話データ，季節の影響，将来の通話総数の予測を手動調整，平均処理時間（AHT）と同様に，ある期間の入電パターンを置き換える数式である。

ベンチマークに基づきWFMを最適化するためには，正確な予測を生み出す演算に必要となる理論，業界の知識や不変の分析，実験を要する。多くの要因は，どのように予測演算が公式化されているかに依る。俯瞰すると，成功事例として挙げることのできるWFM部署が持つ共通の変数は，以下のようなものである。

1. データの何週間分を，予測のために演算に含まなければならないか。
2. どれくらいの「量」が週ごとの予測に加えられるべきか。業界，通話フローの設計，実験によって強調すべき順序はかわってくる。
3. 季節性。ほとんどのコンタクトセンターは，業界要因と顧客要因によって，1年間の中で通話量が変化する。
4. 通話に制御された企業。郵便，メールその他の経済活動は，通話量に一時的に大きな影響を生じさせる可能性を持つ。成功事例の組織は，今後の動向を正確に把握するために，市場での盛り上がりからの応答率を追跡している。

5. 現在の放棄率。処理される通話が少なくなると，論理的には，求められ期待される通話が増えることになる。

　それぞれの企業が，実行されたそれぞれの予測に含まれたコンタクトセンターに特有の可変的な記録や数式を持っていた。さらに，ほとんどの企業は，多様な演算の順序によって作り出された予測を追跡調査することで，現在の演算手順の構成を決定する前に，それぞれに隣り合ってもたらされた予測の正確性を追跡した。1つの企業は，最新の計算法の必要性を継続して監視するため，異なった演算手順に基づく多様な予測を日常的に実施している。

　予測から生み出され，もたらされた数値データは，間隔別また日別，同じ期間における通話の長さと，通話を処理するために必要な人員を予測する。

　演算結果は，スケジュールに深刻な影響をもたらす重要な変数を含んでいる。予測された通話と通話時間のすべてを含んだ収縮ないしスケジュールの組み合わせこそが，予測可能なものとなる。

計画作成－必要物とスケジュール

　スケジュールに必要な物を決めた後，次のステップは，スケジュールを記述することである。予測と必要な計算がWFMソフトウェア以外のアプリケーションで実行される場合，多くの企業がそうであるが，それらのデータはスケジュールが記述されるのに先立ってインポートしておく必要がある。

　最良のWFMソフトウェアは，スケジュールを完成させるために必要なあらゆるスケジュール作成過程の条件に基づきデータの処理を行うことができる。これらの条件とは，オペレーターの利用可能性とオペレーターの選好といった要素をも含んでいる。多くの調査に加わっている企業は，通常，少なくとも1週間前にスケジュールを作成している。スケジュールを利用している企業は，スケジュールの作成を行っている。効率的なスケジュールのためというより，オペレーターへの配慮のためである。しかし，どんなにスケジュール作成がしばしば実施されようとも，休憩，昼食，会議，訓練といった日中の要素は，仕事の状況に応じてリアルタイムに更新される。通話や多くのオペレーターの欠勤の思いもかけない急増が，そのようなリアルタイムによる柔軟な対応の必要性を助長するのである。

集中型と非集中型のスケジュール作成

いくつかの企業は，分散型のスケジュール作成プロセスを用いており，それによってコンタクトセンターチームのメンバーは，様々なところで個人的なオペレータースケジュールを作り出してきた。他の企業は，中央集権化されたWFMチーム内で，スケジュール作成の責任を維持することを選択している。

それぞれのやり方がメリット・デメリットの両方を兼ねそなえているため，スケジュールを作成する上で「正しい方法」は存在しない。分散型の方法は，日中のスケジュールを継続的に更新し，変更するために現場での管理に対する柔軟性を提案している。非集中型されたスケジュール作成は，献身的な個人にすべてのスケジュール決定におけるWFMの影響を予見するための高度な専門知識を用いることを可能にしているが，容易なコミュニケーションによってオープンアクセスを実行する。

予測と計画代替

利用可能な様々なスケジュールツールが市場には存在する。それらのツールは，重要な時間や資産の投資をするためにオートメーション化された初期費用が安価な単純なツールとは異なる。

コンタクトセンターを設立もしくは再構築するにあたって，まずはスケジュール作成における目標ないし目的を決めなければならない。その大半が，ミッション，規模，コンタクトセンター組織の地理的要件に依存する。いったん，目的が計画されると，コンタクトセンターは第一のニーズに出会い，適切な技術に投資をする準備が整っているということを示す。

多くの企業が，ツールを正しく使用するため，アウトプットに失望しないためだけに高価なツールに投資する。これは典型的，失敗計画，非現実的な予測，またはツール問題，製品（Businessで要求されていない）である。

エクセル集計表

　人員見積もりやスケジュール作成における最も一般的な書式は，マイクロソフト社のエクセル集計表で行われている。理由は，エクセルは，ビジネスにおいてはあらゆるところに偏在し，公式，マクロ，Erlang計算機において利用の利便性の良さに依る。

　利便性は良いが，いくつかの欠点がある。
1. スケジュール作成用のエクセルは，手間がかかり，厳密ではない。
2. エクセルによるスケジュール作成の方法は，スケジュール管理能力と計算力に欠ける。
3. スケジュール順守を追跡するためには使えない。
4. 無作為な通話着信パターンを説明できない。
5. 公式やマクロ計算における1つの小さな誤りが，全体進捗に誤ったデータを与える。誰が承認し，誰が入力の正しいことを証明するのかが不明確となる。

　予測のためのエクセルユーザーは，シーズンごとに，あるいは週ごとのデータを保存し，長年に渡る傾向を計算すべきである。ACDsは，基本的にデータの13か月間分のみを保管する。エクセルワークシートに週ごとの統計（通話時間を含め）を保存することは，将来，重要となる。

スケジュール作成に基づく簡単なエクセルに関する成功事例

　人員配置要件の計算とスケジュール作成にエクセルを使用する際，以下のステップを踏まなければならない。
1. 通話データ収集。このデータは，毎月，毎週，毎日もしくはできれば間隔レベル（基本的には15分か30分間隔）で収集される。データは承認され，確認されなければならない。
2. 今後の通話着信パターン予測。この予測は，データが収集されたレベルでのみ行われる。（例：データが週毎レベルで収集された場合，予測は週ごとの通話着信のみ行われる）。少なくとも時間ごとの通話配分を提供可能なネットワークレベルで利用できるデータポイントがある。このデータにアクセスするにはネットワークベンダーに連絡を取ることが必要となる。
3. 基本通話パターンに基づいて必要とされる人員配置とスケジュールを見積る。（例：もし，週のはじめに通話がピークになるので通常あれば，月曜日の

比重が最も重くなる)。
4. 「特別な状況」を留意していることを確認する (例, 特別販促, 天気, 国家的危機, ビジネスイベント等)。

この方法は時間集中型であって, 頻繁な通話パターンの変化を説明するものではないことを留意する必要がある。多くのスケジュールを変更には時間がかかるために, スケジュール作成用のエクセルを用いるコンタクトセンターは, 刻々と変わる通話着信パターンに対し, 固定化されたスケジュールを頼りにすることも多い。スケジュール作成のこの方法における典型的な例は, 主要なパフォーマンス指数 (KPIs) 目標をしばしば見逃しているセンターであるということである。センターは, 変化する通話需要パターンを埋め合わせしようとして実態にそぐわない配置で固定化された必要以上の数のオペレーターを置く傾向にあり, その結果, 高額な運営費を被ることになる。

スケジュール作成用のエクセル集計表は, 基本的にはセンターの運営が複雑でない, 35から50人のオペレーターを超えていないセンターで効果的である。

利点

- 利用するためには安価なツールである。
- ほとんどのコンピュータユーザーが, セットアップ経験と演算を利用した経験を持っている。
- 維持が簡単である。

欠点

- ランダムな通話着信を認識しない。
- スキルを基礎とする能力に適応しない。
- 順守性が追跡されない。
- マルチメディアに由来しない。
- 柔軟なスケジュールを提供する能力がない。
- 運営費が高い。

Erlangを用いたエクセル

ランダムな通話着信を明らかにしつつ, Erlang演算は, 人員配置要件を計算

する。これらの安価な演算は，エクセルの追加物として購入される。

　Erlangとエクセルを用いたスケジュール作成は，より正確に人員配置要件を見積もることができるように，ランダムな通話着信を明らかにする。しかしながら，予測とスケジュールの作成が対応していないため，この方法は，大きな労働力を要し，オペレーターのスケジュールを追跡することができず，スキルを基にした通話手順から得られた結果データを明らかにできない。

利点
- 安価なツールである。
- ほとんどのコンピュータユーザーが，セットアップ経験と演筆を利用した経験を持っている。
- 演算は容易に変更することができる。
- 入力された数値に基づき影響を考慮に入れて表示される。

欠点
- スキルを基礎とする能力に適応しない。
- 順守性が追跡されない。
- マルチメディアに由来しない。
- 余暇スケジュールを入力できない。
- 実際の通話を追跡できない。

人員管理システム

　多くの特定のWFMソフトウェアオプションがある。それぞれのソフトウェアソリューションは以下のことを実行するために設計されている。
- 通話およびオペレーターデータの収集
- 今後の通話需要の予測
- 予測に基づくオペレーター人員配置要件の計算
- 予測された配置要件に厳密に見合うスケジュール作成
- 予測の正確性と同様にオペレーターの帰属状況とスケジュール適合性の分析

　WFMソフトウェア開発の利点は，表面上ではかなりはっきりとしている。まず，WFMソリューションは，データ収集の重要なプロセスが自動化されるよう

に，通話やACD（自動コールディレクター）システムで絶えず統合されるべきである。プロセスは恒常的に人の手の介入を要求しないため，様々なしっかりとしたデータ要素が収集され，予測を作成する際に利用が可能となる。収集されたデータは，スケジュールの順守と順応について，人員による業績を追跡する能力を提供するオペレーターレベルのデータを含むことができる。

正確かつ最新の情報を身につけることで，WFMソフトウェアは，オペレーターの個人的なスケジュール選好，ビジネス要件，予測された通話着信パターンに見合った，オペレーターの要望に合わせたスケジュールを提供することができる。

そのソフトウェアは，頻繁にスケジュールを更新する順応性，毎週，毎日もしくは毎時間に変わる通話の需要への適合性といったような他の利点をもたらす。いくつかのシステムは，通話需要の思いがけない増加あるいは高い確率でオペレーターが利用できなくなる時間（例えば，無断欠勤，遅刻，予定外の会議など），スケジュールがその日のうちに変更されることを予測したものとなっている。多くのWFMツールはまた，マルチサイトやマルチスキルの効率性について知らしめてくれる。すなわち，正確な人員の配置や全体的な人件費削減を提供するのである。

利点

- 測定可能な結果を得ることができ，改善点を追求する能力を提供する。
- スケジュールの正確性を増大させる。
- オペレーターの生産性（利用）を向上させる。
- スケジュール管理プロセスに関与することで監督あるいは管理時間を削減する。
- データ収集やデータの操作といった人員管理課題の自動化。
- 人員削減の縮小。
- ネットワーク費用の減少。
- 給与システムとの統合。
- スケジュールの柔軟性。超過シフトの要求，無給休暇，シフトを命じる等，直属のスーパーバイザーは，これらの決定に関与する必要はない。他の利点は，オペレーターによって公平だと理解される全体的なスケジュール作成プロセスである。これは決定を下しているのはシステムであって，スーパーバイザーやマネージャーではない。

欠点

- ユーザーがツールの適切な訓練を受けていない場合，ツールはユーザーが期待しているほどの結果をもたらさない。
- 入力されたデータは正確でなければならない（コンピュータに誤った結果を入力すると誤った結果が出力される）。
- 処理を完了するためには何段階もの入力が必要となる。もし，ステップを踏み外すと，データは不正確なものになる。
- システムが何を行っているか正しく認識することが求められる。ソフトウェアが非常に複雑であるので，ダブルチェックを行うことで正確になる。
- 提供されているツールはサプライヤーによって異なっており，人員管理を行うマネージャーが必要とするすべてのサポートは行われない。多くが現在提供されていない特徴と同様に，有効性についてのメインツール以外でツールを作り出している。

考察

　WFMソフトウェアソリューションが作り出している利点についての長いリストを見た後，予測，計画，そして分析に関してWFMソフトウェア利用における欠点を見つけることは難しい。

　唯一，WFMソフトウェアソリューションの明らかな欠点は，価格が高いことである。ソフトウェアに関する費用についての際限はないが，それにはハードウェアやシステム配置の準備費用，サポートや維持といった費用が含まれている。WFMソフトウェアによって削減された費用は，相当なものである。多くのソフトウェア供給者は，ROI計算を可能にしている。投資を行う前に，これらのツールを利用することを確認すべきである。

　多くの企業は，簡単には予期されないその他の問題を経験している。いくつかのコンタクトセンターは，WFMスケジュールを導入後，従業員満足度の低下を経験している。この低下は，基本的には，コミュニケーション不足およびWFMツールによってオペレーターのワークライフバランスの質的向上のために何ができるのかについての理解不足によるものである。オペレーターとの意義ある話し合いはこれらの方法論の導入より以前に重要なことである。オペレーターのパフォーマンスが今，以前のものとは別の方法で測定されている。この問題に詳しい

センターのオペレーターは,「独裁者」が自分たちの行動を監視しているように感じると報告している。WFMを実施するにあたっては,組織文化の変更と訓練が主要な成功要因となる。

顧客との相互作用のチャンネルが多様化（メール,ウェブチャット）してきているため,電話による通話とは別のものを収集,予測,そして分析することができないWFMソリューションが大きな障害となっている。

WFMソフトウェア使用に関していくつかの留意点がある。
1. データ収集プロセスは,正確性を継続し,確実なものとするために,徹底的に調査されるべきである。
2. WFMソフトウェアは自動化ソリューションであるが,システムの活動と計算は,検証と保守が必要である。これらは,すべての利点を獲得するために,WFM統制に高いレベルの専門性を持ったスタッフメンバーによって実行されなければならない。
3. ほとんどのWFMソフトウェアソリューションは,その機能を完了させるためにいくつものステップが要求されるプロセスという複雑なレベルで運営されている。システム運営をサポートし,ビジネスプロセスを完全に追従する専属のスタッフもしくはチームが必要である。
4. 単一のWFMシステムがすべての目的に完全に到達することはない。それぞれのソリューションが,強さと弱さを持ち合わせている。

主要なパフォーマンス測定基準のコンタクトセンターベンチマークデータベースを用いて,我々は,WFMがインストールされた企業とWFMにインストールされていない企業を比較しデータを分析した。

図56は,主要なパフォーマンス測定基準に関して人員管理の影響を示している。
● サービスレベルが23％改善された
● 平均処理時間が12％減少した
● スケジュール順守が14％改善された
● 使用率が8％増加した

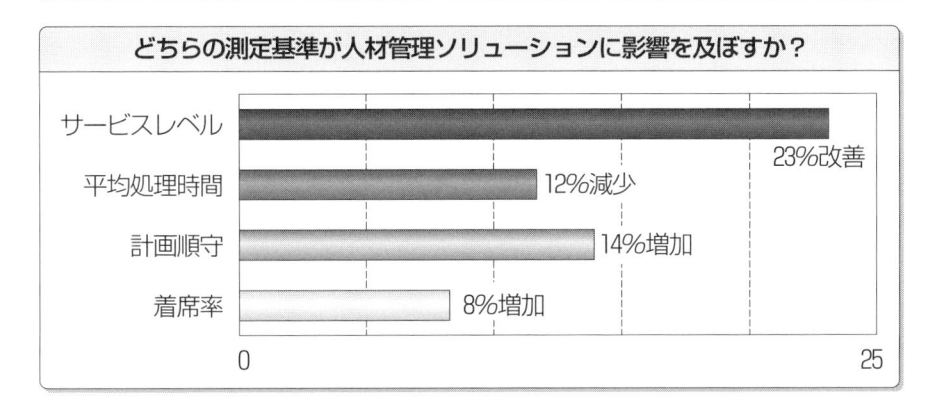

```
どちらの測定基準が人材管理ソリューションに影響を及ぼすか？
サービスレベル                              23%改善
平均処理時間       12%減少
計画順守           14%増加
着席率         8%増加
         0                                    25
```

図56　人員管理ソリューションの影響

推奨成功事例

　WFMはコンタクトセンター効率性と効果性において重要な役割を果たしているということが我々の結論である。図56で示したような改善率をみれば，100人規模のオペレーターを持つコンタクトセンターが毎年100万件の通話を受けていると仮定すると，毎年50万ドルのコスト削減を達成することになる。このコスト削減の金額は，WFMユーザーにとって非常に重要なROIを作り出すといえる。

分析－パフォーマンスと計画測定

　WFM最適化プロセスにおける最終ステップは，コンタクトセンターやオペレーターのパフォーマンスだけではなく，WFMチームのパフォーマンス，生み出された予測，計算された必要条件，コンピュータに算出された計画の効率性だけではなく，全体的な業績の分析である。

　オペレーターの業績の分析における主要な測定基準は，スケジュールの順守を含んでいる。それはオペレーターがどれほど厳密に予定やスケジュールに沿ったかを示している。もう1つの重要な測定基準は，適合性もしくは整合性である。それはいつ完了されたかにかかわらず，すべての完全に予定された活動の量を測定するものである。

予定の業績を分析するのに用いられた測定基準は，企業間で非常に異なっている。一般的に，測定基準は以下の主要な業績指標を含んでいる。
- 予測精度率
- スケジュールの効率性
- 予測とフルタイム価値との不一致

　スケジュールが毎週，毎月，毎四半期，もしくは毎年作られたか否かにかかわらず，予定分析やデータ収集は，WFM最適化プロセスを通じて継続して行われる。

　このプロセスによって，あなたは職場マネジメントにおいてベストプラクティス（Best Practice），最も効果的、効率的な実践をもたらすであろう。

WFMの全体の目的に関する成功事例見通しの概要

　顧客および従業員満足度で企業を観察することにより，WFMはもはや単なる「スケジュール管理」ではなくなっている。プロセスと活動は，新しいレベルへと移動し，そして議論は予測の正確性とスケジュールの最適化を中心に展開されている。これにより，仕事と個人の生活の統合を図ることにより事業のニーズとオペレーターのニーズの両方を可能にする。結果，従業員のワークライフバランスが実現される。

第9章

品質モニタリングと指導

　最善の品質モニタリングを実施している企業は，オペレーターがモニタリングされ，指導されたいと願い，またスーパーバイザーが指導者やモニタリングをする者になりたいと考える文化を作り上げている。これらの組織では，適切に仕事を片付けることに十分に打ち込めるだけの従業員がいて，時間がある。

　品質モニタリングや指導は，他の人に委ねられ，十分な時間的な余裕がある場合にのみ必要な活動であると考えられている。そのようなコンタクトセンターにおいては，一般的には，仕事をきちんと片付けるのには人材が不十分である。そして，突然（しばしば起こっているように）コール数が増加した場合，マネージャーは，顧客サービスを提供するためにオペレーター業務に戻ってしまう。品質モニタリングプロセスは概ね，後回しとなってしまっているのが現状である。

チェンジマネジメントの重要性

　企業が品質モニタリングを行うために必要な最初のステップは，オペレーター，スーパーバイザーそして指導者たちがコンセプトを持っていることである。「私の仕事はいつでもじろじろ監視されている」と，あっさりとオペレーターに悟られないようにすることである。モニタリングが適切に成されていない場合，働き者やそれをよかれと思っていったオペレーターでさえ，とてもネガティブに感じ取る。

　品質モニタリングプロセスがきちんと実行されていないコンタクトセンターでは，オペレーターは以下のようなネガティブな感情を示す。
●モニタリングは，何かミスするのを見つけ出そうとしているだけである。

- 見られていると感じると，見られていないときと同じようにはできない。
- 誰かが私の仕事を見ていると思うと，とても緊張する
- 取り締まりを受けている様だ
- 「独裁者」が私を見張っている様な気分だ

成功事例をうまく利用しているセンターでは，オペレーターの感情は前述とは著しく異なる。このときの品質モニタリングと指導に対するオペレーターの反応は，以下の通りである。

- 私は毎週行われる立会い指導を楽しみにしている。というのも，私のスーパーバイザーが，本当に私の成功を気に掛けてくれているということを示しているからだ
- 私は，私自身の通話がモニタリングされることを楽しんでいる。私は，何が上達したかを見ることに驚きを感じている
- 私の通話をアセスメントするために設けられた時間は，マネージャーは本当に大事で良いことだと信じているということを，私に教えてくれる
- 指導時はいつも，私自身の通話の分析に私自身を関与させてくれる。そして，このことは，何を期待されているか，よく理解することができる
- 業務をよりよく行う方法を私に示してくれる際，私は，自分自身の指導者を尊敬し，感謝している

品質モニタリングの目的

現実的なレベルで，ほとんどのコンタクトセンターは，オペレーターの業績の測定，あるいはオペレーター成長のために品質モニタリングを行っている。

オペレーターの業績測定

我々が最近調査した中で，少数の企業が現在，品質モニタリングスコアのみオペレーターの業績評価に用いている。スーパーバイザーは，採点された通話の結果をオペレーターの業績の代表的な寸評として用いる。月ごとに，オペレーターは，サンプル結果の要約を提供される。毎年の功績が上昇することで，周期的なボーナスが，そうしたスコアに基づいて支払われる。

オペレーターの育成

いくつかの企業が，品質モニタリング結果を，オペレーターを育成するツール

として利用している。スーパーバイザーの焦点は，継続的に，卓越したサービスを届けるべく，オペレーターに必要なスキルを育成することにある。

そうした環境における主要な測定基準は，顧客満足度である。品質モニタリングおよび指導は，顧客を満足させようとする態度を強化するためと，それとは反対に不適切な態度を修正するために設計されている。モニタリングと指導のスコアは非常に重要だと考えられているが，客観性の問題から後者の測定基準だけが顧客満足度に影響を及ぼすとされる。

オペレーターのパフォーマンスと育成

我々が調査したほとんどの企業は，モニタリングをオペレーターの業績アセスメントとオペレーターのスキル育成の両方に用いていると主張している。これらの企業は，品質モニタリングの目的を，顧客満足を保証するものであるとしている。

推奨成功事例

品質モニタリングに関して，我々は，世界に通用するコンタクトセンターにおける以下の相違に気づいた。
- モニタリングと指導の機能が，適切に配置されている。それは「役立つ」基準として見なされていない。
- これらのセンターのほとんどのオペレーターは，モニタリングや指導されることを楽しみにしている。というのも，顧客に対してよりよく接客する態度を修正するためのポジティブな補強材料だからである。
- オペレーターは，よりよくすべきことは何かということを見つけるために，積極的な役割を頻繁に果たしており，スキル不足は，訓練の機会がなかったからであると見ていた。明確な訓練モジュールは，考えられるほとんどすべてのスキル不足に役立っていた。コンタクトセンターのオペレーターのこれらの考え方は，自分自身をよりよいオペレーターに成長させる。

コールモニタリングと録音オプション

企業が，組織としての良質のコールモニタリングの目的について，ひとたび理解すると，次なる決断がなされる。すなわち，どうやって情報を集めるか，である。以下の事項が，我々が認識した調査段階を文書化した，様々なコールモニタ

リングと録音モデルである。利点と欠点を対応させ，挙げながら，それぞれの説明を行うことにする。

静かなモニタリング―遠く離れた場所

　静かなモニタリングの場合，スーパーバイザー（もしくはその他に割り当てられたチームメンバー）は通常，コンタクトセンター内で，遠く離れた場所からリアルタイムに顧客とオペレーターとの会話を聞いている。

利点

- 通話は，無作為に選ばれる。その目的は，無作為に通話を選別することで，オペレーターの強みと改善すべき点を公平に示すためである。
- オペレーターは通常，通話がモニタリングされていることにさえ，気がつかない。それにより，普段と変わらぬ自然な通話の処理が可能である。これは，スーパーバイザーが，オペレーターと顧客との会話において，未熟な点を見つけ出すことに役立つ。
- 例えばスーパーバイザーの仕事場，もしくは別のコンタクトセンターや自宅というような，他の遠く離れたどのような場所からもモニタリングの実施が可能である。
- 遠く離れた場所からの静かなモニタリングは，献身的で，集中的な良質の監視チームの設立を可能にする。このチームは，基準の活用と結果の評価において，一貫性を確実にするため企業内のすべてのセンターの通話をモニタリングすることができる。

欠点

- 即時のフィードバックを提供することは，基本的に困難である。
- スーパーバイザーは，通話の入電待ちという非生産的な時間を経験するため，このオプションは非効率的である。
- オペレーターが，通話に関するスーパーバイザーのアセスメントと意見が食い違う場合，問題の通話が録音されていないため，検証に用いる「確かな証拠」が存在しない。オペレーターとスーパーバイザーは，矛盾する考えで，食い違いが生じる。
- 録音が存在しないということは，訓練目的のための優良な事例を組織的に共有する機会を逸したということになる。

臨席モニタリング

　臨席モニタリングの場合，スーパーバイザーがオペレーターの隣に座り，オペレーターが顧客からの通話を処理している様子を聞く。スーパーバイザーは同時に，オペレーターの利用可能なスキルとワークステーションリソースの使い方を観察する。

利点

- オペレーターへのフィードバックが即時に提供されることは，臨席モニタリングの最も素晴らしい点である。緻密なフィードバックは，実際の状況を観察し，学習する機会として，幅広く受け入れられている。
- 臨席モニタリングは，スーパーバイザーの指導に従って，オペレーターが即時に効果的な態度をとることを可能にする。
- スーパーバイザーは，オペレーターの技術的スキルと他のワークステーションリソースの活用をモニタリングすることができる。多くの場合，利用可能な情報とソフトウェアの複雑性は，きちんと理解されるまでは，オペレーターにとって障害物でさえある。スーパーバイザーは，利用可能なリソースに対するオペレーターの理解を促進する。
- 臨席モニタリングは，新規雇用者にとって素晴らしいオプションである。極めて理想的な相互作用であるとともに，励みとなり，協力的な環境が提供される。
- 対話方式により，疑問については回答され，基準が伝えられ，訓練の機会として認められる。
- このオプションは，オペレーターとスーパーバイザーとの属人的な関係を構築するのに役立つ。スーパーバイザーとオペレーター自身との信用と信頼の絆を強める。

欠点

- オペレーターは，抑圧感や脅迫感を感じることもある。自然体もしくは心地よい方法で業務を遂行することができない。オペレーターの真の能力や限界が明らかにされない，という可能性がある。
- モニタリングされたオペレーターは，いつも以上の最高の態度を示しているかもしれない。すなわち，このときのオペレーターのパフォーマンスは，普段の態度として反映されない可能性がある。

呼録音

呼録音では，スーパーバイザーや自動化されたシステムが，無作為に通話を録音する。スーパーバイザーはその通話を聞き，オペレーターのパフォーマンスを評価するのである。

利点

- オペレーターは，彼自身もしくは彼女自身がモニタリングされたという事実を知らない。このシナリオは，オペレーターと顧客との会話における普段の自然な事例を提供する。
- オペレーターは，自分自身の通話を聞くことができるので，どのように顧客に応対したのかを直接，ふり返ることができる。
- 録音は，実際のパフォーマンスとスーパーバイザーによるフィードバックとの論拠を明らかにし，オペレーターのどのような能力の改善が必要かを明確にする。同様に，スーパーバイザーは，業績改善にむけたオペレーターへの指導が可能である。
- 呼録音では一定の時間枠が設定できる。これによりスーパーバイザーをモニタリング業務から解放し，スーパーバイザーへの柔軟性とコントロールを提供する。
- 「無駄な時間」，つまりスーパーバイザーが着信を待つ時間が排除される（静かなモニタリング方法との対比から）。

欠点

- いかにして即座にフィードバックを提供するかが，課題の１つである。スーパーバイザーのスケジュールは多忙であり，オペレーターはモニターされた時点から長い時間を経過した後にフィードバックを受ける。
- 無作為なサンプル抽出は，「指導の機会」を提供する良質な通話を見つけるという作業に多くの時間を要する。指導が必要と思われるオペレーターに対する学習の機会として利用されるべきこれらの通話は，簡単に見落とされている。手っ取り早く言えば，無作為なサンプル抽出を行うこのアプローチは，良質のモニタリングと指導とオペレーターのパフォーマンスの改善との間で強い相関関係が十分に意図され，取り組まれている。
- すべての企業は，録音されたかなりの量の通話を含めて，必要な保管能力を持っていない。この現象は，継続的な保管費用の減少によってもたらされている。

音声と画面を記録し，後にモニタリングする

　この調査に参加していた世界に通用する企業は，顧客とのすべてのやり取りを録音している。最高のシステムは，音声，画面，すべての通話のACD活動，ウェブチャットが利用されたときのチャットの文面，そしてメールによる交信が利用されたときのメールの文面を記録する。顧客からの接触の全体像を記録することで，顧客の体験が完全に把握される。これらの企業が記録を保存する期間は，それぞれ異なっている。

推奨成功事例：良質の組み合わせを作り出す

　呼録音と臨席モニタリングの組み合わせは，良質なモニタリングプログラムの基礎となる。それぞれの方法が，効果的にうまく調整されたとき，スーパーバイザーがオペレーターに対して多岐に渡るフィードバックを行うことができる。

　推奨される成功事例は，音声や画像を含め，すべての通話を録音することである。豊富かつ広範囲に渡るデータベースから，参考となる通話を使って学ぶオペレーターにとって，高い重要度を持つ通話を意図的に選ぶことができる。多くの通話が指導に使うために参考になる要素がないのだが，このアプローチはそのような無作為な抽出による無駄を排除する。

　世界に通用する企業において，通話の選出に対して最も生産性のあるアプローチは，以下のように，ある種の顕著な例外的状況を持つ通話のみを選び出すソフトウェアシステムをプログラムに組み入れることである。
1. オペレーターの通話時間が，平均的なオペレーターの通話時間の倍であった。
2. 転送回数が2回以上の回数だった。
3. 沈黙時間が1分以上の長さだった。
4. 顧客とオペレーターの意見が一致せず，怒りさえ示した。

モニタリング段階の出力

　この調査で確認したコンタクトセンターは，以下のような様々な方法で，モニタリング段階の結果を出力していた。

スコアデータシート

　モニタリング期間の結果の出力は，基本的には単純なスコアデータシートである。通話の中のあらかじめ決められた点について，観察され，アセスメントされ，そして採点される。

欠乏している能力に関する特定のリスト

　基本的なスコアシートには，矯正を必要とする欠乏している能力について加筆されたリストが含まれる。

訓練の推薦

　欠乏している能力を改善するために，欠乏している能力のそれぞれを強化する訓練方法が推薦される。

指導情報の追跡調査

　いくつかのセンターでは，指導された分野の追跡調査も実施している。前回指導を受けた行動が改善されたかどうかを，再アセスメントによって見つけるためである。

推奨成功事例

　それぞれの分野ごとのフィードバックが記載された書面の形で提供することが，最も役に立つ。量が少ない方が望ましいが，詳しい方がよい。このとき，情報量があまりに多いとオペレーターを困惑させてしまうので，注意が必要である。重荷となるような情報は，オペレーターが閉塞する原因となる。これは，スーパーバイザー自身も最も起こってほしくないと思っている事態であろう。また，いくつかの企業においては，ミクロレベルで通話を記録することに取り組むようになってきた（例えば，オペレーターは言葉を省略することなく案内できたか。内部書類には誤字脱字がなかったか，等）。これでは，「顧客がどのように感じたのか」というもっと重要なポイントを企業は見逃してしまう。世界に通用するコンタクトセンターでは，重要な測定基準に焦点をあてることを継続して行っている。

どの通話がモニタリングされるべきか

　あなたの会社が我々の言うようにすべての通話を録音するとすれば，次なる決

断は，どの通話をモニタリングすべきか，どの通話を指導の対象に選ぶべきか，である。

通話の無作為選出

現在，この疑問に対する企業の最も一般的な回答は，モニタリングに値する価値ある通話が見つかるように願いながらも，無作為に通話を選び出すことである。我々の調査によると，このアプローチは，極めて不適切である。無作為に通話を選び出すこの方法は，オペレーターが，絶えず顧客を満足させているか否か，正確な反応を示さない。またこのアプローチでは，貴重な指導の機会において，十分な成果を出すことが難しい。このアプローチでは，オペレーターに欠乏している能力に関して，統計学的に妥当な測定結果をもたらさない。

オペレーターによって選出された通話

オペレーターにどの通話をモニタリングするかを選ばせることは，オペレーターに選択権を与えることである。あなたが録音システムを持っていると仮定すると，間違いなく顧客を満足させた通話を設定することは，オペレーターにとっては比較的に容易である。オペレーターにこうした通話を選ばされることは，顧客満足が得られないことに結果する。ある範囲の両端で通話を聞くことは，オペレーターに自分の能力に関する正しい見方を提供するとともに，改善の必要性を示すことにもなる。

顧客満足度フィードバックと関連した通話

調査が通話から24時間以内に収集されたと仮定すると，受け取ったすべての通話の満足度調査を行うという別のアプローチも考えられる。通話アセスメントがこれらの通話で行われ，最前線のオペレーターは，サービスに対する実際の顧客の反応から学習する。

新たに明らかとなるモデルは，顧客からの直接のフィードバックによって，最前線のオペレーターの業績アセスメントが始まることを促進する。

顧客がその通話に割り当てられた価値を直接アセスメントするので，フィードバックによる正式な内部アセスメントが必要でなくなる。新しいモデルにおいては，QA品質モニタリング機能は，不満足度調査の結果が最前線のオペレーターに原因とされるものか，内部処理が徹底的に再調査される時期までのサンプルア

セスメントを減らすことができる。

> 注：「不満足」として受け取られた各調査の不満足であった理由が，最前線のオペレーターの対応であったか否か，アセスメントされるために再調査されることは，重要なことである。方針やシステムに関連する問題が不満足であるといった状況から最前線のオペレーターは「無害に保たれる」べきである。

通話処理の特質に操作と関連した通話

我々の調査において，最も優れた通話モニタリングシステムが問題分野を特定化する例外報告を提供することがわかった。そのシステムは，基準外もしくは容認できないあらゆるパフォーマンス測定基準を明確にするように，プログラムに組み込まれている。極めて重要な，以下の点が明らかにされた。

- 顧客によるくり返し連絡。顧客が30日以内に何回電話を掛けてきたかをそのシステムで確認することができる。顧客が頻繁に電話を掛けなければならないほど，顧客がイライラしていると想定される。
- 保留時間。システムによって，顧客が通話を保留された場合の，それぞれの保留時間の長さや通話ごとの合計保留時間を浮き彫りにさせる。スーパーバイザーは，顧客との相互作用を再検討するために，顧客が3回以上保留された通話を選ぶ可能性がある。最前線のオペレーターが特定の通話のタイプを効果的に処理する上で，知識のギャップを感じ，助けを必要としていることにスーパーバイザーは気づくのである。
- 音声の相違：システムは，音声が大きくなるか，もしくはくり返し話しかける通話に特別の印をつけることができる。
- 操作されたアプリケーション：システムは，回線外のいかなるパフォーマンス測定基準をも見つけるようにプログラムに組み込まれている。これらには，通話時間，通話応対終了後，保留時間，転送もしくは沈黙時間といった測定基準が含まれている。

推奨成功事例

- 指導の機会に基づいて選ばれた事例：基本的な設定では，最前線のオペレーターを育成する場合は，指導機会の見込みが高いという点で，成功事例は「本筋を離れた」通話を選ぶべきである。例えば，顧客が3度以上保留にされた通話を再検討する。最前線のオペレーターが特定の通話のタイプを効果的に処理す

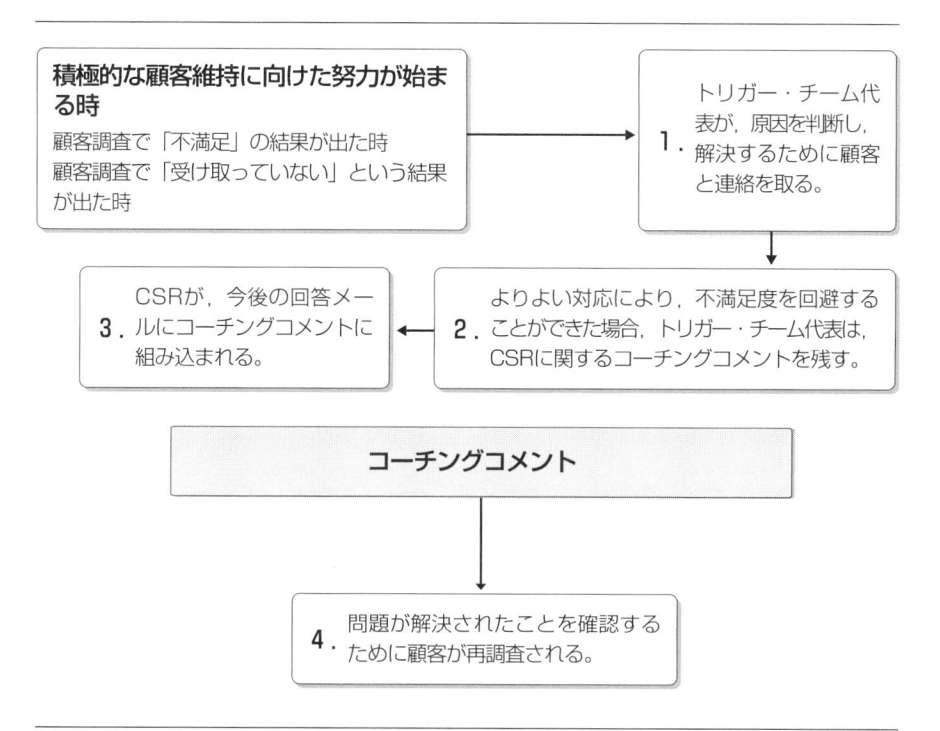

```
┌─────────────────────────────────┐                    ┌─────────────────────────┐
│ 積極的な顧客維持に向けた努力が始ま │                    │   トリガー・チーム代   │
│ る時                            │──────────────────▶│ 1.表が，原因を判断し， │
│ 顧客調査で「不満足」の結果が出た時 │                    │   解決するために顧客   │
│ 顧客調査で「受け取っていない」という結果│                 │   と連絡を取る。       │
│ が出た時                        │                    │                         │
└─────────────────────────────────┘                    └─────────────────────────┘
                                                                   │
      ┌─────────────────────────┐      ┌────────────────────────────────────────┐
      │   CSRが，今後の回答メー │      │   よりよい対応により，不満足度を回避する│
      │ 3.ルにコーチングコメントに│◀────│ 2.ことができた場合，トリガー・チーム代表は，│
      │   組み込まれる。         │      │   CSRに関するコーチングコメントを残す。│
      └─────────────────────────┘      └────────────────────────────────────────┘

                        ┌──────────────────────────────────┐
                        │         コーチングコメント         │
                        └──────────────────────────────────┘

                              ┌─────────────────────────────┐
                              │    問題が解決されたことを確認する│
                              │ 4. ために顧客が再調査される。│
                              └─────────────────────────────┘
```

図57　良質のモニタリング顧客維持モデル

る上で知識のギャップを感じ，助けを必要としている可能性が高いからである。このアプローチは，最前線のオペレーターの業績アセスメントが，顧客満足度に基づいており，通話アセスメントスコアに基づかない場合のみ，有効である。
- 顧客主導による良質のモニタリング：明らかにされたモデルでは，顧客はサービス体験の点数をつける。品質保証チームは，提供されたサービスに顧客が不満足を示した際，事例に関して最前線のオペレーターを指導するトリガー・チームとして再展開する（図57参照）。

モニタリングされている間，何が測定されるか
通話技術とエチケット

これは，良質のモニタリングについて最も一般的な分野であり，製品の詳細に精通していない個人に行われる。この分野では，通話を再検討する役割の人物が顧客自身であることを認識し，提供されたサービスの効果性がアセスメントされ

る。顧客からの直接のフィードバックが最も理想的であるが，顧客が効果的な直接のフィードバックを提供していない場合，よいサービスを判断する能力を持ち合わせた誰かが，このタイプのアセスメントを実行する。

商品知識

　ほとんどの企業は，モニタリングの最も重要な目的として，「提供された回答の正確性」を検討し続ける。通話の最終スコアの大半は概して，必要とされる商品知識の正確性に基づいている。我々は，正確な回答は極めて重要だと考えているが，一方で，最終アセスメントの一部にすぎないとも考えている。商品に対する顧客側の経験もまた，重要な要因である。

システム効率性／スクリーンナビゲーション

　これは，比較的新しい分野である。今や，スクリーンナビゲーションは，音声構成要素に沿って録音することができるので，通話モニタリングをしている人物は，問い合わせを解決へと導くオペレーターの能力を効果的に判断することができる。効率的な時間で，良質の通話を届けるためにも，スクリーンナビゲーション能力は，重要である。この分野のモニタリングは，手っ取り早く，効率的に，オペレーターの能力に関する指導のための，大量の機会をもたらすことができる。

企業方針と手順

　企業は，オペレーターの指導や，遵守されるべき方針を当然，備えている。良質のモニタリングは，これらの指導や方針が通話の際に遵守されているか否かを観察するのに最適である。これらの方針は，権限の制限，危機管理問題，そしてクレーム文書化に関連する。

潜在的な詐欺問題

　注文を取るコンタクトセンターは，詐欺関連の過ちを冒しやすい。例として，オペレーターが特定の売り上げ目標を達成するように圧力を掛けられたときである。実際，顧客がはっきりと断ったにもかかわらず，オペレーターは顧客に対して強引に契約を結ぶのである。通話会社は，この慣行に「押し売り」という呼び名を付けている。

推奨成功事例

　これは，明らかな考え方の相違があるところである。2つの考え方が存在する。

最も伝統的な考え方は，通話アセスメント成功の基準は，最前線のオペレーターがどれだけ効率的に顧客の問題を解決しているか，オペレーターがどのくらいの専門性と丁寧さを持ち，通話中に顧客をどの程度尊重しているか，に焦点を絞っている。このモデルの潜在的な欠点は，センター側が顧客価値を「考えている」という企業視点で未だにとらえているということである。

新しいモデルは，「顧客」から実際に通話のサービスについてのアセスメントを提供してもらうことである。調査を通して，顧客がどの状況が好ましいのか，あるいは好ましくないのかについて，より具体的にオペレーターに対して顧客がフィードバックを提供する。この調査の評価すべきポイントは，顧客の全体的な満足度に対して直接，影響を与えている要因が明確になるということである。

新しいモデルにおける内部アセスメントのプロセスは，調査において「不満足」と回答した顧客ごとに「失敗した」サービス体験の再検討をしたり，特定の状況への直接的指導を可能にする。

新しいモデルの場合，その基準は，最初の入電理由に依存する。例えば，顧客が，企業に登録のことで連絡をしたとする。その場合，顧客はオペレーターがその問題を解決してくれるであろうという顧客の期待にきちんと応えようとしているか否かをアセスメントするように依頼されていることになる。くわえて，提供された情報で本質的疑問が解決されたか否かということもアセスメント内容となる。

伝統的なアプローチについては，内部に展開された下記の基準を使って頻繁にアプローチを実行しているいくつかの部門がある。
- 通話のエチケット—通話開始と終了，口調，丁寧さと言葉遣い
- 顧客とオペレーターとの相互作用と関係構築—確認能力，積極的なリスニング，明確な発音能力
- 知識と情報—商品あるいは企業に関する知識，問題解決策の正確性，必要な顧客情報の収集，資料の効果的な使用
- 効率性—通話を管理する。信頼できる判断
- 効果性—重要な基準は，回答が正確でなければならないということである。

オペレーターモニタリングの頻度

　我々のリサーチで，ほとんどのコンタクトセンターが基本的に毎月，オペレーターごとに5件の通話をモニタリングすることを目安にしていることがわかった。平均的なオペレーターが，毎月1,000件以上の通話に対処していたと仮定した場合，この測定基準は量的に妥当でない。標準としている量の5倍をモニタリングしたとしても，5％の信頼水準にしか至らない。このことは，モニタリングに値する通話を選ぶ可能性が，わずか20分の1であるということを示している。

　前述のように，毎月想定されるオペレーターごとの通話が1,000件以上だとすると，95％の信頼水準に達するには，オペレーターごとに月平均350件の通話をモニタリングしなければならなかったということになる。統計上の信頼性を保証するために，必要とされる時間と人的資源を投下できるコンタクトセンターとはどのようなセンターであるかについて，アセスメントしなければならなくなってしまう。

　ある調査で，コンタクトセンターのスーパーバイザーに通話モニタリングにおける最大の課題とは何かを尋ねたところ，時間が不足していることであるということがわかった。

　オペレーターごとに月平均350件の通話をモニタリングすることは不可能であるとすると，成功事例は何を意味するかを十分考えなければならない。品質モニタリングが，顧客満足度のより高いレベルと強く関連づけられていることを我々は知っているからである。よりよい方法は，我々が最も詳しく述べている新しいモデルである。オペレーターごとに，毎月350件もの通話はモニタリングを求める代わりに，サービス体験における顧客の許容度と，スーパーバイザーの再展開を優先的な測定基準としている。

新規雇用者と仮雇用期間中のモニタリング頻度

　モニタリング頻度の問題は，完全に機能しているオペレーターのみならず，新規雇用者やその他の社員も考慮に入れなければならない。

研修クラスを修了した後の最初の1か月間

　これは新しいオペレーターにとって重要な時期である。その成功事例は，新し

いオペレーターを形式的な研修クラス環境から暫定の「拠点」環境に移すことである。研修クラスから一斉に移った新しいオペレーターたちにはこの期間中，広範囲のサポートと指導が提供される。各々の新しいオペレーターたちが自信をつけ，新しい役割で適格な人物となるように手助けをすることで，オペレーターの生産性と良質の評価が短期間で向上するのである。この方法は，コンタクトセンターにおけるキャリアが十分でなく，まだ緊張状態にいる時期において，必要なスキルの習得を著しく早め，オペレーターの定着を確実なものにするのに役立つのである。

最初の6か月間

　新しいオペレーターは依然として，完全に機能しているオペレーター以上に，直属のスーパーバイザーの直接的なサポートを必要としている。習慣が形成され，ほとんどのオペレーターが，よい印象を与えようと頑張る時期である。自分自身のやり方が固まってしまう前に頻繁にモニタリングや指導を行うことで，オペレーターとしての型を形成していく。

7か月以降

　オペレーター全員が業務の定期診断を受けるべきである一方で，常に効果的に活動していることが認められた場合，最も優れたオペレーターたちは，モニタリングや指導の機会を減らしてもよい。オペレーター自身に何が重要であるかを考えさせることも重要である。オペレーターがポジティブフィードバックによって恒常的に成長しているのであれば，通常通りのモニタリングと指導をしたほうがよい。指導がそれほど必要ではないことに喜びを感じる人たちには，モニタリングを減らすことがうまく作用する。

仮雇用期間の際

　どれほどの頻度で仮雇用期間中のオペレーターをセンターがモニタリングするかは，仮雇用している理由による。世界に通用する企業のほとんどは，ゼロ・トレランス政策を展開している。あからさまにセンターに対して危害を与える場合（つまり，故意による通話切断または顧客との言い争い，等），オペレーターは業務プランとは関係なく，解雇されることが多い。もし，オペレーターが意図的に怠惰なサービスを提供していないのなら，いくらかの猶予期間と注意を与えるほうが，効率がよいであろう。

オペレーターの態度を正しい方向に向かわせるため，あるいは間違った行動の初発症候を是正するため，厳重にモニタリングする必要がある。

推奨成功事例

上述した区分のモニタリング回数に関して，推奨される成功事例は以下の通りである。

- 初級訓練終了後の最初の1か月間：この期間の成功事例は，「新オペレーターが安心して業務ができる」環境に配置させ，毎日，最低2回の通話で新人オペレーターをモニタリングし，指導することである。
- 安心できる環境から離れた後の最初の6か月間：この時期の成功事例は毎週，最低でも2回の通話でオペレーターをモニタリングし，指導することである。
- 約7か月の雇用期間の後，またはオペレーターが「独り立ち」に到達したとき：経験豊かなオペレーターの場合は，必要に応じモニタリングし，指導する，すなわち，各オペレーターの経験やニーズによりカスタマイズすることである。例外的なことが起こった場合にのみ，モニタリングと指導を行う。顧客の不満足を感じたケースでのフィードバックや，普通でないパフォーマンス測定基準などである。例えば，平均処理時間が長いとか，「沈黙」時間が平均を超えている，といった場合である。
- どのような理由であれ，オペレーターに試用期間は必要である：オペレーターが仮雇用期間である場合，成功事例によると，週に最低3回，オペレーターをモニタリングし，指導するのがよい。これらの活動は，通常のオペレーターの顧客との通話より詳しく文書化される必要がある。

誰がモニタリングを行うのか

誰が品質モニタリング査定を実際に行うのか，ということを中心に展開したいくつかのモデルがある。ここでは，どのモデルが通話品質モニタリングや指導に対して特に効果的で，伝承性があるのかを指摘する。

品質専門チーム

最もよく知られているモデルの1つは，品質専門チームであり，その主な責務は毎月，最前線のオペレーターに対して5～10件の通話をモニタリングすることである。モニタリングの目的は，能力ギャップを特定することである。このチームは，サービスレベルを改善するために建設的な提案を提供する。このモデル

における処理のほとんどは，アセッサーの観点からサービス体験を評価しようとするアセスメント基準を用いる。このアセスメントは，成果獲得にどのように結びついているかは不明である。

指導スーパーバイザー

　他の一般的なモデルは，最前線のスーパーバイザーにオペレーターの通話の一部またはすべてをモニタリングする責務を割り当てることである。大多数のスーパーバイザーが，オペレーター級から選ばれ，センターでの通話処理経験を持っている場合に，特に有効といえる。

ピアモニタリング

　3番目のアプローチは，前述の2つほど一般的ではないが，商品の専門家チームが経験の浅いオペレーターをモニタリングすることである。

第3者の外部委託会社

　他の手段は，モニタリング過程を外部委託することである。外部委託会社は，録音された音声を確認して，モニタリングや採点プロセスを実施することを主目的として存在している。最終プロダクトは，オペレーターに提案できる修正措置に沿ったすべての通話に関する採点シートである。

推奨成功事例

　これらを組み合わせたアプローチが最も効果的である。品質専門チームを持つことは，アセスメントが毎月行われていることを担保するためのフレームワークを提供することになる。しかしながら，指導は専門のスーパーバイザーが行うべきである。スーパーバイザーは，外部活動よりもむしろチーム発展に献身的でなければならない。スーパーバイザーはまた，その地位と指導内容からの知識を有することで周囲から信頼される必要がある。

誰が指導を行うべきか

　調査期間中に直面した重大な問題は，モニタリング結果に基づいた指導を行う時間がスーパーバイザーにはなかったということだった。事実，我々の地域メンバーの全員を対象にした調査で，我々は時間短縮が重大な障害であることに気がついた。

指導専門家チーム

非常に複雑な通話に対処するセンターでは，真の専門家だけが疑問や問題に対するオペレーターの理解力をアセスメントすることができる。そのような状況の場合，製品の専門家をモニタリングの担当者に任命することが必須である。

指導スーパーバイザー

直属のスーパーバイザーは，最も一般的で，最もふさわしいオペレーターの指導者である。

第3者の外部委託会社

指導に費やす時間が膨大なために，内部スタッフがこの活動を完全にこなすだけの十分な時間を持ち合わせていない。そのため，第3者の外部委託企業が数多く登場してきており，手助けをしてくれる。外部委託会社においても適切に訓練されたときに，本当の専門家としての仕事が実行可能となる。

推奨成功事例 1
第一線級の経営者は，オペレーターの育成に力を注ぐべきである

第一線級のスーパーバイザーの役割は，自分自身のチームの能力を育成することである。オペレーターが応対した顧客の満足レベルを含め，自分自身のチームの業績を認識する。世界に通用するスーパーバイザーのほとんどは，以下のことに時間を費やしている。
- 最前線のチームメンバーと臨席指導を行う。
- 適切な行動を推奨し，他の人を指導する。
- 世界に通用するサービスを提供するための障害を取り除く。
- パフォーマンスの結果ないし傾向を伝える。
- 最前線のチームメンバーと育成計画を共同で作成する。
- 同等の立場で成功事例を共有し，学習する。
- チーム内で成功事例を共有する。
- チーム育成のための積極的な環境を作り出して維持する。
- 顧客が怒り出した際の処理を学習のための模範とする。

スーパーバイザーの時間の90％以上は，チームと一緒に，チーム内で費やさ

れるべきである。世界に通用する企業は，スーパーバイザーが最前線のチームの成功とパフォーマンスレベルを判断するための極めて重要な役割を果たしていることに気づいている。スーパーバイザーがプロジェクト業務や企業戦略から離脱することはない。

最前線のオペレーターに対するスーパーバイザーの比率は重要である

　最前線のスーパーバイザーは，直接のアセスメント指導対象として13～15名のチームメンバーを持つ。スーパーバイザーの1人当たりの統制範囲はこれくらいが適切である。効果的な指導員になるためのノウハウを学ぶためには，比較的新人の最前線のスーパーバイザーはより少ない方が効果的である。

リーダーとして採用されるスーパーバイザー

　世界に通用する企業は，優れた技術者になることを促進するよりはむしろ，内容の熟知が大切であること，知識は訓練によって習得が可能であること，を理解している。そうした任務でスーパーバイザーを確保することが，コンタクトセンターでの他のどのような役割よりも重要である。適性検査や前歴から，スーパーバイザーとして有用な能力を持つことを示したオペレーターを採用することが理想である。

スーパーバイザー任務のためのトレーニング

　世界に通用する企業は，自社のスーパーバイザーに投資をしている。センターの成功が最前線のチームの業績に基づいており，第一線級のスーパーバイザーはチームの発展に責任を持つので，スーパーバイザーをその地位にふさわしいようにしっかり訓練する必要がある。組織のリーダーシップ哲学，立証やフィードバックにおける成功事例の共有，チームビルディングとチームやセンターについての報告書の見方，説明を行う方法について訓練されている。また，リーダーシップの効果性を改善するために進行中の訓練に常に関わっている。

> 注：誰が指導しようとも，指導者がオペレーターの「自己発見」の必要性を理解することが重要である。指導者は，オペレーター自身のアセスメントを強制的に求めることはしないが，戦略的な質問を通じて，自己発見へとオペレーターを導くことが重要である。

モニタリング結果をオペレーターと共有する

我々は，モニタリング結果を個々のオペレーターと共有する様々な方法を見つけてきた。

メール

その方法の1つは，メールでオペレーターに送付するためのスーパーバイザーの採点シートを持つことである。オペレーターは，フィードバックを見直すことで自己反省ができ，パフォーマンスを改善するための計画に応えることができる。ただし，これは，理想的とは言えない。

個人的なフィードバック指導

スーパーバイザーは，各オペレーターと面談し，アセスメント結果を再検討する。オペレーターの直属のスーパーバイザーとアセスメント結果を共有する。

直属のスーパーバイザー

直属のスーパーバイザーはモニタリングされた結果を再検討する。また，スーパーバイザーは，チームのパフォーマンスおよびそれぞれの最前線のオペレーターの態度に対して責任を持つ。したがって，スーパーバイザーは，自部門のオペレーターの学習を促進することが必要不可欠である。

推奨成功事例 2
変化の余地を残すために信頼環境を構築せよ

世界に通用する企業における最前線のオペレーターは，サポートと支援が十分であると感じている。上級の指導者から教育の指導者まで全員がオペレーター育成に専念している。

自己発見が重要であることを忘れてはならない

世界に通用する企業は，変化することを決めない限り，誰も変化しないことを知っている。これは，世界に通用する企業とそうでない企業との重大な差異である。世界に通用する指導者は，フィードバックの共有の仕方を知っている。そのフィードバックが直接顧客から，もしくは品質内部アセスメントからのものであるのか，スーパーバイザーは，オペレーターの自己発見へと導くよう問いかける。

言葉の重要性を忘れてはならない

　指導のために選ばれた実際の「言葉」は，オペレーターがそのメッセージを「聞く」かどうかに顕著な影響を与える。態度を改善する必要があることを各人が認めない限り，従うことを強制されることになる。世界に通用するある企業は，具体的に以下の質問を用いて，フィードバック会議を開いている。

　　　　　「通話を聞いた後，何か変えたいと思うことはありましたか」

　変える必要があるとほのめかすように「何を変えたいですか」と尋ねるよりもむしろ，「何もない」を回答可能にする言葉を選んだと言える。意思の下に意見を変えるよう強制された人物は，いまだに同じ考えを持っているという古い諺がここに当てはまるだろう。

メッセージを擬人化することが最適である

　態度改善の多くが，オペレーターの変化するという決断に後押しされているので，直属のスーパーバイザーは最前線のオペレーターを個々に理解しておく必要がある。オペレーターは，それぞれに密接なつながりを持つ。スーパーバイザーがオペレーターの価値観や何がやる気を起こさせるかを理解すればするほど，スーパーバイザーの気づきが，オペレーターのパフォーマンスを左右し，影響を与えることができる。顧客ごとのニーズに合うようスタイルを適応させるためにオペレーターを訓練するのと同じ方法で，スーパーバイザーは各オペレーターの専門的なニーズに合うように指導スタイルを調整しなければならない。

タイミングが最終的に重要である

　顧客調査の結果は，通話から24時間以内に最前線のオペレーターと一緒に再検討されるべきである。24時間を過ぎてからのフィードバックは，影響力と信頼性に欠ける。

改善分野の追跡は必要不可欠である

　成功事例は，最前線のオペレーターが改善に取り組み，次回のアセスメントにおいてこれらの特定の分野が改善されたが否かをきちんと追跡することである。態度を変えることは，決して簡単なことではない。改善の結果を確認し，適切な行動を強化することが，継続したオペレーター育成の成功の機会を増すことにな

る。

　誰がフィードバックを行うかが重要である。我々の調査により，以下の2つのモデルが明らかになった。
1. 評価を行うモニタリング担当者は，通話の採点結果のフィードバックをする。
2. モニタリング担当者は，フィードバック結果を最前線のオペレーターとともに再検討する直属のスーパーバイザーにも転送する。

　もし，他の状況が存在する場合でも（例えば，支持的環境，フィードバックを提出する人物がきちんと教育されている，顧客満足に特化した測定基準など），前述のいずれのモデルも機能する。しかしながら，コンタクトセンターにおいてどの意見が反映されようとも，スーパーバイザーがモニタリングし，各オペレーターに対して少なくとも月に一度の支援を継続するために，確実にフィードバックを提供し続けなければならない。

通話に耳を傾けることは重要である

　成功事例は，日常的なオペレーター育成プロセスに，通話の自己評価を含めることである。オペレーターにも実際に通話を聞かせ，自分のパフォーマンスを採点させることが，態度の改善に最も影響するテクニックの1つである。とりわけ，専門的な指導によってそのように訓練された場合，オペレーターは，通話を聞いた際にその弱点を「聞く」ことができる。

　我々が調査したある会社では，オペレーターが実際に月ごとに8件の通話を聞き，そのうち正式なアセスメントにふさわしい5件を提出している。別の会社は，完璧な通話コンテストを実施している。オペレーターは検討材料として申し分ないと感じた通話を提出することができる。

報奨の効果
パフォーマンスに対する支払い

　モニタリングシステムは，しばしば，能率給と関係している。伝統的なモデルを利用し，パフォーマンス査定に関する係数的評価を用いて統計的評価をする明確な基準は特にない。

報奨および表彰

報奨および表彰とモニタリングシステムとを結びつけるのは，極めて一般的なことである。報奨および表彰が「適切な態度」の変化に結びつくことは多くの解釈が存在する。最も効果的な方法は，各オペレーターの意識に基づいて報奨を組み立てることである。

推奨成功事例

世界に通用するコンタクトセンターは，基本的に２つの事例が組み合わされている。報酬をパフォーマンスに結びつける場合，例えば顧客を満足させる能力に基づいた支払いについての月間目標というように，短期間の奨励金をオペレーターが受け取ることなどが重要である。長期にわたる，あるいは特定のスキルの獲得を基にする報酬プログラムは，オペレーターに対する報酬の支払いを制限された状態にする。両方に関する注意は，組織が，顧客満足に無関心な経験豊かな人物あるいは有能ではあるがやる気のないオペレーターに費用を支払うことで終わってしまう危険性に気づいていないということである。

主要業績指標

以下，通話品質モニタリングのプロセスで利用すべき主要業績指標に焦点を当てて説明する。

顧客満足に関係したオペレーターの期待

オペレーターとスーパーバイザーに対する期待業績は，顧客を満足させるということに焦点を当てるべきである。期待は主たる顧客満足と関係しており，オペレーターが顧客にサービスを提供する権限を与えられている範囲としてはっきりと伝達される。矛盾するメッセージは避けられる（例，オペレーターは顧客を満足させるために必要な時間を費やすよう伝えられているので，通話を処理する平均時間で直接的に評価されるべきではない）。

顧客満足を達成するための定量的かつ定性的測定の予測は，最初にやっておく必要がある。しかし，顧客によって示される実際の顧客満足度が最も重要である。生産性および効率性測定は，従業員，技術，従業員満足度の効果的な利用に使われる。（ほとんどの世界に通用するコンタクトセンターでは，従業員満足度が生

```
┌─────────────────────────────────┐
│    内部指標と外部指標を関連づける    │
└─────────────────────────────────┘
```

| 顧客認知する価値 | ▷ | 認知要因 | ▷ | ビジネスプロセス | ▷ | 顧客の期待 | ▷ | 内部測定基準 |

図58　顧客に焦点を絞った全体的なセンター測定基準

産性や効率性予測の主な判断材料であると認識されている）。業界平均，最良競合者，適切なベンチマークを含めた測定は，企業データと継続的に比較されている。

経営情報

　第一線級の管理者は，通話本数，ASA，サービスレベル，通話の長さ，通話時間終了後，グループや個々のオペレーターに対するその他の測定要素通話に関するデータについて再検討を行う。これらは，オペレーターを批判するためではなく，全体的なパフォーマンスやスタッフレベルの改善を促進するために利用される。マネージャーは，指導において起こり得る問題部分の指標として，通話時間，平均保留時間，通話時間終了後などの個人ベースの測定基準についての例外報告書の再検討を行う。

推奨成功事例 3

　世界に通用する企業では，顧客満足へと導く直接的な尺度に基づいて応対を評価している。顧客からの結果を分析することで，サービス体験に関する顧客理解力の象徴として，何が内部基準となり得るかを判断している。

　進化するモデルでは，顧客がサービスレベルを査定する基準を定義づけている。例えば，初回の連絡や簡単なアクセスで解決されるといったユニバーサル・サービス測定基準から始まり，世界に通用する企業では最前線のオペレーターがどれほどうまく業務を行ったかについて顧客に判断を求めている。サービス体験を改善するための提案に基づき，世界レベルの企業は，顧客を最も重視するための実用的なフィードバックを提供するための質問を導き出している。内部調査の役割が，聴取の役割へと変化するのである。

```
                          電話チャンネル
                               │
         ┌─────────────────────┼─────────────────────┐
         ▼                     ▼                     ▼
      内部指標          「電話応対」に            外部指標
                      おける真実の瞬間
         │                                           │
         ▼                                           ▼
     AHT ACWT                                    顧客の体験
   待ち時間サービスレベル                        ● 通話
         │                                      ● オペレーターと話す
         ▼                                      ● 問題を解決
      19回以上
         │
         ▼
     顧客満足と内部の相関関係
         │
         ▼
   コールセンターのスタッフグループと比較しながらパフォーマンスギャップを定める
         │
         ▼
      コールにインパクトを与える16のプロセス
         │
         ▼
       勧誘する
         │
         ▼
      インタビューする
         │
         ▼
      適性検査をする
         │
         ▼
    最初のトレーニングを行う
         │
         ▼
   進行中のトレーニングを行う
         │
         ▼
    即時応答のヘルプデスク
         │
         ▼
       ベース補正
         │
         ▼
    インセンティブ補正
         │
         ▼
     コールスクリプト
         │
         ▼
     知識マネジメント
         │
         ▼
     人材マネジメント
         │
         ▼
  質の高いモニタリングとコーチング
         │
         ▼
      日常的なスキル
         │
         ▼
   コンピュータと電話通信の統合
         │
         ▼
    オペレーター満足を測定
         │
         ▼
   マネジメントレポート
```

図59　全体像

処理された通話の品質に関する主要業績指標

- 全般的な顧客満足度における最高得点の割合（顧客により5点中の5，または10点中の10で評価されている）
- 初回の連絡で解決された割合（顧客に採点された通り）
- 正確な監査の割合

処理された通話の数量に関する主要業績指標

- スケジュールの順守
- 稼働率もしくは可用性

モニタリングすべきその他の業績指標（必ずしもオペレーター管理内とは限らない－指標タイプ）（絶対的な一覧表ではない）

- 放棄率
- 平均応答速度（ASA）
- 平均通話時間
- 通話業務終了後の通話後処理時間
- 転送された通話の割合

影響要因の追加

　下記の概略表は，オペレーターのモニタリングや指導プロセスにおいて，世界に通用する企業の成功を促してきている要因を列挙している。

　オペレーターのモニタリングや指導による成果を著しく改善したいと考えている企業は，この概略一覧がフレームワークとして利用可能である。
1. オペレーターが高く評価され，尊重されるような環境を作る。オペレーターの職務満足を優先する。トップの指導者とともに始める。最良の基盤は「従属的なリーダーシップ」の原則である。
2. すべての習得事項は「自己発見」を通じて成されることを理解する。
3. 適切に雇用する。働くことに「意味」を持たせる。効果的な選考ないし試験プロセスを行うことが，オペレーターと企業との双方の成功の可能性を増加させる。変化を喜んで受け入れることや「生涯学習者」である個人の適性を探る。
4. 従業員をきちんと教育する。力量を刺激し，成功につながる，この繰り返し

である。自信と能力を開発する指導者モデルを基準にする。
5. 現実世界に向かってセーフティーネットを提供する。訓練セクションは，企業は従業員の成功を心から気にかけているというメッセージを送る。
6. 情報資源への即時アクセスを提供する。専門家によるヘルプデスク，あるいは継続的なプロセス改善理由の連絡を追跡する。
7. 可能性を明確に定義づける。成功とはどのようなものなのか。オペレーターのレベルはどの程度なのか。さらなる経験と証明された判断力で，今よりも高い信用とレベルをもたらすか。
8. 適切な測定基準を使用する。「測定されることは，やりとげられること」。第一義的な測定基準に焦点を合わせる。なぜ，我々は，最前線に顧客サービス部門を設置しているのか。あらゆる質問や不安を効果的に解決することで誠実と，ポジティブな「ブランド」印象を築くことができる。
9. 第一義的な測定基準
- 最高満足度の割合（顧客によって評価された通り）
- 初回の連絡時に問題解決された割合（顧客によって評価された通り）
- 正確な監査の割合—適切な回答を提供し，そしていかなる「レッドルール」企業方針にも違反しない
10. これらは，パフォーマンスに関係する唯一の測定法である。他のどのようなものも，全体のシステムの効果性を定義づけるための内部基準にすぎない（例，十分な情報資源，コールルーティン等）。例えば，転送通話の割合，保留時間，平均回答速度，放棄率など。
11. 適切な技術に投資することである。理想は，音声やスクリーン，ACDのデータを取得する技術である。保有している情報が多ければ多いほど，サービス経験を生み出したものについての洞察力が手に入る。また，特定の通話の選出が可能となる。
12. すべての通話を録音する。企業はサービスを真剣に実施し，改善にむけた強い影響力を持つ情報を提供するという考え方を作る。
13. ピーク時に人員を配置し，業務の沈静化を図る。これは非常に重要なことである。十分な人的資源を持つことは，学習ないし育成のために，業務上の通話からオペレーターを離れさせることができるということである。コービー象限を用いると，ほとんどの時間は，重要ないし切迫した象限の中である。あらゆる種類の学習は，重要な象限に該当するが，切迫したそれにはない。したがって，時間が有効的に使われる。
14. 過剰な人員を管理するためにBNTO（ビジネス ニード タイム オフ）を利用

する。絶えずうまく機能する。適切な人材がいることを確認する以上により多くの利益をもたらす。
15. 第一線級の指導者をオペレーターの育成に専念させる。役割の大半（95％以上）が，チームの能力を育成することに費やされるべきである。この重要な役割に適任の人材を選出する。このアプローチが，指導プロセスの成功を成しとげる場合もあれば，失敗に終わらせる場合もある。
16. 第一線級の指導者が，職務や典型的な顧客問題に長けていると見なされていることを保証する。信頼性の要因は，無限である。指導者を月平均8時間の通話業務に就かせる。「権力」分離を減らし，良好な関係を築かせる。
17. その地位におけるコア能力とは一体何か，定義づける。
18. コア能力基準に対し，各チームメンバーをアセスメントする。
19. 自己認知のために多くの機会を提供する。ただし，それを重要視しすぎることはない。
20. オペレーターがなぜ，こちらの思うようなやり方を実行しないのか判断する（例，「15の理由を持った従業員は，行うべきことを行っていない」）。
21. 差異が「どのようなものなのかわからない」という場合，卓越したサービスの例を提供する。
22. 多くの場合，オペレーターは「わからないことが何なのかわからない」（例，自覚していない無力さ）ということを理解する。
23. 第一線級のスーパーバイザーは，チームのそれぞれの人物を「知る」必要がある。親密な関係を構築し，それぞれの人物を動機づけるものを理解するために時間を費やすこと。
24. 従業員満足度をすべての指導者のための重要な成功要因とする。すなわち，スーパーバイザーの満足度は，マネージャーらに対する要因であることを意味する。
25. 月ベースの環境を測定する手段として「7つの質問」を使用する。
26. 効果的なコミュニケーション システムを持つ。基盤として，ボトム・アップ ミーティングとECHOシステム（every contact has opportunities）を利用する。
27. （顧客によって判断された）「失敗した」サービス体験を通じて，指導の機会を見い出だす。顧客が「不満足」を示した際，それがオペレーターの許容範囲内のものかどうかを明らかにする。もし，そうであるならば，改善のための再認知の機会をオペレーターと一緒に再検討する。
28. 正確なプロセスあるいは手順に対して示された不満足の事例を審査する。

29. 一貫性を確実にするために，概ね不満足ではないという事例を用いてオペレーターに補足の「スポット審査」を実施する。
30. オペレーターに固有の報奨ならびに表彰プログラムを提供する。内容としては，a）最優秀業績者を報奨する，b）育成しているオペレーターを奨励する，そしてc）怠け者を叱責する，である。
31. 指導環境を強化する。オペレーターによる選出事例は，指導を受け，改善の方法に関するアドバイスを求められたとき，うまくいっていることに気づくのである。
32. プロセスを追跡し，成功を祝福する。働くことが楽しい，学ぶことが楽しい，そこで優秀な人材の中の1人として働いていると思わせる環境を作る。

品質モニタリングと指導の新興モデル

　本書のはじめに申し上げた通り，記載されている以下の成功事例は，競合他社から自社を峻別する道筋を歩み始める好機である。しかしながら，我々が調査によって見つけたものは，品質モニタリングと指導に対する新興モデルを形成するのに役立った。我々は，この情報をあなたと共有することを楽しみにしている。

　この新しいモデルは，以前に検討された落とし穴の多くを取り上げている。落とし穴に含まれているのは，オペレーターのパフォーマンスを統計的に測定する十分なデータがないこと，品質モニタリングを実施する十分な時間がないこと，モニタリングを行う人物は顧客満足度レベルをアセスメントするよう努めなければならないこと，である。顧客を本当に満足させるものは何か，どのようにしてわかるのであろうか。

　品質モニタリングの新興モデルを効果あるものにするためには，顧客サービスがアートであり，科学でもあることを我々が気づかなければならない。そういうものとして，アセスメントされなければならないのである。サービス経験に対する「芸術家を気取った」測定は，サービス体験の顧客の認識をとらえる本質的なものを認めることになる。既述のように，たいていの組織は，あるレベルの指導者が顧客の認識であると仮定したものに基づいてオペレーターのパフォーマンスをアセスメントしようと努めている。このモデルの潜在的欠陥は，他の誰かが顧客価値を考えるという内的視野を基準にしているということである。各個人の顧客こそが，この種のフィードバックを与える適任者なのである。この事実は，あ

る顧客にとって嬉しいサービスの定義が，他の顧客にはあてはまらないということを意味する。

「科学的な」アセスメントは，監査精度を考慮している。適切な回答が提示されたか。「レッドルール」，すなわち法的もしくは企業の理由のために破られてはならないもの，は遵守されたか。オペレーターは「ブルールール」の領域で適切な判断を示したか。ブルールールとは合法的に設けられた規則のことであるが，状況に応じて曲げることもできる。確かに，監査精度はその重要性において継続される。オペレーターは，顧客を満足させることもあるが，顧客の質問に対し不的確な回答を行うこともあり得る。これはよいサービスではない。

このモデルの両側面は，顧客ロイヤリティ（忠誠心）を構築する上で，必要不可欠である。監査精度の測定がその重要性において継続されつつ，品質モニタリングの大半で顧客の声を組み入れようとする傾向が勢いを増す，と我々は確信している。

新興モデルにおいては，実際に顧客に通話を査定してもらい，オペレーターに対する満足度をアセスメントしてもらう。調査を通じて，顧客は，気に入った特徴と気に入らなかった特徴に関して具体的なフィードバックを提供することができる。測定すべき側面は，顧客の全体的な満足度に対する直接的な相互関係を持つ特性である。顧客フィードバックは同時に，どの通話がモニタリングされるかを判断するのに役立っている。

新モデルでは，内部アセスメントプロセスが，不満足であるという調査回答で確認された通り，「失敗した」サービス体験の見直しを盛り込んでいる。オペレーターが今後同じ問題を起こさないように，直接的でオーダーメイドな指導が実施されている。

このモデルは，オペレーター指導の優先的焦点として，サービス体験に対する顧客の意見を用いる。その次に焦点を当てるのは，精度監査，内部企業規格に対するオペレーターのパフォーマンスアセスメントである。このアプローチにより，どのようなサービスがどのように顧客によって提供されたか，同様に，どのように内部品質目標を達成したかについて，オペレーターが学習可能である。さらに重要なのは，「どのように顧客を満足させることができるか」という発想に対す

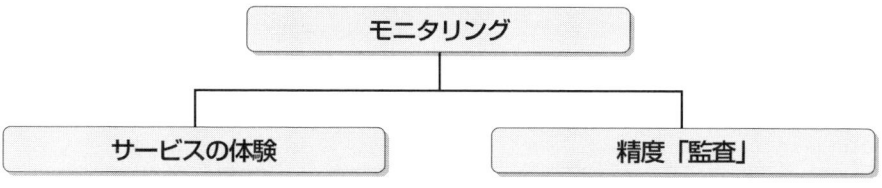

```
                    ┌─────────────────┐
                    │   モニタリング    │
                    └────────┬────────┘
              ┌──────────────┴──────────────┐
    ┌─────────────────┐            ┌─────────────────┐
    │  サービスの体験  │            │  精度「監査」    │
    └─────────────────┘            └─────────────────┘
```
 1．顧客の体験に関する認識   1．その回答は正しかったのか？
 2．その出来事の感情的な記憶   2．「レッドルール」の手順は順守されて
 3．顧客ロイヤリティを動機づける要因   いたか？
                                  3．強化するべき「ブルールール」の指針
                                     はあったのか？

図60　品質モニタリングと指導モデル

る遵守から，最も重要な点を変えることである。

　顧客にもよるが，顧客を喜ばせるために，オペレーターは人間関係の構築，ロイヤリティの構築，顧客理解力の管理を必要とする場合もある。ポイントは，型にはまったアプローチからサービスの卓越性へ，また顧客のニーズは人それぞれであるという認知へ移行することである。優れたオペレーターは顧客に合わせて自身の行動を適応させることができる。

　我々は，このアプローチを成功事例として考えているだけでなく，品質モニタリングや指導の新たな展望の中核的な焦点としても見ている。実際の顧客フィードバックを活用する価値を強調したい。このアプローチにより，顧客が応対をどの程度評価したかに関し，リーダーが推測する必要がなくなる。顧客が直接（かつ，より正確に）そのフィードバックを提供するため，内部推測業務は必要でないのだ。オペレーターは，どの程度顧客を満足させることができるかということについてアセスメントされる。

　また，このアプローチは，他の多くの品質モニタリングの方法よりも，より費用効果がよい。無数のサービス体験をアセスメントするために，モニタリングまたはスーパーバイザーといった内部の人的資源を利用する代わりに，アセッサーとして顧客にアセスメントをさせているわけである。そのため，アセスメント結果は，より正確なものになるだけでなく，顧客が無償でその体験をアセスメントするため，費用的にも効率がよい。

第10章
オペレーター満足度

　オペレーター満足度がコンタクトセンターマネージャーにとっての関心事項のリストのトップに跳ね上がったことにはしかるべき理由がある。調査では以下のことを示している。

1. 幸せなオペレーターは満足した顧客を生み出し，不幸せなオペレーターは顧客を追い払ってしまう。
2. 沢山の素晴らしいアイデアがオペレーターからもたらされるが，彼らに尋ねなければならない。
3. 人的資源は，平均的なセンターの総コストの約60％を占めており，このことは，最大の投資は技術に対してではなく，人材に対してであることを意味している。
4. 世界的にインバウンドのセンターでの離職率は平均して25％を上回っているが，このことは秩序を乱し，顧客不満足の原因となり，そして大変コストがかかる。考慮すべきは，我々のデータベースによると，1人の新しいオペレーターを採用し，そして訓練する平均経費は，約6,500ドルであるという事実である。

　同時に検討すべきことは，我々の業界は30年前にどこからともなく出現し，現在では北アメリカの労働人口の推定3％がこの業界に雇用されていることである。今後10年間で，この数は5％に上昇することを，専門家は予測している。しかしながら，我々の調査が指摘しているのは，コンタクトセンターの雇用者比率が3.5％を超す特定の地域では，人材獲得競争は離職や昇給のプレッシャーを増加させる原因となっている。

　その教訓は，自身のオペレーターに注意を払い，そしてオペレーターが単にコ

ンピュータが並ぶステーションではなく，価値がある業務の一部担っているとオペレーターに感じさせることが成功への鍵であるということである。オペレーターの満足度を計り，そして労働力を集めることは大切であり，それらを適切に実行することで巨大なROIを得られる。残念ながら，多くの企業は，企業全体における社員の満足度を測定するためにどの部門に対しても同様の調査を用いている。我々は「事業内事業」としてコンタクトセンターには，それぞれに特定の従業員満足度測定ツールが必要であるということに気づいた。

FairCompare™は，2003年にベンチマーク ポータルによって導入されたオペレーター満足度アセスメント調査であり，とりわけ，コンタクトセンター環境において実際の行動に移すことができるような情報を結果としてもたらすように設計されている。この調査は，当社のEcho™が顧客を満足させるように，細かく優れたアドバイスを提供してくれる。また，顧客や離職率などの直接の影響が出る前に問題を解決することに役立つ報告を計器盤形式で提供する。これは，かなり実用的な，重要かつ手頃な価格の経営ツールである。以下は，一連の重要なアセスメント基準における得点を示す，FairCompare™報告モジュールからとった，スクリーンショットの数例である。

適正比較―あなたの会社の結果

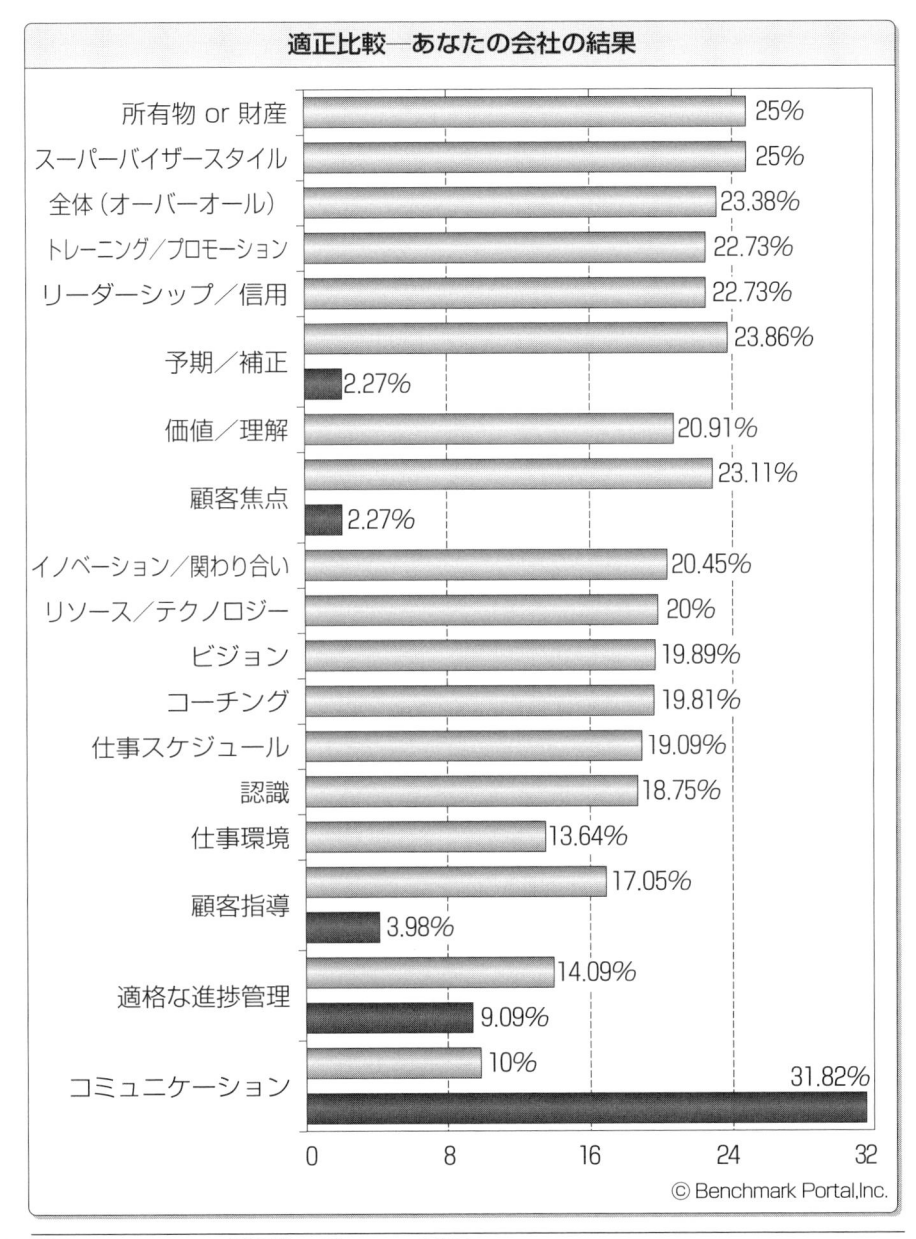

項目	値
所有物 or 財産	25%
スーパーバイザースタイル	25%
全体（オーバーオール）	23.38%
トレーニング／プロモーション	22.73%
リーダーシップ／信用	22.73%
	23.86%
予期／補正	2.27%
価値／理解	20.91%
	23.11%
顧客焦点	2.27%
イノベーション／関わり合い	20.45%
リソース／テクノロジー	20%
ビジョン	19.89%
コーチング	19.81%
仕事スケジュール	19.09%
認識	18.75%
仕事環境	13.64%
顧客指導	17.05%
	3.98%
適格な進捗管理	14.09%
	9.09%
コミュニケーション	10%
	31.82%

© Benchmark Portal, Inc.

図61　FairCompare™報告モジュールの例1

トップ&ボトムボックス

- 所有物 or 財産: 25%
- スーパーバイザースタイル: 25%
- 全体（オーバーオール）: 23.38%
- トレーニング／プロモーション: 22.73%
- リーダーシップ／信用: 22.73%
- 予期／補正: 23.86% / 2.27%
- 価値／理解: 20.91%
- 顧客焦点: 23.11% / 2.27%
- イノベーション／関わり合い: 20.45%
- リソース／テクノロジー: 20%
- ビジョン: 19.89%
- コーチング: 19.81%
- 仕事スケジュール: 19.09%
- 認識: 18.75%
- 仕事環境: 12.64%
- 顧客指導: 3.9%
- 適格な進捗管理: 9.09%
- コミュニケーション: 10% / 31.82%

> 調査を受けた人の約32%が，コンタクトセンターとの全体的なコミュニケーションに不満足と回答しています。

© Benchmark Portal, Inc.

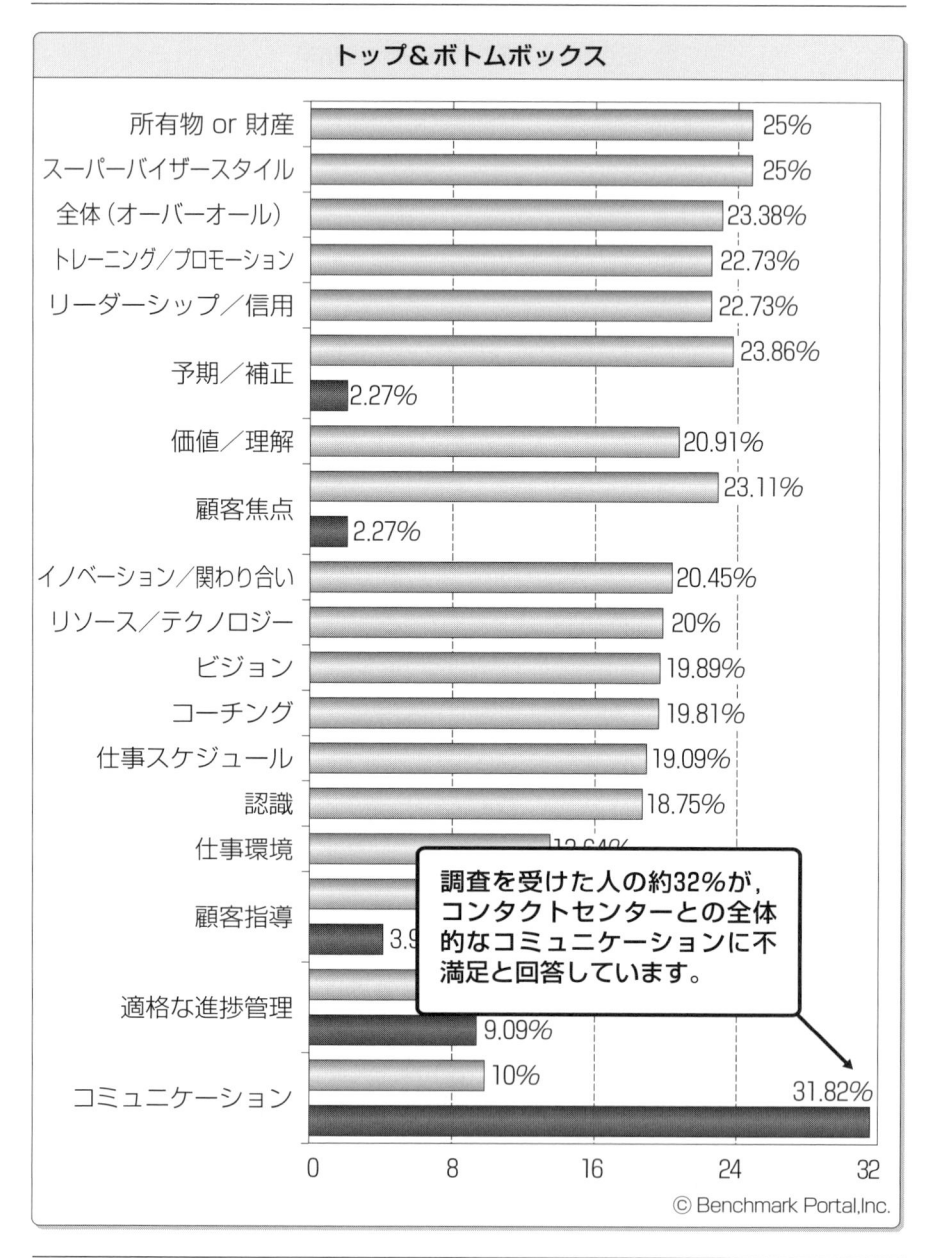

図62　FairCompare™報告モジュールの例2

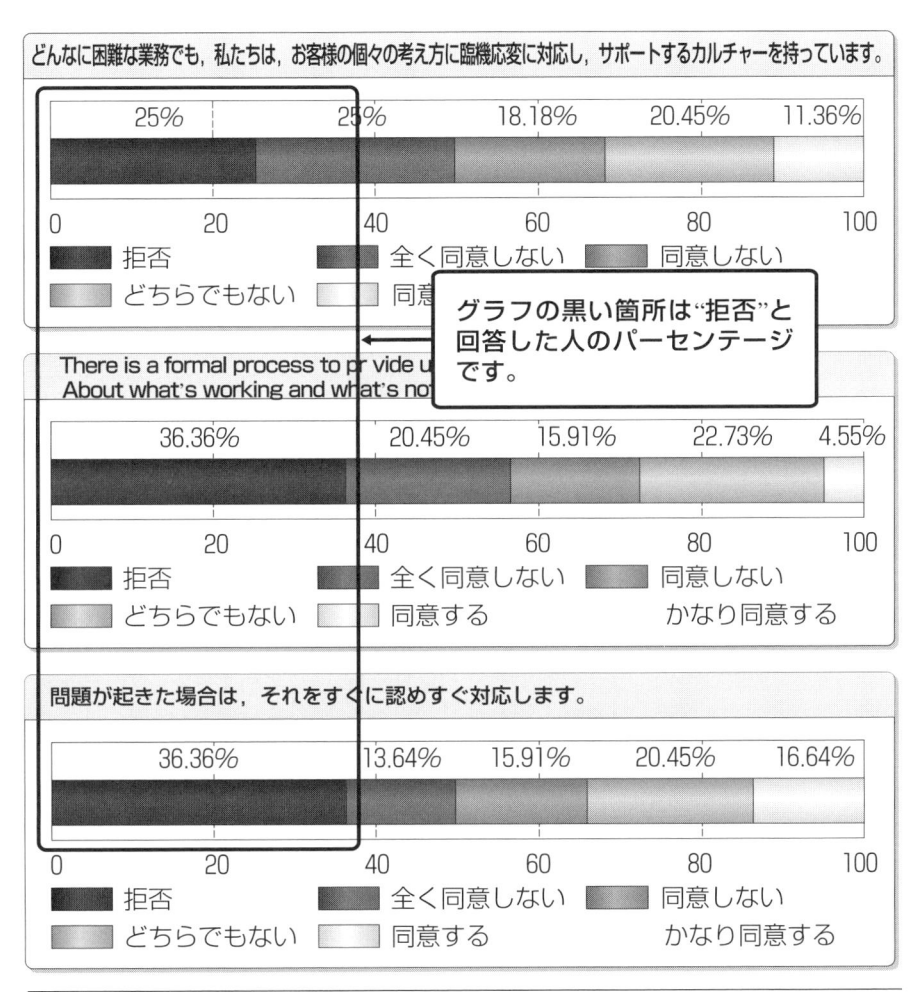

図63　FairCompare™報告モジュールの例3

　また，自身の結果を掘り下げて具体的な懸念事項を明らかにもできる。

　報告モジュールは大変使い勝手がよく，経営者が望むようにデータを表示し，加工することを可能とする。したがって，希望すれば，表の様式のように調査結果を見ることができる。

Q#	コーチング	0.00% 無効	0.00% 全く同意しない	1.95% 同意しない	18.18% 普通	60.06% 同意	19.81% とても同意	100% 合計
1	コーチングプロセスは，形式化していて，無計画ではない	0.00%	0.00%	2.27%	11.36%	63.64%	22.73%	100%
2	私は，私の通常のパフォーマンスに関するコメントを受け取ったことがある	0.00%	0.00%	2.27%	22.73%	50.00%	25.00%	100%
3	コーチングは，私が提供するサービスを向上させてくれた	0.00%	0.00%	2.27%	27.27%	54.55%	15.91%	100%
4	私は，コーチングセッションを楽しみにしています	0.00%	0.00%	0.00%	9.09%	77.27%	13.64%	100%
5	私のパフォーマンス上の評価に同意できない時は，有効的な抗議をすることができる	0.00%	0.00%	4.55%	18.18%	65.91%	11.36%	100%
6	私は，仕事に必要なポジティブなパフォーマンスに関するコメントを受け取ったことがある							100%
7	私の個人的なサービスパフォーマンスを認めてくれていると感じている							100%

"コーチングは，私たちが提供するサービスを向上させてくれた"という箇所では，70%以上の人が同意，とても同意と回答しています。

Q#	コミュニケーション	無効	全く同意しない	同意しない	普通	同意	とても同意	合計
1	この組織では，たとえ感情的な問題でも受け入れています	0.00%	31.82%	18.18%	6.82%	27.27%	15.91%	100%
2	どんなに困難な業務でも，私たちはお客様の個々の考え方に臨機応変に対応し，サポートするカルチャーを持っています	0.00%	25.00%	25.00%	18.18%	20.45%	11.36%	100%

© Benchmark Portal,Inc.

図64 FairCompare™報告モジュールの例4

報告モジュールはまた，「フィルター」を設定して優れた解析能力を与えてくれる。例えば，従業員の在職期間によって指導問題の結果を再検討したい，または通勤時間の全体的な満足度を理解したい場合，特定の基準を選択し，そして回

適正比較：あなたの会社

レポート作成
このセクションは，スライス＆ダイスの結果をあなたのために提供します。あなたはあなたが見たいレポートを選択することができます。そして特別なフィルターを使えます。例えば，もしあなたが，従業員用のトレーニングの質問の結果を見たい時は，明確な基準を選択すれば，その結果を見ることができます。

レポートのタイプを選択

- ⦿ サマリー
- ○ トップ＆ボトムボックス
- ○ ボトムボックスのみ
- ○ ランキング

カテゴリー別の質問

- ○ 所有物
- ○ 顧客指導
- ○ イノベーション／関わり合い
- ○ 質の高い進捗
- ⦿ スーパーバイザースタイル
- ○ ビジョン
- ○ 仕事環境
- ○ テクノロジー
- ○ 理解
- ○ 仕事スケジュール

> これらの選択は，有効性がある スーパーバイザー／マネージャー の基準を表す結果を レポートします

人口統計学での選択

- ○ 年齢
- ○ 性別
- ○ 会社の歴史
- ○ コンタクトセンターの営業時間
- ⦿ マネージャー
- ○ 強いフィーリング

ロケーションの結果と比較

[リセット オプション]　　　　　　　　　　　　[クリエイトレポート]

© Benchmark Portal, Inc.

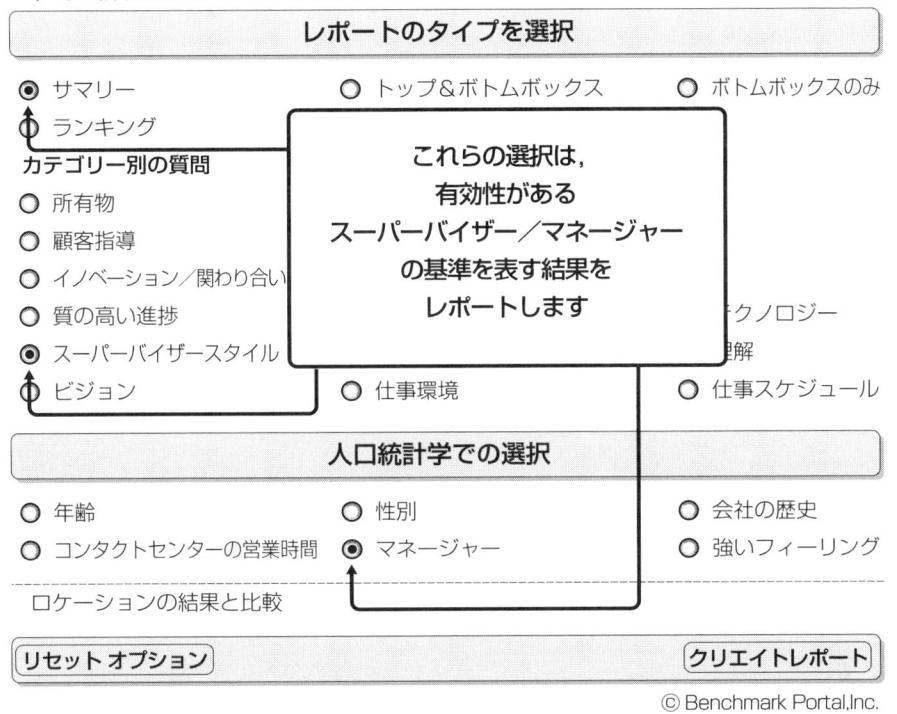

図65　FairCompare™報告モジュールの例5

答を得ることができる。最終的には，従業員保持率や，満足度や志気を最適化することに利用できる。

　この情報は，志気や生産性の改善への豊富な洞察を提供でき，そしてプランニング，求人や計画目的にも適切に利用可能である。
　ベンチマークポータル社はまた，自身のオペレーター満足度を業界または地域の他のセンターと比較することができるオペレーター満足ベンチマークサービスを開始した。

第11章

業績評価――全員を任務に集中させる

背景

　自社コンタクトセンターチームのメンバーに対しての現実的で効率的な業績報酬プランは，下記の要素を網羅する必要がある。
1. 業績評価プロセスは，実施とその維持のため単純かつ費用効果率が高いことが求められる。
2. 業績測定の入力基準は次の通りである。
    - 利用しやすい，修正，入力やプロセスに費用がかからない。
    - 関係する人々にすべての項目について簡単に説明できる。
    - 精度と正当性において網羅性がある。
    - 顧客の満足度あるいは業務にかかる経費が示されている。
    - コンタクトセンターとして求められる任務についての達成度を対象としている。
3. 業績評価結果は，経営側とコンタクトセンターまたはチームメンバー間において論争，相違または異議が出ないものとすることが求められる。
4. 業績評価結果は，評価を得るための動機づけになるような特定のポジティブな結果を促進するためだけでなく，マイナス評価となる行動や評価結果を示すためにも使用できるようにすることが求められる。
5. 業績評価結果は，日常の業務に対して継続的改善をマネジメントしていくためにも使用できるようにすることが求められる。

　下記はチームメンバーの実用的，かつ効率的な解析・業績計画のための要約概要である。その計画は，主要な外部顧客満足を内部の経営測定基準に統合し，そして2つの異なる部分から構成されている。

1. チームメンバーに対する 奨励／非奨励報酬制度
2. コンタクトセンター経営に密接に関与しているチームリーダーによる断続的改善指導力に対する成功事例を識別する能力

パフォーマンス報酬制度

　世界に通用するコンタクトセンターにおいて２つの高水準の測定基準が存在することを我々の調査結果が示している。したがってこれら２つの測定基準は，コンタクトセンターのチームメンバーのパフォーマンス報酬制度を推進するための選択肢として検討することが求められる（アントン，1996）。実質的にはコンタクトセンター経営者は，顧客満足度と顧客満足度を達成する費用との間のバランスをとることに注力する必要がある。

　パフォーマンス報酬制度は基準をクリアしたことに対する報奨を含むべきであり，そして基準に達しなかった際でも罰則は適用されないというポジティブな報奨システムといえる。しかし，規定のパフォーマンス基準を下回る際は，報酬は大変低くなる。それは，チームが最低基準で活動することになり，事実上活動することが困難になる。この点について，次の論考および例においてさらに明確にする。

　２つの最重要の高水準測定基準は：
1. 顧客満足指標（またはCSI）は，主要な顧客満足指標（全般的な満足，サービスを継続したいという意欲，そして推薦したいという意欲）を組み合わせて作成されている。
2. 財務的抑制の最も包括的な測定，つまりフルタイム従業員の人数（またはコンタクトセンターの コスト／正社員）で割った実際のコンタクトセンターの予算（コスト）のことである。

　CSIは実際の通話時間における３つの極めて重要な部分に対する顧客の印象を表すように設計されている。
1. コンタクトセンターへのアクセス性
2. オペレーターの応対
3. オペレーターが提供する回答・解決策

正社員1人当たりの費用は，パフォーマンス測定期間中に全正社員数を総労働時間数で割った，自社コンタクトセンターを運営するための全コストの計算結果である。その測定期間は，フィードバックの希望回数に依存するが，1か月か四半期のいずれかである。CSIスコアは，50以下ではなく，最高100であってもよいと考えられる。正社員1人当たりの費用は最低＄40,000から最高＄55,000の範囲内であるべきである。以下に示された測定基準は，パフォーマンス報酬モデルの概略である。

顧客満足度指標（高→低）	中程度	より高い	最高インセンティブ
	低	中程度	より高い
	最低インセンティブ	低	中程度

コンタクトセンターの コスト／正社員（高→低）

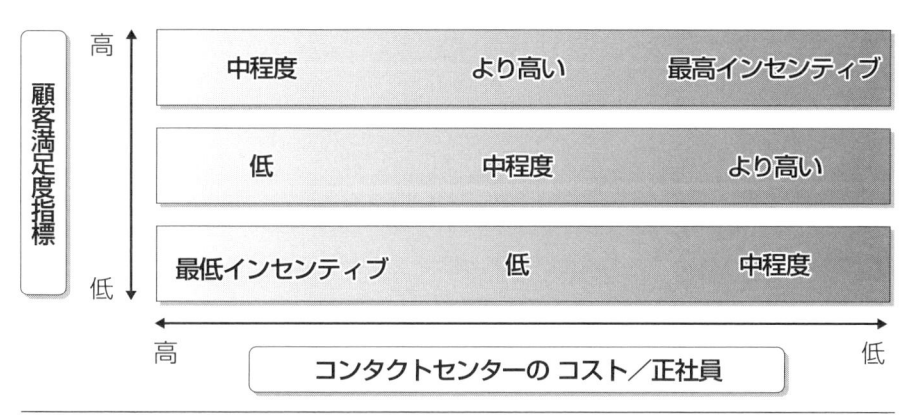

図66　業績を報酬に関連させる

　測定基準の実施のより具体的な例として，コンタクトセンターの全体的なパフォーマンスに応じてパーセンテージ報酬アップを追加している。この拡大された測定基準は下記に示されている。

　パフォーマンス業績評価基準に関するポイントは下記の通りである。
1. パフォーマンス業績評価基準は，コンタクトセンターやチームを最小限のコストで最大限の顧客満足を提供するという成功へ導くための重要な指標に集中させることを目的として賞与が支払われていた（罰則を課すことが目的ではない）。特有の阻害要因は，希望水準の報酬を稼ぐために，CSIや正社員1人当たりの費用のパフォーマンス測定において低いチームに優れているという基本給が支払われている。
2. チームが各指標の基準をクリアすれば，そのチームはコンタクトセンターの賞与基金の相当する比率を受け取る。

顧客満足度指標	100	10%	11%	12%	13%	14%	15%	16%	17%	18%	19%	20%
	95	9%	10%	11%	12%	13%	14%	15%	16%	17%	18%	19%
	90	8%	9%	10%	11%	12%	13%	14%	15%	16%	17%	18%
	85	7%	8%	9%	10%	11%	12%	13%	14%	15%	16%	17%
	80	6%	7%	8%	9%	10%	11%	12%	13%	14%	15%	16%
	75	5%	6%	7%	8%	9%	10%	11%	12%	13%	14%	15%
	70	4%	5%	6%	7%	8%	9%	10%	11%	12%	13%	14%
	65	3%	4%	5%	6%	7%	8%	9%	10%	11%	12%	13%
	60	2%	3%	4%	5%	6%	7%	8%	9%	10%	11%	12%
	55	1%	2%	3%	4%	5%	6%	7%	8%	9%	10%	11%
	50	0%	1%	2%	3%	4%	5%	6%	7%	8%	9%	10%
		55	53.2	51.4	49.6	47.8	46	44.2	42.4	40.6	38.8	37

正社員一人あたりのコンタクトセンター コスト（千ドル単位）

図67　業績と報酬の関連

3．図表にあるすべての数字は任意の値であり，そして奨励給制度の概念をよりうまく説明する目的にのみ示している。各コンタクトセンターの経営は，各々の報酬とパフォーマンス目標に見合う割合を調整することが求められる。

社員1人当たりコストの詳細

　社員1人当たりコストがシンプルで議論の余地のないデータ構成要素から構成されることは必須事項である。下記はその指針である。
1．コストは単純に，一定期間に報告されたあらゆる経費の合計でなければならない。
2．このことは現金勘定ベース（例：測定期間中に支払われたすべての請求書）または見越しベース（例：期間中に受け取ったすべての請求書）のどちらかにて行う必要がある。いったん会計システムが合意されると，何が含まれ，そして何が省かれるかに対する議論の余地ほとんどない。
3．社員数はその期間の給与記録を率直に表したものである。
4．社員1人当たりコストは，他のすべてのコンタクトセンター測定基準を含む

唯一のビジネス基準である。社員1人当たりコストは，待ち時間，放棄割合，通話時間，平均処理時間，転送率，保留時間，問題解決コスト，処理電話数，オペレーター退職率，平均回答秒数，アカウントへの信頼性等に直接に影響する。

第12章
結論

　コンタクトセンター事業は近年，急拡大している。顧客や電話，コンタクトセンター数そのものの増加は，業界の基本構造を変化させるほどである。大手コンタクトセンターは，ここ近年以下のような傾向にある。
- コンタクトセンター戦略は，ニッチ市場をねらったマーケティングから企業にとって必須の機能へと移行してきた。いくつかの業界では，事業の95％が電話やインターネットを介して行われている。
- 現在の技術では，CTI（Computer integrated telephony：コンピュータ融合の電話通信）を通して結合されてきている。
- オペレーターに関するコストがコンタクトセンター全体の予算に占める割合の中でも増大している。1990年代，オペレーターに関するコストは，コンタクトセンターの予算の54％であったが，現在では70％を超えている。
- 上層部の経営者は，上昇する経費の正当性を判断するために，コンタクトセンターマネージャーから一層の情報提供を求めている。

　このような劇的な変化を背景に，コンタクトセンターの効率的かつ効果的な運営を行うことが一層重要になっている。技術提供者やトレーナーや訓練者，経営者は，顧客からのヒアリングにより方向づけられる効率性と有効性への過多ともいえる多くのニーズに応えようとしてきた。これは，効率性と効果性を同時に要求されるこれらの新たなニーズ実現するための強固なコンタクトセンター経営情報システムの価値の中で総括することができる。そのようなシステムの要素は，以下の通りである。
- 事業性に基づいたパフォーマンス報告を通じたオペレーターパフォーマンスの向上
- 対象となるオペレーターに必要な内容を精査することによる訓練期間のより効

果的な利用
- 通話のフローパターンを分析するための改善型 VRU（Voice Recognition Unit：自動音声応答）の活用
- 全通話記録の追跡による顧客サービスの改善
- 問い合わせへの回答において高いサービスレベルを実現することによる，顧客の囲い込み
- 経営幹部の意思決定のための，コンタクトセンターの資源活用に関する企業全体からの幅広い情報

付録A：コンタクトセンター顧客満足度調査例

顧客満足度調査例

　以下の事項は，外部顧客満足度測定基準の策定を成功させるために，自動音声応答（VRU）を用いて，調査プロセスにコンピュータを活用したコンタクトセンター調査である。本書のユーザーは，本調査の構成や機能を維持しつつ，特定のコンタクトセンターのニーズにより適合するような変更を加えることができる。

　「こんにちは，そして＿＿＿＿＿の調査へようこそ。私どもは，あなた様のようなお客様からのフィードバックに基づいて電話サービスの向上に努めたいと考えております。たった今，お客様が受けられました電話サービスについてご意見を頂戴できればと考えております。ご協力の程，よろしくお願いいたします」

1. この電話でお客様の質問に対する回答を得られましたか，もしくは問題が解決した，といえますか？　「はい」か「いいえ」でお答えください。

　次のいくつかの質問について，お客様との応対を担当した電話オペレーターを，10を「最もよい」，そして1を「最も悪い」として，1から10の尺度で評価してください。
2. お客様のご依頼内容を完全に理解した。
3. お客様のご依頼に回答する際，気遣いを示した。
4. はっきりとした口調であった。
5. お客様が求める製品やサービスについて十分な知識を有していた。
6. 質問に対して的確な回答をした。
7. お客様にご納得いただける解決策や回答を提示した。
8. お客様が取り得る選択肢を明確にはっきり述べた。
9. お客様の対応をできるだけ迅速に完了させた。
10. すべてのことを考慮して，10を最高とする1から10の尺度で評価すると，この電話対応にどれほど満足されましたか？

11. この電話オペレーターの対応の結果として，お客様がサービスを継続される可能性がどれくらいございますか？
12. 今後，弊社をお客さまのご友人の方へ紹介される可能性がどれほどございますか？

　貴重なお時間を頂戴し，ありがとうございます。お客様のご意見は今後，お客様にできるだけよいサービスを提供する上で役立てて参ります。

メール満足度調査例

　以下の事項は，外部顧客満足度測定基準の策定を成功させるために，自動メール送信機能を用い，調査プロセスにコンピュータを活用したコンタクトセンターのメール対応調査である。本書のユーザーは，本調査の構成や機能を維持しつつ，特定のコンタクトセンターのニーズにより適合するような変更を加えることができる。

　「こんにちは，そして＿＿＿＿＿の調査へようこそ。私どもは，あなた様のようなお客様からのフィードバックに基づいて応対サービスの向上に努めたいと考えております。たった今，お客様が受けられました応対サービスについてご意見を頂戴できればと考えております。ご協力の程，よろしくお願いいたします」

1. この電話でお客様の質問に対する回答を得られましたか，もしくは問題が解決した，といえますか？ 「はい」か「いいえ」でお答えください。

　次のいくつかの質問について，お客様との応対を担当したの電話オペレーターを，10を「最もよい」，そして1を「最も悪い」として，1から10の尺度で評価してください。
2. お客様のご依頼内容を完全に理解した。
3. お客様のご依頼に回答する際，気遣いを示した。
4. はっきりとした口調であった。
5. お客様が求める製品やサービスについて十分な知識を有していた。
6. 質問に対して的確な回答を提供した。
7. お客様にご納得いただける解決策や回答を示した。
8. お客様が取り得る選択肢を明確にはっきり述べた。

9. 迅速にお客様のメールに返答した。
10. すべてのことを考慮して，10を最高とする1から10の尺度で評価すると，この応対にどれほど満足されましたか？
11. 弊社担当者の対応の結果としてお客様がサービスを継続される可能性がどれくらいございますか？
12. 今後，弊社をお客さまのご友人の方へ紹介される可能性がどれほどございますか？

　貴重なお時間を頂戴し，ありがとうございます。お客様のご意見は今後，お客様にできるだけよいサービスを提供する上で役立てて参ります。

付録B：自動顧客満足度調査

　顧客満足度データ収集で幅広く用いられているのは，自動音声応答もしくは自動メール応答システム調査プロセスである。連絡が完了するとすぐに，前もって算定されたサンプル顧客は，自動的に自動調査システムに移動される。その自動システムは，録音された人の声もしくは事前に準備されたメールで調査序文を再生し，そして調査質問を開始する。そのシステムは，顧客が話すこと，あるいはプッシュ式ボタンを押すことで，1－5ないし1－10の尺度を用いて各サービス状況を評価するために回答を入力するのを待っている。そのシステムは，「生のオペレーター」が面接者であるかのように本質的に処理を行う。

　自動調査技術は，コンタクトセンター経営者に対する問題を定義している。顧客は自動調査にどのような反応を示すだろうか。この問題に応えて，我々は標準的な電話インタビュー手順と自動調査システムを比較する試験を行った。

　顧客サービスセンターに連絡してくる顧客に，面接者による調査の場合は24〜72時間後に，自動調査システムによるそれの場合は最初の連絡の直後に連絡を取り，顧客満足度調査を行うことが求められる。標準的な電話インタビューでは，401名の顧客のうち，44%が調査に参加したのに対して，自動調査方法の場合は452名のうち，66%の参加率であった。

　さらに自動調査に対する顧客反応を調査するために，1を最小にして，1から10の尺度で，調査の受容性の評価を顧客に依頼した。顧客の回答は，図68で示されている。

　自動システムを用いた顧客理解力データを収集することは，一般的に用いられる電話やメールによる調査フォーマットに比べて，いくつかの利点を有している。
1. 調査ごとの経費が極めて少ない。
2. 調査ごとの経費が少なくて済むために，95%の信頼水準で統計学的に代表するサンプルが常に回収されている。
3. 顧客の意見は正確である。というのも，評価は最初の顧客サービス体験直後

自動調査の顧客評価

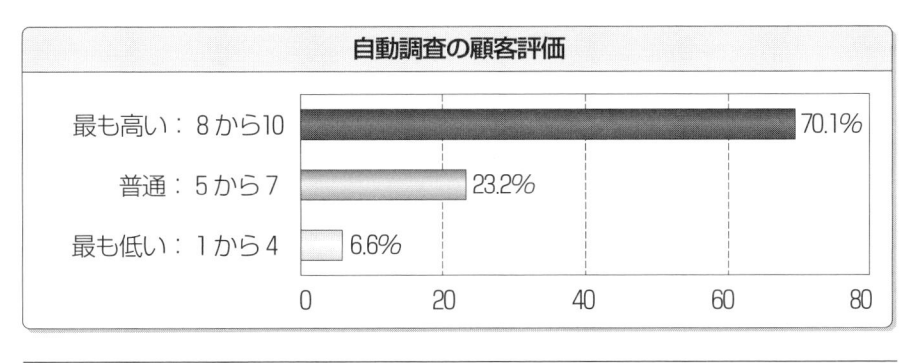

- 最も高い：8から10　70.1%
- 普通：5から7　23.2%
- 最も低い：1から4　6.6%

図68　自動調査に対する顧客評価

に実施されるからである。
4. サービスを体験した顧客は，常に調査の対象にできる顧客でもある。
5. 顧客がデータを入力するので，調査データ入力費用は必要ない。
6. 完全に除外されていない場合，エラーは顕著に減っている。
7. 実際の顧客コメントは，言葉通りに録音されており，そして聞くことができ，再検討され，そしてその後参照できる。
8. 内部および外部測定基準の間で直接的に統計上の相関関係を容認している自動調査内部測定基準が，同時に回収される。
9. 調査サイクル時間（データ収集期間＋報告書作成を含む測定された事業の期間）は，かなり短い。
10. データは，ほぼすぐに経営情報に変化する。

図69において，我々は，自動調査システムと一般的なメール，電話による調査システム間における完全な比較を実施している。

自動調査を用いることは，経費を削減し，そして顧客満足度プログラムの価値を増加させる。自動調査システムは，サービス測定とコンタクトセンター経営の品質の刺激的なツールである。

詳細については〈www.EchoSurvey.com〉へアクセスいただくか，リサ・フレームへお問い合わせいただきたい。お問い合わせ先：電話番号 952.892.5385／メール LisaFrame@BenchmarkPortal.com．

特徴	自動調査	電話調査	U.S.メール調査
サービス体験と評価の間の平均時間	5秒	30時間	5日
平均回答率	60%	40%	20%
データ入力エラー	低	中間	高
調査サイクル時間	7日	37日	54日
3分毎調査費用（数値データ）	$0.90	$18.00	$5.00
3分毎調査費用（自由回答式質問方式を用いた数値データ）	$2.00	$22.00	$7.50

図69　調査方法の比較

付録C：サンプル概念

　調査研究品質の基本的な決定要素は，顧客の無作為サンプルの適切な使用である。無作為サンプルは，様々な統計学上の技術の使用によって，すべての顧客の態度を説明また予測することを可能にしている。考え方は単純である。十分な回数，無作為にサンプルを選出するならば結局，サンプルが比較する特定の人々を象徴する（すなわち，反映する）ことになるのである。

　データ収集プログラムの品質に関する2番目の決定要素は，顧客を象徴するサンプルと接触することを許可するか否かである。政治的選択についての情報，物議をかもし出す話題についての態度，そして現在の問題に関連するその他のデータなど，大きな調査会社が実施した調査研究の中に有用な例があるかもしれない。これらの調査は，基本的に500件から1,500件の回答者の規模であり，これらの調査結果は通常，アメリカ社会の象徴サンプルである。これらは代表サンプルであるため，その結果は95％の信頼性ですべての成人アメリカ人の意見と行動であるとされてきた。

　これらの専門の世論調査員は，サンプルが代表性を持っていることをいくらか確信している。というのも，それは意図した人々から無作為に引き出したからである。サンプルの特徴は，特定の人々の特徴とほぼ同じであるため，見込み推論は，特徴（周知の可能性の範囲内）を獲得するこれらの状況に基づくことを我々に確信させてくれている。

　コンタクトセンター経営者は，顧客CS測定プログラムに対して同じ目標を持つべきである。代表性の概念は，単純に，所定の特徴，調査研究結果を引き出すことを望む顧客群の不特定のサンプル模範の特徴に沿っているということである。必要なサンプルサイズを確定するためには，図70を参照していただきたい。

　たいていの企業は，すべての顧客集団の中に母集団を持っている。これらの区分は特徴的にセグメントと呼ばれ，そしてエンドユーザー顧客と企業間顧客として前述の異なった顧客グループを形成している。母集団の中で重要なグループも

誤差の範囲					
正確度	10%	5%	3%	2%	1%
80%	41	164	455	1,024	4,096
90%	68	272	756	1,702	6,806
95%	96	384	1,067	2,401	9,604
98%	136	543	1,508	3,393	13,572
99%	166	666	1,849	4,160	16,641

図70　多数の特定の人のためのサンプリング規模

存在する。CSプログラムの今後の状況に対する抽出枠は，層になった無作為サンプルを用いることで，これらの母集団が処理されなければならない。

　例証するために，3つのグループに分割される顧客ベースでコンピュータ・メール・オーダー・ハウスを想像していただきたい。すなわち，3つとは家庭，事業，そして政府ユーザーである。これらの3つのグループが，異なった顧客ニーズを持っているため我々は，これらの3つの区分から引き出すための規模に比例したサンプルを欲しがるであろう。これが満たされたとき我々のサンプルに代表性がある，と我々はいえる（少なくとも，顧客を分割するのに用いられた限られた基準に関して）。統計学上の信用の限界を満たす十分なデータを収集することは，避けて通れないのである。測定プログラムは，統計学的に各グループ内で顧客の特徴であるという結果をもたらすに違いない。

付録D：外部測定基準分析

　外部測定基準分析は，慎重に集められた現在保有しているデータをどのように分析するかに関する重要な情報を含んでいる。このパートに述べられた分析は，付録Aの顧客満足度調査方法に当てはめることができる。いくつかの分析概念は，データから生じた情報の価値を高めるために実行されている。CSデータは，タイムリーなやり方で分析を可能にするかもしれない。サービスについての顧客意見収集の明確な目標は，顧客満足度を高めるプロセスに修正を加えることである。前述の修正は，市場圧力に対してすばやい回答を行うこと，そしてサービス態度が乏しいことによって引き起こされたさらなるマーケットダメージを避けるために必要である。

リスク分析

　もうひとつの役立つ分析ツールは，リスク分析と呼ばれる技術である。この技術の背後にある推論は，最初の変数が低率と高率範囲の変数というたった2つのグループに記録されたものである。高いか低いかの定義は，基準ポイント数によって変わる。この分析の，各サービスは，属性変数の完成において，低く弱い尺度を割り当ててはならない。いったん，このグループ分けが行われると，左上のセルが，全体的な満足度（もしくはサービスを継続する可能性）と特定の態度の両方において低い得点を与えた顧客となる。

　図71におけるこの情報で，以下のことを提案することができる。
1. これは全体的に低い満足度率を持つ15％の顧客の一因となっていた，低い属性割合であった。さらなる分析は，これらの顧客を特定することができ，そして根本原因の分析が，なぜこの低いサービス属性をアセスメントしたかを判断することができる。
2. 右上セルの15％の顧客が，全体的な満足度スコアを割り当てるときに，特定の属性にわずかに重要性を置いている。
3. 左下セルの10％の顧客が，全体的な満足度スコアの影響を引き起こすために，他の属性を過大評価しないようにアセスメントしなければならない。

全体的な満足度		
	1－4	5－7
特定の人　1－4	15%	15%
属性　　　5－7	10%	60%

図71　脆弱性分析録音例

　脆弱性の表は，測定された属性のいかなる数をも記述することができ，そして表を横切る左上のセルの割合比較は，危険性が高い箇所を特定することができる。：例，顧客がアセスメントすればするほど，全体的な満足度がより低くなる箇所。

　この技術は，リスク分析と呼ばれている。というのも，サービス停止の危険にある左上のセルに顧客が位置し，また少なくともその箇所にこの特定のサービス属性によってこの危険性が引き起こされるという仮説によるからである。我々がその箇所にと言ったことに留意する必要がある。多くの焦点が，顧客の態度で判断される。パフォーマンスが，すべてのほかの属性に著しく影響するように不十分な（もしくは素晴らしい）場合，非常に大きな信用が，普通でない環境である単一二変数分析に置かれることは決してない。

　リスク分析の例は，図72に表示されている。顧客のわずか5.6%が，高いレベルで両方の変数をアセスメントしている大部分において危険にさらされているように見える。右下セルの多くの顧客が，全体の品質アセスメントが全体の満足度をもたらしているということに気づくことは，重要なことである。これらの顧客は危険にさらされていないので，直ちにそうした顧客を失うという差し迫った危険性はないが，我々は，顧客が残ってくれるように高い品質を維持する必要がある。逆に，低い満足度の状況にある5.6%の顧客を懸念する必要がある。

全体的な満足度				
満足度における全体的な品質	全体的な高満足度		全体的な低満足度	
低満足	28	5.60%	50	18.10%
高満足	56	11.90%	362	17.00%

図72　リスク分析の例

付録E：内外部調査

スクリプト，問題，そして内部測定基準の特定

<u>注：顧客が耳にする内容は引用文の形で記載している。</u>

「こんにちは，そして_____の調査へようこそ。私どもは，あなた様のようなお客様からのフィードバックに基づいて電話サービスの向上に努めたいと考えております。たった今，お客様が受けられました電話サービスについてご意見を頂戴できればと考えております。ご協力の程，よろしくお願いいたします」

「10を"最も満足"そして1を"最も不満足"として，1から10の数字で評価してください」

電話ごとに保存された内部測定基準	顧客の許容度
呼び出し音の回数	「メニュー選択の前にお客様がお聞きになられた呼び出し音の回数」
待ち時間—自動コールディレクター回答	「応答するオペレーターに代弁者が応答するまでの，最初の電話を待つために保留の状態に費やした時間の長さ」
保留時間	「電話の間，電話のオペレーターによって保留にされた時間の長さ。保留にされなかった場合は，0を押してください」
転送回数	「お客様の電話を完了するまでに何人のオペレーターに転送されましたか。転送されなかった場合は，0を押してください」

「以下の質問に関して，10を最も高いスコア，そして1を最も低いスコアとして，オペレーターを1から10の尺度で評価してください」

電話ごとに保存された 内部測定基準	顧客の許容度
転送回数	「企業の製品およびサービスに関するオペレーターの知識」
通話時間	「お客様の電話を処理するのにオペレーターが十分な時間を費やした」

「繰り返しになりますが,10を最も高く,そして1を最も低いスコアとして,以下の事項を評価してください」
「この電話で受けた全体的なサービスに,どれほど満足されましたか?」
「この電話の結果として,弊社とのサービスを継続しそうですか?」

電話ごとに保存された 内部測定基準	顧客理解力
「最初の電話での解決」	「オペレーターが,お客様の質問に回答することができましたか。あるいはお客様の問題が解決しましたか? はい かいいえでお答えください」

「貴重なお時間をありがとうございました。お客様のご意見は今後,お客様にできるだけ良いサービスを提供する上で役立ててまいります。さようなら」

追加データは,ACDデータから取得される,もしくは電話と同時にACDデータから算出されるべきである。
- 電話時にブロックされた呼の割合 (%)
- 電話時に破棄された割合
- 電話時に破棄された回数
- 電話時の通話後処理時間
- オペレーターの状況 (例,フルタイムもしくはパートタイムまた数か月の在職中)

付録F：重要な統計学的概念

単純回帰

コンタクトセンターの経営上の特質に関する顧客認知を早期に作成するポイントは，コンタクトセンターのサービスレベル目標が設定されたときに用いられるべきである。いくつかの分析タイプは，これらのサービスレベル目標を設定するためのしっかりとした，定量的なツールを提供することができる。

我々は，単純線形回帰モデルの使用を提案する。回帰は，以下のような従属変数値を予測するための技術である。（通常「y」と呼ばれる）

$$y = B0 + B1X + e$$

y＝従属変数。コンタクトセンターCS調査の場合，これは，付録Eの表に見られる通り，内部アセスメント基準の顧客の認知である。

X＝独立変数もしくはyの予測変数。コンタクトセンターのCS調査の場合，これらは，顧客が話し中である時に自動コールディレクターから取得された通りのすべての測定基準と，会計部署もしくは人事部からの適切なデータである。

e＝無作為エラー，通常0と仮定される
B0＝y軸を横切ったy遮断線
B1＝罫線，Xの1ユニットごとの増加，もしくは減少に対する増加，もしくは減少数

上記の繰り返しだが，独立変数であるXは，ACDから取得された電話ごとの実際の測定基準である。従属変数であるyは，CS調査の間アセスメントされたため測定基準における顧客の許容度である。

回帰技術は，座標上の各Xとyペアの値を描く。データポイントの図表については図73を参照してほしい。この場合，縦軸は，従属変数（電話満足度）のレベルを，そして独立変数のレベルである横軸（実際の通話時間）を示している。

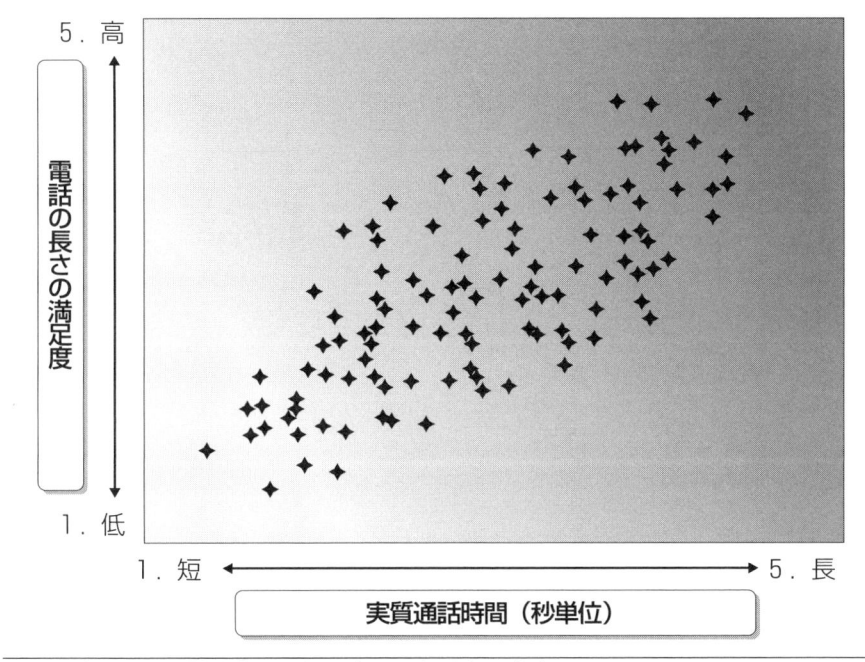

図73　独立変数と従属変数の組み合わせを示す一覧表

以下のグラフは1から5の尺度を用いる。

　これら2つのレベルの交差は，図73に示した散布図の点によって表されているデータペアの位置である。例えば，一連の座標軸上に，1つの軸が，ACD（3分として）によって報告された通り，実際に顧客＃1と行われた通話時間の分数を示しており，そしてもう一方の軸は，「電話を処理するのに十分な時間を費やした」（とても満足した，もしくは5として）についての顧客＃1の満足度の理解力を示している。これら2つのレベル（3，5）の組み合わせは，その2つの数値の位置である。すべてのデータの組み合わせは，座標で示されており，そしてデータを通して回帰アルゴリズムが最も合う線に置かれる。図74において，我々は，単純な統計値を用いて回帰直線を加えた。その線は，相関関係により判断される。

$$付録Eの説明通り，y=B0+B1X$$

　3つの結びつきが，Xとy変数の間に存在する。その結びつきは，ネガティブ

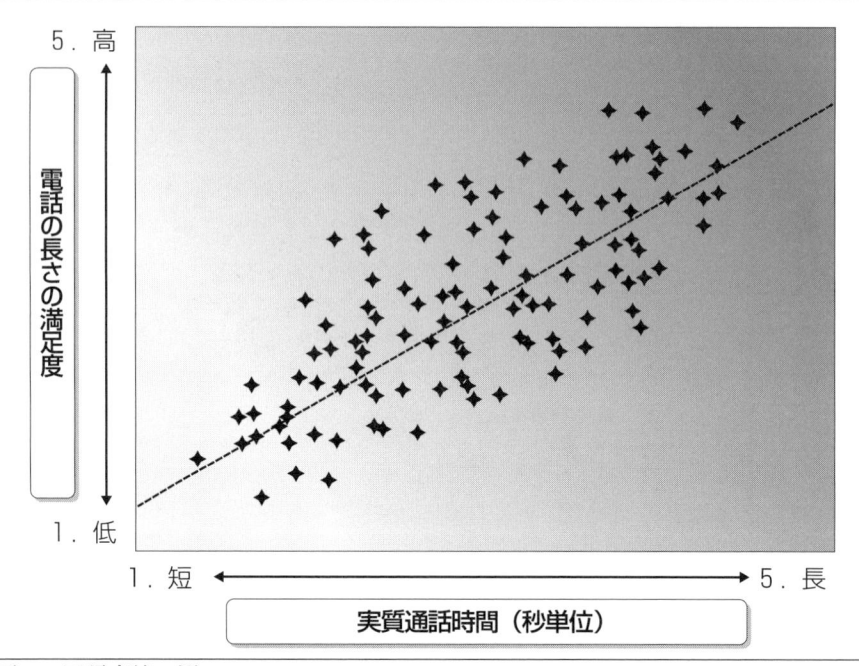

図74 回帰直線の例

（原点に対して右下がり）なものである。つまり，自変数（X）は減少しているため，従属変数（y）が増加している。この場合，B1（ベータとして幅広く知られている）は，ネガティブメンバーである。したがって罫線はネガティブである。例えば「待ち時間」が長い，というようなアセスメント基準における状況のネガティブな結びつきを予測する。改善機会が，この事例の中に存在する。というのも待ち時間（X）の実際の長さが増加しているために「待ち時間」（y）が減少しているからである。

　結びつきは，ポジティブ（原点に対して右上がり）である可能性がある。つまり，自変数（X）が増加しているため，従属変数（y）が増加しているということである。この事例において，B1（ベータ）は，ポジティブな数値である。つまり，罫線は上向きである。「顧客と十分な時間を過ごしている満足度」（y）と「通話時間」（X）の間にポジティブな結びつきが存在する。オペレーターが，処理された電話の数を増加させることを急いだ場合，顧客が電話を急いで切り，「通話時間」が減少するが，「満足度」もまた減少する。

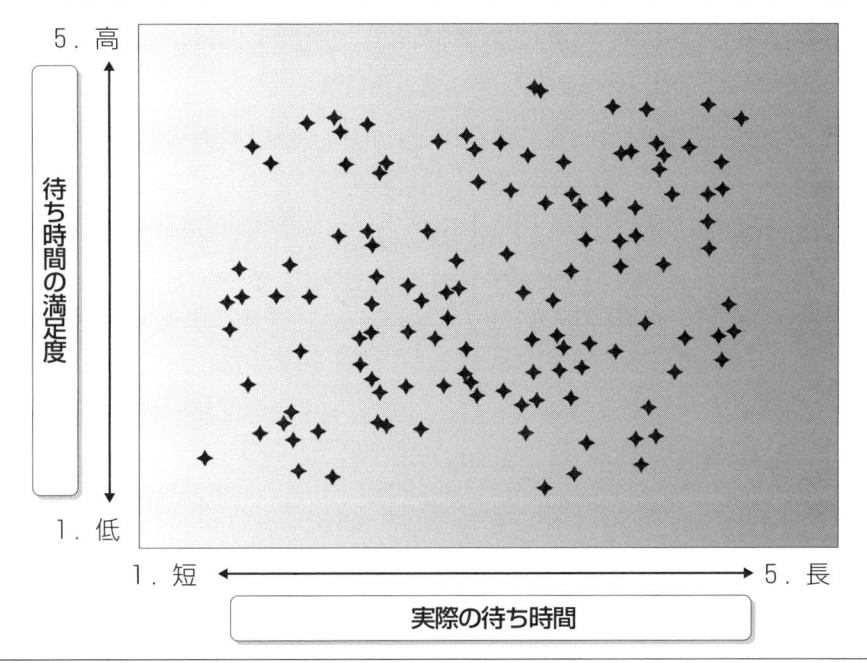

図75 関連していない2つの変数

　もし2つの変数がまったく無相関であった場合，正確な罫線（B1）は，ゼロである。つまり，Xは，y予測に関して何の情報も述べていないということである。この状況において，経営者は，満足度においてその測定基準は，変化をもたらさないことに焦点を絞っていることを推測することができる。この例は，図75でみることができる。

ケーススタディ1
状況

　このケーススタディは，独立変数（X）としての「待ち時間」と従属変数（y）「待ち時間への満足度」を比較した状況に基づいている。相関関係に置き換えるために回帰結果を用いると，「待ち時間」変数の例は，以下の通りである。

　　　　　　待ち時間への満足度＝B0＋B1（実際の待ち時間）

　1から5の尺度へ移動されたデータを用いて，そして我々が得た結果例に挿入

すると，69＝92.27＋－1.3（17.9）となり，69とは「待ち時間への満足度」（y）の平均割合，そして17.9秒（X）は，実際の「待ち時間」である。B1（ベータ）が，ネガティブであるため，その関係もネガティブである。

解釈

「待ち時間」が1ユニット（1秒間）減少した場合，「待ち時間への満足度」は，1.3ユニット（69から70.3へ）増加する。「待ち時間」が2秒減った場合，「満足度」は，2.6ユニット増の71.6となる。したがって，実際の「待ち時間」の増加は，1：1.3の信頼できる関係において，「満足度」の認知力の増大が予測される。

ケーススタディ2

状況

この例において，変数は，実際の「通話時間」と「通話の長さへの満足度」である。従属変数（X）「通話時間」に関する方程式は下記のようになる。

通話時間への満足度＝B0＋B1（実際の通話時間）

1から5の尺度へ移動されたデータを用いて，そして結果例に当てはめてみると70＝－6.5＋.17（450）となり，ここでの70は「通話時間満足度」に関する平均アセスメント，そして450秒は，ACD出力から得た平均「通話時間」である。

解釈

「通話時間」が1ユニット（1秒）増加した場合，「通話時間への満足度」は，0.17ユニット（70から70.17へ）増加する。「通話時間」が，2秒増加した場合，「満足度」は，0.17×2＝0.34増加する，したがって，割合は，1：0.17である。

この2つの例については，2つ目の例は，2つの従属変数間においてユニットごとの変化（1：0.17に対し1：1.3）の改善が小さい。これら2つの割合を正確に見ると，通話時間が増加されるべきであることは，一目瞭然である。しかし，このような結論が合理的になされる前に，変更する費用をコンピュータで算出することが重要である。今年，ひどく高額だったシステムを変更して，待ち時間を減らすことが求められている。オペレーターを追加雇用することで，来年は，顧客へのコールを全員で仕向けることができるようになる。

費用にくわえて，統計的に重大な（もしくは影響のある）ニーズが算定される（考察と例に関しては，第4章を参照）。これらの変更が，実質的に顧客満足パフォーマンスに影響を与えない場合，わずかな費用しかかからない変更を行うのは好ましくない。それよりも顧客満足に実質的な影響を与える変化に用いるために費用を節約したほうがよい。

　まとめとして，顧客満足度を顧客満足アセスメントへ移行することに焦点が置かれるべきである。つまり，これは，85もしくはそれ以上のCSIスコアを達成するということである。明確になったところで，重回帰とその他の統計上の技術は，費用，政治やその他の組織に関する事実，そして重役の意思決定において重要な役割を果たす機関として，経営に関わる意思決定ができない。

付録G：企業イメージの重要性

企業イメージ vs. 財務成績

企業のコンタクトセンターは，企業イメージに大きな影響力を持っている。「企業の世間でのイメージは，企業の製品やサービスの売上高に影響するか」という頻繁に尋ねられる質問が，顧客主導品質に関するパデュー大学のセンターで実施された研究に関する試験で持ち出された。

未だ調査は継続中であるが，フォーチュン500社の80％において研究された最初の調査結果では，イメージの定性的測定は，翌年の売上高に関して方向づける統計的に重大な先行指標であると報告された。企業イメージと調査に関する売上高データのすべては，過去10年間フォーチュン・マガジンから取得されている。

パデュー大学の調査で使われた質問は，以下の通り非常にはっきり述べられている。
「今年における企業に関する世間のイメージの増加または減少は，来年もしくは今後数年の売上高において同等の増加もしくは減少を示すか」

年間世間的イメージの品質

1983年以降，フォーチュン・マガジンは，「アメリカで最も賞賛され企業」(America's Most Admired Companies) と呼ばれる年間リストを発行している。業界専門家が，0を乏しい，そして10を優れているとした0から10の品質尺度で各企業の認知力を採点している。企業は，企業評判に影響する8つの重要なイメージ属性で判断される。
1. 経営の品質
2. 製品やサービスの品質
3. イノベーションの品質
4. 長期投資としての企業価値の品質

5. 財務健全性の品質
6. 魅力，発展，そして有能な人材を保つ企業の能力に見られる職場の品質
7. 企業のコミュニティと環境活動の品質
8. 企業の計画された企業資産利用の品質

年間売上高の定量化

　フォーチュン・マガジンは，毎年「フォーチュン・トップ500アメリカ企業」(Fortune Top Five Hundred American Companies) に財務データを掲載している。この記事は，各企業の年間売上高，プロファイル，株主資本利益率，その他パフォーマンスに関する重要なファイナンシャル指数に関する情報が盛り込まれている。このデータから，調査員は選ばれた企業の年間売上高を研究している。

結果とまとめ

　長年に渡る企業についての世間のイメージの変化は，企業の売上高における変化の方向性について統計的に重要な指数であるということをこの結果が示している。すなわち，顧客は明らかに顧客が賞賛する企業イメージを持つ企業からの購入を好んでいる。この結果は，変化の大きさにおける関係性を示しているのではなく，単に傾向を示している。イメージが今年上がった（もしくは下がった）としたら，来年の売上高は上がる（もしくは下がる）ことが大いにあるということだ。

　顧客満足度や世間のイメージを厳密に監視することで，企業の重役は，早期に警告を入手することができるのである。例えば，翌年の売上高は，ネガティブな口コミによって影響されるという「注意喚起」などである。適所にある早期警告システムで，利益へのネガティブな影響により発生する売上高の減少の前に状況の転換を行うべきなのである。

　調査された企業のおよそ20％が，報告された調査結果に一致していない。それゆえに，進行中の調査は，他のどんな要因がこれらの企業に異なる結果をもたらしているのかを判断するために実施されている。例えば，企業の合併や買収，もしくは新製品の発表などが，売上高に影響を与えている可能性がある。

まとめとして，企業イメージが翌年の収益に影響を与える可能性が非常に高いため，世界に通用するコンタクトセンターは，企業の大きな資産となるであろう。

付録H：コンタクトセンターパフォーマンスベンチマーク

パフォーマンス比較概論

第3章で説明した通り，コンタクトセンターは，パフォーマンス測定と管理に利用できる準備の整ったデータであふれている。この付録において我々は，異なったタイプのパフォーマンスを測定するために最も役立つグループの測定法をまとめている。最後に，各コンタクトセンターマネージャーは，企業が設定した業績目標を達成するためには，コンタクトセンターを管理するために最も効果的かつ適切な測定法と測定項目を選択しなければならない。

コンタクトセンターパフォーマンス測定

- サービスレベル
- 平均回答スピード
- 平均待ち時間
- 平均通話時間
- 平均補助時間
- 通話後処理時間
- 平均処理時間
- スケジュール遵守
- 平均放棄率
- 平均放棄時間
- 再試行率
- オペレーター利用率
- 1時間にかかってきた電話の平均量
- 1時間に処理された電話の平均量
- 平均拒否率
- 収益に関連したパフォーマンス測定
- オペレーターが電話に費やした時間の割合
- 平均電話量
- 販売問い合わせ電話の転換率

- オペレーターごとの平均売上
- 費用に関連したパフォーマンス測定
- オペレーターごとの総負担費
- 平均採用費
- 平均訓練費
- 平均訓練時間
- 電話ごとの平均費用
- 注文ごとの平均費用
- オペレーターが処理した電話に対するIVR率
- 回避した訴訟
- サービスパフォーマンス測定の品質
- オペレーターの平均在職期間
- 全体的な顧客満足度
- 苦情や増加した電話数
- 再作業が求められた電話の割合
- はじめの電話で解決された苦情
- オペレーター満足度
- 解決される前に転送された数

コンタクトセンターベンチマーク

「ベンチマーク」はパフォーマンスの基準，もしくは他の測定値を測定し得るものに基づく測定基準である。コンタクトセンターは，コンタクトセンターの極めて多くの要素が測定可能であるという特徴から，特にベンチーマークに向いている事業形態である。様々な測定基準について本書で議論を重ね，そして定義づけを行ってきたことからも，企業のコンタクトセンターパフォーマンスは，最も測定に向いていることが明白になっている。

コンタクトセンターにおいて，ベンチマークは，以下に述べる通り多くの形態をとっている。
1. 様々な業界の多くのコンタクトセンターの平均
2. 同業界の多くのコンタクトセンターの平均
3. 様々な業界で一番のコンタクトセンター
4. 同業界の直接的な競合他社

顧客サービスコンタクトセンターに対するベンチマーク質問事項

**パデュー大学
顧客主導型品質センター**

インバウンド顧客サービスコンタクトセンターに
関する徹底的な実態調査（Reality Check™）

コンタクトセンター成功事例調査に参加いただきありがとうございます。

この調査にくわえて，我々は以下のセンターのタイプに関しても，「Reality Check™」を使い徹底的な実態調査も行っています。
- アウトバンドテレマーケティング
- アウトバンド収集
- 外部顧客に対するインバウンド技術サポート
- 内部顧客に対するインバウンド技術サポート（ヘルプデスク）
- メール処理
- ウェブチャット処理
- IVRコール処理

この調査に関して以下の点に留意してください。

1. インバウンドコンタクトセンターは，複数の電話オペレーターが在籍し，自動コールディレクター（ACD）などを用いて次に対応できるオペレーターに呼が振り分けられるような仕組みを持つものと定義します。
2. ご自身の企業のそれぞれコンタクトセンターに対して1つずつの質問書式を用いてください。
3. 個々のパフォーマンスデータは，保護されたサーバーに極秘扱いで保管されます。
4. この調査を完了した場合，以下のうち1つの方法でデータを提出してください。
   - 完了した調査のファックス番号： (509) 351-0264
   - 完了した調査の郵送先：ベンチマークポータルインク（BenchmarkPortal,Inc.）
     実態調査サポート（RealityCheck™ Support）
     3201 Airpark Drive, Suite 104
     Santa Maria, CA 93455

GR33-011105

参加者情報

氏名　_____
役職　_____
メールアドレス　_____
企業名　_____
住所　_____
都市名　_____　州_____　郵便番号_____
電話番号　_____　内線　_____
ファックス　_____
コンタクトセンターのフリーダイアルの番号　_____
紹介者：　_____

　質問事項を記入されるのに問題が発生した場合、もしくはベンチマークに関して疑問に思われることがございましたら、以下のRealityCheck™調査チーム宛にメールをお送り下さい。

Inbound.Customer.Service@BenchmarkPortal.com

　もしくは、月曜から金曜までの午前8時から午後5時（太平洋標準時間）に以下の連絡先へご連絡ください。
(805) 614-0123　内線12

　または、パデュー大学ジョン・アントン博士にご連絡いただくことも可能です。
(765) 494-8357

以下の業界グループから，あなたの企業に最も当てはまるもの1つを丸で囲んでください。

金融／ファイナンス：
  銀行
  仲買業務
  クレジットカード
  住宅ローン
  その他
消費者製品：
  電化製品
  食品／飲料
  健康／美容
  ペット関連用品
  その他
政府機関：
  連邦政府
  地方自治体
  州政府
医療保険／製薬：
  ヘルスケア提供者
  薬剤
  その他
情報テクノロジー：
  コンピュータハード
  コンピュータソフトウェア
  その他
保険：
  健康保険
  生命保険
  損害保険／災害保険
  その他
製造／化学／建設：
  航空宇宙
  自動車
  建築材料／工事
  化学
  その他

メディア：
  ラジオ
  出版社
  テレビ
  その他
小売／カタログ：
  カタログ
  オンライン
  小売店
  その他
輸送機関：
  公共輸送システム
  鉄道
  有料道路
  トラック輸送
テレコミュニケーションズ：
  ケーブル／ブロードバンド／衛星
  音声
  データ／インターネットサービスプ
    ロバイダー
  ワイヤレス
  その他
旅行：
  航空
  ホテル／リゾート／船旅会社
  旅行代理店
  その他
公共施設／燃料：
  ガス
  電気
  電力
  燃料
  その他
その他（詳しくお書きください。
　　　　　　　　　　　　　　　　）

同グループ分類のためのコンタクトセンタープロファイル

1. コンタクトセンターへのインバウンドコールが年間で何件入ってきますか？
   毎年提供される入電呼　　　　　　　　　　　　　　＿＿＿＿＿＿

   （提供される入電呼とは，与えられた年に受けた呼の合計数です。この数値は，ACDにより提供されるものです。）

2. コンタクトセンターへ直接かかってくるインバウンドコールのうち，年間で何コールが直接オペレーターもしくはIVRで処理されますか？
   毎年処理される呼　　　　　　　　　　　　　　　　＿＿＿＿＿＿

   （処理される呼とは，オペレーターによって実際に完了されたものとIVRによって処理された電話の数の合計値です。処理された呼は，提供された入電呼数以下でなければなりません。この数値はACDによって提供されるものです。）

3. センターで年間に処理された呼を以下の2つの区分に分類するとどのくらいになりますか？
   オペレーターによって処理された呼の年間の合計値　　＿＿＿＿＿＿
   IVRによって完全に処理された電話の年間の合計値　　＿＿＿＿＿＿

   （「IVRによって完全に」とは，呼を完了するのにオペレーターを必要としなかった，そのため「セルフサービス」で顧客が処理をした，ということです。）

4. センターで毎年処理されるコールを以下の2つの区分に分類すると，どのくらいになりますか？
   企業対企業　　　　　　　　　　　　　　　　　　　＿＿＿＿＿％

   （ビジネス顧客からの入電呼を処理した割合を記入してください。）
   企業対顧客　　　　　　　　　　　　　　　　　　　＿＿＿＿＿％

   （個人的な顧客，また「エンドユーザー」として定義できる顧客からの入電呼を処理した割合を記入してください。）

   合計100 %

5. 年間合計で何分間のコールがコンタクトセンターの自動コールディレクター（ACD）に録音されていますか？

   　　　　　　　　　　　　　　　　　　　　　　　　＿＿＿＿＿＿

6. コンタクトセンターで何名のオペレーターが働いていますか？
   フルタイムオペレーター　　　　　　　　　　　　　＿＿＿＿＿＿＿
   （コンタクトセンターに雇われているフルタイムのオペレーター人数を記入してください。）
   パートタイムオペレーター　　　　　　　　　　　　＿＿＿＿＿＿＿
   （コンタクトセンターに雇われているパートタイムのオペレーター人数を記入してください。）

7. コンタクトセンターで何名のフルタイムオペレーター (FTE) が働いていますか？　フルタイム相当額（FTEs）　　　　　　＿＿＿＿＿＿＿
   （FTE＝毎週の合計オペレーター給与時間を40で割ったもの。フルタイムのオペレーターは1.0FTE'sと等しい。週に20時間（フルタイムオペレーターの半分）働いているパートタイムオペレーターは，0.5FTEとなる。

8. オペレーターは，労働組合の組合員ですか？

   ☐　はい
   ☐　いいえ

9. オペレーターが，単にインバウンドコール以外のものに対応しているとしたら，どの機能に対応していますか？

   オペレーター機能　　　　　　　　　　　オペレーター時間の平均割合

   インバウンドコール　　　　　　　　　　　　　　　＿＿＿＿＿＿＿

   アウトバウンドコール　　　　　　　　　　　　　　＿＿＿＿＿＿＿

   メールへの応答　　　　　　　　　　　　　　　　　＿＿＿＿＿＿＿

   オンライン・ウェブチャットへの対応　　　　　　　＿＿＿＿＿＿＿

   その他　　　　　　　　　　　　　　　　　　　　　＿＿＿＿＿＿＿
   他にございましたら，詳細をご記入ください。

10. オペレーターは総通話の何%を下記のタイプの通話の処理に使っていますか？

　a. 顧客サービス　　　　　　　　　　　　　　　　　　＿＿＿＿＿ %

　（顧客に質問に対して早くて正確な回答を提供したり，もしくは顧客情報にログイン，または顧客情報をアップデートしている時間を指します。）

　b. 注文取り，また注文追跡　　　　　　　　　　　　　＿＿＿＿＿ %

　（製品もしくはサービスの注文を取り，そして継続対応している時間を指します。）

　c. 外部顧客に対する技術サポート　　　　　　　　　　＿＿＿＿＿ %

　（外部顧客に対する製品使用に関する質問や「取り付け」に関する質問を処理している時間を指します。（サポート電話の割合が50％を超えた場合，本書以外の技術サポート調査表を記入する必要があります。）

　d. 苦情　　　　　　　　　　　　　　　　　　　　　　＿＿＿＿＿ %

　（顧客からの苦情を処理している時間を指します）

　e. 再ダイアルインバウンドコール　　　　　　　　　　＿＿＿＿＿ %

　（顧客からの電話を次の対処可能な専門部署へつなぐ時間を指します）

　f. その他　　　　　　　　　　　　　　　　　　　　　＿＿＿＿＿ %

　（上記に選択肢以外のタイプで処理された電話の割合を記入してください。）

他にございましたら，詳細をご記入ください。
_____

合計100 %

コンタクトセンター経費

11. 今年のコンタクトセンターの合計年間予算はいくらですか？
    （今年コンタクトセンターに分配された年間運営予算を記入してください。）
    $_____

12. オペレーターの金銭的処遇をどのようにしていますか？
    （最前線のオペレーターの平均時間給をお書きください。）
    $_____

13. 電話ごとの平均費用はいくらですか？（ドル立てでお答えください。）
    （これは，コンタクトセンター運営費の合計を同期間でコンタクトセンターに処理された呼の数で割ったものです。オペレーターもしくはIVRに処理されたすべての電話を含みます。）
    $_____

コンタクトセンターパフォーマンス測定

14. 過去90日間において，平均インバウンドパフォーマンスの時間ベース測定基準は何だったかについてお聞きします。

 a. 電話の80%は，何秒で対応されていますか？　　＿＿＿＿＿

 （この（X秒以下で対応された電話の数）は（提供された電話）を100で割ったものです。）

 b. 平均応答スピード（秒単位）　　＿＿＿＿＿

 （これは，センター全体の応答待ちの時間の合計を，その間に処理された呼数で割ったものです。これはIVR処理電話とオペレーターに処理されたものの両方を対象とします。）

 c. 平均通話時間（分単位）（保留時間を含む）　　＿＿＿＿＿

 （1件の電話で，顧客と話すのにオペレーターが費やした平均時間である。）

 d. 平均通話後処理時間（分単位）　　＿＿＿＿＿

 （オペレーターが顧客との電話を切った後，オペレーターがフォローアップに費やした平均時間です。）

 e. 平均待ち時間（秒単位）　　＿＿＿＿＿

 （顧客が耐えた平均待ち時間です。平均回答スピードとは異なります。実際に待ち時間のあった電話のみがこの計算に含まれるからです。この測定基準は，平均遅延時間ともいわれています。）

 f. 放棄する前の平均時間（秒単位）　　＿＿＿＿＿

 （これは放棄する前に顧客が待った平均時間です。）

15. 過去90日間で，平均的なインバウンドパフォーマンスをパーセンテージで表すとどうなりますか？

 a. 平均放棄率　　＿＿＿＿＿

 （自動コールディレクターにつながったものの，オペレーターにつながる前，もしくはIVRでプロセスを完了する前に顧客が電話を切った電話の割合です。）

 b. 最初の電話で解決した電話の割合　　＿＿＿＿＿

 （顧客がかけた最初のインバウンドコールの応対で完全に問題が解決し，折り返しの連絡は要求されていない電話の割合です。）

 c. ブロックされた呼の割合　　＿＿＿＿＿

 （自動コールディレクターに到達することのなかった電話です。拒否電話の例

として，「通話中」，「この番号からはご利用いただけません」メッセージ等。この数値は，テレコミュニケーションプロバイダー会社からのみ提供されているものです。）

d．平均使用率　　　　　　　　　　　　　　　＿＿＿＿＿

（合計業務時間数と比較し，自動コールディレクターにつながる席にオペレーターが座っており，電話につながった，もしくは電話応答の準備ができている時間の割合です。）

e．計画に忠実であった割合　　　　　　　　　＿＿＿＿＿

（人材管理システムが設定している通り，どれほど厳密にオペレーターが，自身の詳細の業務計画を守っているかを示す割合です。100％オペレーターは，計画に予定された時間通りであるということを意味します。計画通り時間を守ることにより，スーパーバイザーとのミーティング，教育，または顧客電話対応が可能となります。）

f．平均出勤率　　　　　　　　　　　　　　　＿＿＿＿＿

（オペレーターが予定外の欠勤をしなかったかの割合です。（休暇，FMLA，陪審義務等の届出欠勤は含みません）届出欠勤の合計数を取り，そしてオペレーターが働く予定であった合計日数で割り，100から引いてください。）

g．転送された電話の平均割合　　　　　　　　＿＿＿＿＿

（顧客とつながった最初のオペレーターから転送された電話の割合です。）

h　平均補助装置（AUX）時間の割合　　　　　＿＿＿＿＿

（これは，オペレーターがAUXにログインしたシフトごとの平均合計時間です。これは例えば，メール対応，訓練もしくはその他仕事に関連した課題を設けられる時間などの認められたオフライン時間を含みます。）

i　平均受電可能割合　　　　　　　　　　　　＿＿＿＿＿

（オペレーター受電可能割合は，オペレーターが電話に対応するために席に着いている時間割合です。受電可能割合は平均コール処理時間の生産性と等しくなります。（通話時間＋保留時間＋電話業務時間終了後）およびオペレーター毎8時間シフト（ACPS）のインバウンドコールの平均数であり，オペレーターが自動コールディレクターにつながりそしてシフトの間電話を処理する準備ができている合計時間，つまり稼働性（百分率でない）で割ったものです。）

$$受電可能割合 = \frac{(ATT+ACW)(ACPS)}{稼動性} \times 100$$

16. 1時間当たり何件のインバウンドコールをオペレーターが処理していますか？

　　（1時間当たりにオペレーターが処理している平均電話数です。）
　　　　　　　　　　　　　　　　　　　　　　　　　　　　　＿＿＿＿＿＿

17. あなたのセンターのオペレーターは1年に何シフト（何日間）勤務しましたか？

　　a. フルタイム勤務のオペレーター　　　　　　　　　　　＿＿＿＿＿＿
　　b. パートタイム勤務のオペレーター　　　　　　　　　　＿＿＿＿＿＿

18. 1回のシフトにおいて平均何分間勤務しましたか？
　　（計画されている労働時間についてのみお答えください。昼食時間は含みません。480分の勤務のうち、30分が昼食だった場合は、450分とお答えください。）

　　a. フルタイム勤務のオペレーター　　　　　　　　　　　＿＿＿＿＿＿
　　b. パートタイム勤務のオペレーター　　　　　　　　　　＿＿＿＿＿＿

19. オペレーターがどのように電話に対処しているかという事例について，顧客満足度を回収する正式なプロセスがご自身のコンタクトセンターにはありますか？

　　☐　はい
　　☐　いいえ

20. 平均して，過去90日間に何割の顧客が，以下の質問に満点をつけましたか？「全体的に，我々のセンターとの通話中に受けたサービスにどれほど満足されていますか？」

　　（5点満点中5点，もしくはご自身が利用している尺度のトップの点数）
　　　　　　　　　　　　　　　　　　　　　　　　　　　＿＿＿＿＿＿ ％

21. 平均して，過去90日間に何割の顧客が，以下の質問に最低点をつけましたか？　「全体的に，我々のセンターとの通話中に受けたサービスにどれほど満足されていますか？」
　　（5点満点中1点，もしくはご自身が利用している尺度の最低の点数）

　　　　　　　　　　　　　　　　　　　　　　　　　　　　＿＿＿＿＿＿％

22. オペレーターからのフィードバックを回収するための正式な構造がコンタクトセンターにありますか？
　　（コンタクトセンターは，オペレーターから良いフィードバックと悪いフィードバックの両方を回収していますか？）

　　☐　はい
　　☐　いいえ

23. 平均して，過去90日間に何割のオペレーターが，以下の質問に満点をつけましたか？　「全体的に自分のポジションにどれくらい満足していますか？」
　　（5点満点中5点，もしくはご自身が利用している尺度のトップの点数）

　　　　　　　　　　　　　　　　　　　　　　　　　　　　＿＿＿＿＿＿％

24. 平均して，過去90日間に何割のオペレーターが，以下の質問に最低点をつけましたか？　「全体的に自分のポジションにどれくらい満足していますか？」
　　（5点満点中1点，もしくはご自身が利用している尺度の最低の点数）

　　　　　　　　　　　　　　　　　　　　　　　　　　　　＿＿＿＿＿＿％

25. オペレーターに対するスーパーバイザーの比率はどのくらいですか？　（統制の範囲）
　　スーパーバイザーごとのオペレーター
　　（平均的に，各スーパーバイザーに割り当てられているオペレーターは何名かをお答えください。）

　　　　　　　　　　　　　　　　　　　　　　　　　　　　＿＿＿＿＿＿

26. フルタイムオペレーターの年間離職率は？

　　　　　　　　　　　　　　　　　　　　　　　　　　＿＿＿＿＿

27. 年間離職率（前述の質問26）は，2つの区分にどのように分類されますか？

　昇格による離職率

　　（これはコンタクトセンターにおいて，オペレーターから他のポジションへコンタクトセンター内で昇格した場合，あるいは，企業内でオペレーターが他の部署に移動した昇格に起因する離職率を指します。）

　その他の離職率　　　　　　　　　　　　　　　　　　＿＿＿＿＿

　　（これは，昇格とは関係のない理由によるその他の離職すべてを指します。自発的また不本意な契約終結を含みます。）

・IVRによって処理された電話のうち，何割の顧客が意図的にオペレーター対応を避けていましたか？

　　　　　　　　　　　　　　　　　　　　　　　＿＿＿＿＿％

インバウンドメールコンタクトセンターに関するベンチマーク質問事項

**パデュー大学
顧客主導型品質センター**

メールベンチマーク質問事項

　コンタクトセンターパフォーマンスレベルの調査に参加いただき誠にありがとうございました。
　以下の点に留意ください。

1. それぞれのコンタクトセンターに対して1つずつの質問書式を用いてください。
2. コンタクトセンターには，メールあるいは電話（インバウンドもしくはアウトバウンド），あるいはウェブサイトリクエストに対処するものを含みます。
3. 個々のパフォーマンスデータは，保護されたサーバーに極秘扱いで保管されます。
4. データベースにおいてご自身のコンタクトセンターのパフォーマンスと他社を比較した無料の要旨報告書をお渡しします。この報告書は，データをすべてご入力いただいてからおよそ2～3週間でメールにてお届けいたします。
5. 質問にすべてお答えいただきましたら，以下のいずれかの方法でデータをご提出ください。

・弊社のウェブサイト：www.BenchmarkPortal.comへアクセスいただき，新規登録もしくは既存のアカウントでログインしていただき，そして質問事項データをオンラインをご入力ください。
・データベースへ入力するため，終えられました調査をファックスされる場合は，(805) 614-0055 へお送りください。
　・完了した調査の郵送先：ベンチマークポータルインク（BenchmarkPortal,Inc.）
3201 Airpark Drive, Suite 104
Santa Maria, CA 93455

この質問書は，2002年2月19日に作成。

参加者情報

(ファックスもしくはメール質問書提出)

氏名 _____
メールアドレス _____
企業名 _____
住所 _____
都市名 _____ 州 _____ 郵便番号 _____
電話番号 _____ 内線 _____
ファックス _____
企業ウェブサイト _____
コンタクトセンターメールアドレス _____

　質問事項を記入されるのに問題が発生した場合，もしくはベンチマークに関して疑問に思われることがございましたら，以下のベンチマーク調査チームへメールをお送りください。

Information@BenchmarkPortal.com

　もしくは，月曜から金曜までの午前8時から午後4時（太平洋標準時間）に以下の連絡先へご連絡ください。

(805) 614-0123 内線16

　ベンチマークの詳細についてパデュー大学ジョン・アントン博士へ電話でお問い合わせいただくことも可能です。

(765) 494-8357

内訳

1. 毎月の合計メール量はどれくらいですか（内部メールを除く）？
   毎月受信するメール量　　　　　　　　　　　　　＿＿＿＿＿＿＿
   毎月送信するメール量　　　　　　　　　　　　　＿＿＿＿＿＿＿

2. 合計メール量の何割がセキュリティ保護されていますか？
   □　0-25%の間
   □　26-50%の間
   □　51-75%の間
   □　76-100%の間
   □　セキュリティ保護は利用していない。

3. メール連絡について，以下の機能をどの程度あなた方のオペレーターが提供していますか？
   購入／入札　　　　　　　　　　　　　　　　　　＿＿＿＿＿＿＿%
   販売／リスティング　　　　　　　　　　　　　　＿＿＿＿＿＿＿%
   登録　　　　　　　　　　　　　　　　　　　　　＿＿＿＿＿＿＿%
   顧客サービス（質問と照会）　　　　　　　　　　＿＿＿＿＿＿＿%
   技術サポート―外部　　　　　　　　　　　　　　＿＿＿＿＿＿＿%
   サイト問題　　　　　　　　　　　　　　　　　　＿＿＿＿＿＿＿%
   注文取りと追跡　　　　　　　　　　　　　　　　＿＿＿＿＿＿＿%
   情報リクエスト　　　　　　　　　　　　　　　　＿＿＿＿＿＿＿%
   広報活動　　　　　　　　　　　　　　　　　　　＿＿＿＿＿＿＿%
   クレーム処理　　　　　　　　　　　　　　　　　＿＿＿＿＿＿＿%
   その他　　　　　　　　　　　　　　　　　　　　＿＿＿＿＿＿＿%
   　　　　　　　　　　　　　　　　　　　　　　　　合計100%

4. インバウンドメールを以下の区分に分類すると，どのくらいになりますか？
   企業対企業　　　　　　　　　　　　　　　　　　＿＿＿＿＿＿＿%
   企業対顧客　　　　　　　　　　　　　　　　　　＿＿＿＿＿＿＿%
   消費者間電子取引　　　　　　　　　　　　　　　＿＿＿＿＿＿＿%
   　　　　　　　　　　　　　　　　　　　　　　　　合計100%

5. ご自身のコンタクトセンターで自動メール応答システムを活用していますか？
   - ☐ はい
   - ☐ いいえ

6. 何名のオペレーターがごあなた方のコンタクトセンターで働いていますか？
   フルタイムオペレーター　　　　　　　　　　　＿＿＿＿＿＿
   パートタイムオペレーター　　　　　　　　　　＿＿＿＿＿＿
   コンタクトオペレーター　　　　　　　　　　　＿＿＿＿＿＿
   フルタイム相当額（FTEs）
   　（FTE＝毎週の合計オペレーター給与時間を40で割ったもの)

顧客コンタクトセンター経費

7. コンタクトセンターの年間合計予算はいくらですか？
   (次の質問におけるすべての事項を含む)

   昨年　　　　　　　　　　　　　　　　　　　　$＿＿＿＿＿＿
   今年　　　　　　　　　　　　　　　　　　　　$＿＿＿＿＿＿
   来年　　　　　　　　　　　　　　　　　　　　$＿＿＿＿＿＿

8. 現行の費用において以下の事項にそれぞれ何割が当てられていますか？

   人的資源―給与，利益，等　　　　　　　　　　＿＿＿＿＿＿％
   人的資源―採用，選別，訓練　　　　　　　　　＿＿＿＿＿＿％
   テレコミュニケーションライン通信回線費　　　＿＿＿＿＿＿％
   コンピュータハードウェア　　　　　　　　　　＿＿＿＿＿＿％
   コンピュータソフトウェア　　　　　　　　　　＿＿＿＿＿＿％
   テレコミュニケーション設備　　　　　　　　　＿＿＿＿＿＿％
   不動産費　　　　　　　　　　　　　　　　　　＿＿＿＿＿＿％
   外注契約費　　　　　　　　　　　　　　　　　＿＿＿＿＿＿％
   その他　　　　　　　　　　　　　　　　　　　＿＿＿＿＿＿％
   　　　　　　　　　　　　　　　　　　　　　　合計100％

9. 1メールごとの費用はいくらですか？（ドル立てでお答えください。）
   メールごとの費用（ドル立てでお答えください。）　$＿＿＿＿＿＿

10. 年間収益のうち何％がメール費に使われますか？
    　　　　　　　　　　　　　　　　　　　　　　＿＿＿＿＿＿％

パフォーマンス測定

11．メール連絡の何割が以下の時間で回答されていますか？

　　2時間以下 　　　　　　　　　　　　　　　　＿＿＿＿＿％
　　2－4時間の間 　　　　　　　　　　　　　　　＿＿＿＿＿％
　　4－6時間の間 　　　　　　　　　　　　　　　＿＿＿＿＿％
　　6－8時間の間 　　　　　　　　　　　　　　　＿＿＿＿＿％
　　8－12時間の間 　　　　　　　　　　　　　　 ＿＿＿＿＿％
　　12－24時間の間 　　　　　　　　　　　　　　＿＿＿＿＿％
　　24－36時間の間 　　　　　　　　　　　　　　＿＿＿＿＿％
　　36時間以上 　　　　　　　　　　　　　　　　＿＿＿＿＿％
　　　　　　　　　　　　　　　　　　　　　　　合計100％

12．メール回答に対するサービスレベル目標はどのようなものですか？（何時間で処理されるかの割合）

　　2時間以内 　　　　　　　　　　　　　　　　＿＿＿＿＿％
　　4時間以内 　　　　　　　　　　　　　　　　＿＿＿＿＿％
　　6時間以内 　　　　　　　　　　　　　　　　＿＿＿＿＿％
　　8時間以内 　　　　　　　　　　　　　　　　＿＿＿＿＿％
　　12時間以内 　　　　　　　　　　　　　　　 ＿＿＿＿＿％
　　24時間以内 　　　　　　　　　　　　　　　 ＿＿＿＿＿％
　　36時間以内 　　　　　　　　　　　　　　　 ＿＿＿＿＿％

13．インバウンドメールサービスレベル統計値はどのようなものですか？

　　メールごとの平均オペレーター時間 　　　　　＿＿＿＿＿分間
　　はじめのメール回答で解決した連絡 　　　　　＿＿＿＿＿％
　　解決ごとのメール連絡平均数 　　　　　　　　＿＿＿＿＿
　　オペレーターの稼働率 　　　　　　　　　　　＿＿＿＿＿％
　　計画に忠実である割合 　　　　　　　　　　　＿＿＿＿＿％
　　平均出勤率 　　　　　　　　　　　　　　　　＿＿＿＿＿％
　　連絡転送ごとの費用（ドル単位） 　　　　　　$＿＿＿＿＿
　　平均売却値（ドル単位） 　　　　　　　　　　$＿＿＿＿＿
　　1時間に各オペレーターが処理した平均メール連絡数 　＿＿＿＿＿

8時間シフトにおいて各オペレーターが処理した平均メール連絡数　_____

14. メール量のうち何割が同じ問題を解決するため，もしくは同じ問題に回答するために同じ顧客へ繰り返しメールを送信しましたか？
再送メールの割合　　　　　　　　　　　　　　　_____%

15. メールエラーは何割ですか？（1000メールごとのエラーの数）
（エラーとはミスもしくは正すために人の手による介入が必要となった行動を指します）
1000メールごとのエラー　　　　　　　　　　　_____

16. コンタクトセンターでアップセル／クロスセルを行っていますか？
 □　はい
 □　いいえ

17. コンタクトの何割がアップセル／クロスセルの機会を生じさせていますか？　　　　　　　　　　　　　　　　　　　　　　　_____%

18. アップセル／クロスセルでの平均売り上げはいくらですか？（ドル単位でお答えください。）
　　　　　　　　　　　　　　　　　　　　　　　$_____

19. メール対応者の生産性の主要な指標は何ですか？
 □　時間ごとのメール回答数
 □　シフトごとのメール回答数
 □　回答ごとの平均処理時間
 □　メール生産性は測定していない
 □　その他

20. メール対応者の生産性の「その他の」指標を具体的に述べてください。

_____

満足度測定

21. コンタクトセンターには，コンタクトセンターパフォーマンスに関する顧客フィードバックを回収する正式な構造をお持ちですか？
    - ☐ はい
    - ☐ いいえ

22. 顧客コンタクトの何割が，満点をつけてくれていますか？
    （例，5点満点中5点，もしくは7点満点中7点）

    ＿＿＿＿＿＿＿％

23. センターへの連絡のうち何％が，前回のメールの処理内容についての苦情ですか？

    ＿＿＿＿＿＿＿％

人事管理

24. ご自身のコンタクトセンターで何%のオペレーターが各レベルで働いていますか？
    レベル１ _____%
    レベル２ _____%
    レベル３ _____%
    レベル４，またそれ以上 _____%

25. コンタクトセンターで働いているオペレーターについて４種類以上のレベルがある場合は，レベルの数はいくつですか？
    _____

26. オペレーターに対するスーパーバイザーの比率はどのくらいですか？
    スーパーバイザーごとに割り当てられているオペレーターの人数
    _____

27. インバウンドコールを担当するオペレータースタッフの年間離職率は何%ですか？
    （内部異動者または外部への人員減の両方を含む）
    フルタイム _____%
    パートタイム _____%

28. どのようにオペレーターを処遇していますか？
    毎年の月給ベースのみ $_____
    時間給のみ $_____

29. スーパーバイザーの平均年収はいくらですか？
    $_____

30. コンタクトセンターマネージャーの平均年収はいくらですか？
    $_____

31. オペレーターに対する最初の，新規雇用者訓練の時間の長さ（時間単位）はどれくらいですか？

_____時間

32. 新しいオペレーターにかかる費用はいくらですか（採用，選別，訓練を含む）？
新しいオペレーター採用費用（ドル単位） $_____

33. 同業他社のメール関連スキルについて特定の雇用／選抜プロセスをお持ちですか？
□ はい
□ いいえ
□ わからない

人事管理

34. オペレーターは，労働組合の組合員ですか？
    - □ はい
    - □ いいえ

35. 全顧客応対数の何％かパートタイムオペレーターに処理されていますか？
    ＿＿＿＿＿＿％

プロセス＆知識

36. 顧客サービスメールメッセージのうち，以下の事項は何割ですか？
    ウェブサイトから適切なオペレーターへ自動的に送信されるもの　_____%
    メールシステム（非ウェブフォームメール）から適切なオペ
    　レーターへ自動的に送信されるもの　_____%
    手動で適切なオペレーターへ送信されるもの　_____%

37. メールメッセージを処理するために使われるソフトウェアアプリケーションは？
    □　自社所有のもの
    □　市販のもの

38. 市販ソフトウェアアプリケーションをメールメッセージを処理するためにご利用されている場合，どの会社のものをご利用ですか？
    _____

39. 自動応答のうち，メールメッセージの何割が以下のサービスに利用されていますか？
    テンプレート　_____%
    定型化した手紙　_____%
    定型化したグラフ　_____%
    自由書式回答　_____%
    自動知識　_____%
    自動提案　_____%
    自動応答　_____%
    その他　_____%
    　　　　　　　　　　　　　　　　　　　　　　　　　　合計100%

40. 回答ごとの平均メール回転時間はどれくらいですか？
    時間単位での回転　_____時間

41. 何割のメール回答が送信不可能ですか？
　　　　　　　　　　　　　　　　　　　　　　　　　　　＿＿＿＿＿％

42. メールメッセージに対応するために何時間をとっていますか？
　　平日の時間数，月曜日から金曜日　　　　　　　＿＿＿＿＿＿
　　土曜日の時間数　　　　　　　　　　　　　　　＿＿＿＿＿＿
　　日曜日の時間数　　　　　　　　　　　　　　　＿＿＿＿＿＿
　　休日の時間数　　　　　　　　　　　　　　　　＿＿＿＿＿＿

43. 平均して，メール対応者の時間の何割が他の仕事をするために費やされていますか？
　　☐　0-25%の間
　　☐　26-50%の間
　　☐　51-75%の間
　　☐　76-100%の間
　　☐　メール提携者は他の仕事をしない。

44. コンタクトセンターは，他の顧客アクセスタッチポイントと連携していますか？（例えば，電話，ウェブサイト，ファックス返信，キオスクなど）
　　☐　はい
　　☐　いいえ

45. インターネット上において，ウェブサイトで代替タッチポイントを提供していますか？
　　（該当する場合はすべてに印をつけてください。）
　　☐　ご自身のコンタクトセンターのフリーダイヤル受付
　　☐　セルフサービスオプション（例，FAQセクション）
　　☐　ボイス・オーバーIPもしくはインターネット連絡
　　☐　インスタント・メッセージ（チャット機能）
　　☐　インターネット上の掲示板，ボイスグループ等

46. インバウンド連絡のうち，セルフサービスで対処されているのは何%ですか？
　　　　　　　　　　　　　　　　　　　　　　　　　　　＿＿＿＿＿％

品質管理

47. どのように品質を測定していますか？（適応するものすべてに印をつけてください）
    - ☐ サンプリングによって
    - ☐ １人の顧客対応を完了するまでの合計メール数
    - ☐ 担当者ごとのエラー率
    - ☐ センターに対する1000回答ごとのエラー率
    - ☐ 品質は測定しない
    - ☐ 品質を測定するために外部企業を利用している
    - ☐ その他

48. 品質を測定するのにご利用されている外部企業の名前をご記入ください。
    _____

49. 各対応者のメール回答の品質をどれくらいの頻度で測定していますか（段階的拡大を除く）？
    - ☐ 毎日
    - ☐ 毎週
    - ☐ 隔週
    - ☐ 毎月
    - ☐ 四半期に１度
    - ☐ その他

50. オペレーターと一緒にオペレーターのメール回答の質をどれくらいの頻度で見直ししていますか（段階的拡大を除く）？
    - ☐ 毎日
    - ☐ 毎週
    - ☐ 隔週
    - ☐ 毎月
    - ☐ 四半期に１度
    - ☐ その他

外注

51. ご自身のセンターは，応対または個別業務を外注していますか？
    □ はい
    □ いいえ

52. 応対の何％を外注していますか？

                                            _____％

設備と設計

53. コンタクトセンターにオペレーター用端末の数が何席ありますか？
　　　　　　　　　　　　　　　　　　　　　　　　　　　　_____席

54. 1日にオペレーター2名以上に使われている端末は何％ですか（デスクシェアリング）？
　　　　　　　　　　　　　　　　　　　　　　　　　　　　_____％

55. オペレーターのワークスペースの空間は平均してどれくらいの大きさですか？
　　平方フィート　　　　　　　　　　　　　　　　　　　　_____

56. あなた方のコンタクトセンターは何平方フィートを占有していますか？
　　平方フィート　　　　　　　　　　　　　　　　　　　　_____

追加測定基準

57. 質問内容に加えたいとお考えの追加測定基準もしくは主要なパフォーマンス指標はございますか？
    - ☐ はい
    - ☐ いいえ

58. 質問内容に加えたいとお考えの追加測定基準もしくは主要なパフォーマンス指標をご記入ください。
    _____

59. 質問内容に加えたいとお考えの追加測定基準もしくは主要なパフォーマンス指標をご記入ください。
    _____

60. この質問事項に加えたいとお考えの追加測定基準もしくは主要なパフォーマンス指標をご記入ください。
    _____

ベンチマーク情報

　この付録は，パデュー大学で研究された興味深いコンタクトセンターベンチマーク情報を含んでいる。これは，ケンブリッジ技術パートナーに加盟しているアキシオン（Axion）がスポンサーとなっている。この要約データは，業界のおよそ300社のコンタクトセンターからのベンチマーク結果を示している。業界による分類は以下の通りである。

1．コンピュータ　　　　　　＝　ハイテク企業（ハードウェアとソフトウェア）
2．テレコミュニケーションズ＝　ネットワークおよび携帯電話プロバイダー企業
3．ユーティリティ　　　　　＝　電気，ガス，水道会社
4．金融　　　　　　　　　　＝　金融サービス企業
5．保険　　　　　　　　　　＝　保険会社
6．メーカー　　　　　　　　＝　物を生産しているメーカー
7．ヘルスケア　　　　　　　＝　健康促進企業と病院
8．運輸　　　　　　　　　　＝　航空，トラック，鉄道会社

　コンタクトセンターベンチマークデータは，ご自身のパフォーマンス測定を見る視野を広げてくれるだろう。この付録にあるデータは，同じ業界で他のコンタクトセンターが達成したレベルとご自身のセンターのパフォーマンスを比較する方法を提供してくれる。示されているデータは，ご自身のコンタクトセンターが他のコンタクトセンターより良く，悪くあるいは同等に運営しているかを判断するための便利な方法となる。
　示されているデータは単なる平均であるということを念頭に置いていただきたい。自身のコンタクトセンターの目標によって異なるゆえに自身の目標が高いために平均パフォーマンス測定法に達しないことを選択する可能性もあるからである。

業界によるパフォーマンス：

	電話ごとの費用	分ごとの経費	オペレーターごとの費用	満点の割合(%)
すべての業界（全体的な）	$6.59	$3.04	$68,348	54.39%
銀行	$4.25	$4.17	$70,363	52.94%
コンピュータハードウェアとソフトウェア	$10.93	$3.51	$135,722	53.71%
ヘルスケア	$6.25	$1.99	$56,784	63.43%
保険	$6.67	$2.11	$68,443	53.25%
テレコミュニケーションズ	$7.36	$4.61	$75,955	36.50%
運輸	$7.69	$1.55	$78,877	49.10%
ユーティリティ	$6.04	$1.63	$76,442	63.57%
雑多なものからなるもの	$6.41	$3.05	$67,648	54.81%

コンタクトセンタータイプによるパフォーマンス：

	電話ごとの費用	分ごとの経費	オペレーターごとの費用	満点の割合(%)
ルート電話	$4.76	$1.54	$66,363	71.30%
紛争処理	$6.31	$1.99	$70,552	12.67%
顧客事情	$5.41	$4.08	$59,621	68.80%
顧客サービス	$5.41	$2.63	$65,193	60.98%
発送	$5.60	$4.78	$70,025	64.90%
内部技術サポート	$11.75	$2.69	$65,400	59.52%
内部売上	$7.11	$4.51	$98,256	45.00%
注文取り＆追跡	$6.23	$1.76	$63,302	64.11%
情報リクエスト	$2.25	$7.31	$39,229	53.97%
外部技術サポート	$12.98	$4.54	$93,568	45.77%
その他	$3.11	$1.18	$78,482	38.50%

業界によるコンタクトセンター統計：

	ASA （秒単位）	AHT （分単位）	ABAND （割合）	QUEUE （秒単位）
すべての業界（全体的な）	34.09	10.10	5.35	36.45
銀行	38.07	7.65	5.27	34.94
コンピュータハードウェアとソフトウェア	75.59	18.45	7.31	50.06
ヘルスケア	25.64	8.30	6.71	40.75
保険	27.66	10.26	4.58	30.52
テレコミュニケーションズ	19.70	7.36	5.72	62.25
運輸	26.50	91.50	5.25	30.50
ユーティリティ	54.20	4.70	6.43	65.64
雑多なものからなるもの	29.36	9.00	5.08	31.53

	最初の連絡で終了 （割合）	平均受電可能時間 （割合）	最終仕上時間 （割合）	フルタイム従業員の離職率 （割合）
すべての業界（全体的な）	67.96	74.25	4.86	25.21
銀行	66.69	76.23	4.01	17.68
コンピュータハードウェアとソフトウェア	50.57	76.18	7.98	22.16
ヘルスケア	81.78	68.04	3.82	17.92
保険	70.99	75.60	4.06	25.70
テレコミュニケーションズ	70.55	77.72	3.03	18.46
運輸	81.50	83.00	2.00	27.00
ユーティリティ	46.33	65.00	1.78	20.37
雑多なものからなるもの	70.15	73.35	5.30	29.18

主要参考文献一覧

Anton, J., & Gustin, D (2000). *Call Center Benchmarking: How Good is Good Enough.* West Lafayette: Ichor Business Books.
Anton, J. (1997). *Call Center Management: By the Numbers.* West Lafayette: Ichor Business Books.
Anton, J. (1997). *The Voice of the Customer.* The Customer Service Group, New York, NY.
Anton, J., et al. (1996). *Customer Relationship Management.* Prentice-Hall, New York, NY.
Anton, J., & Johns, B. (1996). *Contact Center Best Practice Benchmarking.* Purdue University Center for Customer-Driven Quality, West Lafayette, IN.
Anton, J. (1996). "Is Your Contact Center an Asset or Liability?" *Support Solutions Magazine*, January.
Anton, J. (1996). "Quality of Service Standards." *Support Solutions Magazine*, May.
Anton, J. (1996). "Quality of Service Measurements." *Support Solutions Magazine*, June.
Anton, J. (1995). *Contact Center Best Practice Benchmarking.* Purdue University Center for Customer-Driven Quality, West Lafayette, IN.
Anton, J. (1994). *Corporate Mission Statements and Customer Satisfaction.* Purdue University Center for Customer-Driven Quality, West Lafayette, IN.
Anton, J., et al. (1994). *Call Center Design and Implementation.* Dame Publications, Houston, TX.
Anton, J., & de Ruyter, J.C. (1991). "Van Klachten naar Managementinformatie." *Harvard Holland Business Review*, p.27.
Bell, R. (1994). *Customers as Partners: Building Relationships that Last.* Kohler Publishers, Inc.
Bitner, M.J., et al. (1990). "The Service Encounter." *The Journal of Marketing*.
Bolesh, Eric (2001) *Call Center Excellence: Continuous Improvement Boosts Performance*; PR Newswire, ProQuest Direct, New York, NY.
Burgers, A., & Anton J. (1990). *The Impact of Image on Revenue.* Purdue University Center for Customer-Driven Quality, West Lafayette, IN.
Reichfield, F.F. (1993). "Loyalty-Based Management." *The Harvard Business Review.*
Rust, R., et al. (1994). *Return on Quality.* Probus Publishing, Chicago, IL.

著者経歴

共同著者

　ジョン・アントン博士（「ジョン博士」として知られる）は，パデュー大学の顧客主導型品質センターでのベンチマーク研究ディレクターを務める。

　最新のテレコミュニケーションズ（音声）やコンピュータ（デジタル）技術を用いたインバウンドコンタクトセンターやeビジネスセンターを通した顧客サービス戦略を専門としている。また同様に，外部顧客アクセスのためのインターネットやイントラネットやミドルウェアを用いた研究にも取り組んでいる。

　1995年以降，ジョン博士は，パデュー大学コンタクトセンターベンチマーク研究の主任研究者となっている。このデータは，現在，BenchmarkPortal.comのウェブサイトで集めることができる。このサイトは，現在1000万以上のコンタクトセンターのパフォーマンスデータを保有しているデータウェアハウスになっている。このデータの分析に基づき，ジョン博士は，以下の月刊誌を執筆している。*Call Center Magazine*の「The Purdue Page」，*Call Center News*の「Dr. Jon's Benchmarks」，*Customer Interface Magazine*の「Dr. Jon's Industry Statistics」，そして*Call Center Manager's Report*の「Dr. Jon's Business Intelligence」

　ジョン博士は，インバウンドとアウトバウンドコンタクトセンターの設計と実行により顧客サービス戦略／提供改善，同様に，電話ごとの費用を最小限に抑えつつ，最大サービスレベルのテレサービスプロバイダーを用いた意思決定プロセスに関して400社以上もの企業を支援している。1996年8月，*Call Center Magazine*が，新興コンタクトセンター業界の先駆者としてジョン博士に栄誉を授けた。2000年10月，ジョン博士は，コンタクトセンターの殿堂に名前を連ねた。2001年1月，ジョン博士は，ヘルプデスク2000によって業界の「リーダーと伝説的人物」賞に選ばれた。ジョン博士は，品質保証委員会の会員でもある。

　ジョン博士は，ベンチマーク，リエンジニアリング，統合，外注そしてウェブ・エナブルメントとの組み合わせを通して，強力な顧客アクセスセンターとし

てコンタクトセンターを戦略的に再構築するよう企業の経営陣を導いてきた。顧客生涯価値をよりよく理解することで，ジョン博士は，顧客サービスイニシアティブに対するROI計算技術を展開してきている。

ジョン博士は，業界ジャーナルで顧客サービスとコンタクトセンター手法についての記事を96誌発行している。1997年，セルフサービスに関する1つの記事が，*Customer Relationship Management Magazine*によってベスト・アーティクル・オブ・ザ・イヤーを授与された。

ジョン博士は，23冊の専門書を出版している。

1. *Contact Center Management "By The Numbers"*, The Anton Press, 2005.
2. *Managing Web-Based Customer Experiences: Self-service Integrated with Assisted Service*, The Anton Press, 2003.
3. *From Cost to Profit Center: How Technology Enables the Difference*, The Anton Press, 2003.
4. *Customer Service and the Human Experience: We, the People, Make a Difference*, The Anton Press, 2003.
5. *Customer Service at a Crossroads: What You Do Next to Improve Performance Will Determine Your Company's Destiny*, The Anton Press, 2003.
6. *Offshore Outsourcing Opportunities*, The Anton Press, 2002.
7. *Optimizing Outbound Calling: The Strategic Use of Predictive Dialers*, The Anton Press, 2002.
8. *Customer Relationship Management Technology: Building the Infrastructure for Customer Collaboration*, The Anton Press, 2002.
9. *Customer Obsession: Your Roadmap to Profitable CRM*, The Anton Press, 2002.
10. *Integrating People with Process and Technology: Gaining Employee Acceptance of Technology Initiatives*, The Anton Press, 2002.
11. *Selecting a Teleservices Partner: Sales, Service, and Support*, The Anton Press, 2002.
12. *How to Conduct a Call Center Performance Audit: A to Z*, The Anton Press, 2002.
13. *20:20 CRM A Visionary Insight into Unique Customer Contact*, The Anton Press, 2001.
14. *Minimizing Agent Turnover: The Biggest Challenge for Customer Contact Centers*, The Anton Press, 2001.
15. *e-Business Customer Service: The Need for Quality Assessment*, The Anton Press, 2001.
16. *Customer Relationship Management, The Bottom Line to Optimizing Your ROI*, Prentice Hall, 2nd Edition, 2001.
17. *Call Center Performance Enhancement Using Simulation and Modeling*, Purdue University Press, 2000.

18. *Call Center Benchmarking: How Good is "Good Enough"*, Purdue University Press, 1999.
19. *Listening to the Voice of the Customer*, Alexander Communications, 1997.
20. *Contact Center Management by the Numbers*, Purdue University Press, 1997.
21. *Customer Relationship Management: Making Hard Decisions with Soft Numbers*, Prentice-Hall, Inc., 1996.
22. *Inbound Customer Contact Center Design*, Dame Publishers, Inc., 1994.
23. *Computer-Assisted Learning*, Hafner Publishing, Inc., 1985.

ジョン博士は，シリーズ版の専門書，パデュー大学出版から発行された *Customer Access Management*，の校正者である。

ジョン博士の正式な学歴は，ハーバード大学の理学博士号と理学修士，コネチカット大学の理学修士，そしてノートルダム大学の理学学士を含む技術であった。また，スタンフォード大学の経営学大学院で3つの夏季インテンシブ管理者教育プログラムを終えている。

ジョン博士の連絡先：
電話765.494.8357／メール〈DrJonAnton@BenchmarkPortal.com〉

共同著者

　カマル・ウェブ氏は，ベンチマークポータル社でベンチマーク演習のディレクターとヘルプデスク運営のマネージャーを兼任している。この立場において，パデュー大学センターの顧客主導型品質承認に関する「卓越の中心」としての地位を獲得することができるレベルまでコンタクトセンターパフォーマンスを改善するために企業とともに活動している。

　カマル氏は，パデュー承認コンタクトセンター監査役兼ベンチマークポータル承認ベンチマークインストラクターおよびアナリストである。

　カマル氏は，ビジネスリーダーまた200つ以上のベンチマーク研究のコンサルタントであり，また非常に多くの特別ベンチマークレポートの研究，調査研究や白書に参加している。

　カマル氏は，第一線のオペレーター，チームリーダー，コンタクトセンタートレーナー，スーパーバイザーそしてマネージャーとしての経歴を持っている。この経験を仕事，コンタクトセンター成功事例アセスメントや承認施行に役立てている。カルマ氏の学歴は，フェニックス大学での学部卒である。

コンテンツエディター

　ジョン・チャタリー氏は，ベンチマークポータル社で上級コンテンツエディターと研究ディレクターを兼任している。ジョン氏は，数多くの特別のベンチマークレポート，研究レポート，1分間調査レポートそして白書を出版している。チャタリー氏は，「Offshore Outsourcing Opportunities」，「Selecting a Teleservices Partner」や「Automated Self-Service Using Speech Recognition」の共同著者であり，そして現在いくつか他の作品を手がけている。

　チャタリー氏は，またコンタクトセンター業界セクターのスペクトラムを扱っている42つの詳細の書かれた業界レポートの年間シリーズの著者／エディターでもある。

　「Improving Contact Center Performance through Optimized Site Selection」と題された包括的な白書研究を著している。

　コンタクトセンター管理とコンサルティングにおける経験に関するジョン氏の専門的な経歴は，20年以上にも及んでいる。ジョン氏は，パデュー承認コンタクトセンター監査役，承認AT&Tコンタクトセンター大学インストラクター，ベンチマークポータル社承認ベンチマークインストラクターおよびアナリストである。

〈ウィズン・コンサルティング株式会社 会社概要〉

大手企業を中心に，数多くのコンサルティング，教育研修を手掛けている。
主として，以下の業務を行っている。

〈コンサルティング〉　　　　　　　　　〈教育研修〉
　・ビジョン，戦略立案　　　　　　　　・経営者育成
　・マーケティング戦略，構築　　　　　・階層別研修
　・営業部門革新　　　　　　　　　　　・営業力強化
　・コールセンタマネジメントシステム　・ヒューマンアセスメント
　・ミステリーショッパー　　　　　　　・リーダーシップ開発
　・組織開発　　　　　　　　　　　　　・マネジメント研修
　・人事制度構築　その他　　　　　　　・各種診断プログラム　その他

東京オフィス　：東京都港区南麻布5-10-24 第二佐野ビル704　　TEL：03-5449-8090
西日本オフィス：大阪市都島区東野田町2-9-7 K2ビル7F　　　　TEL：06-6881-0508
URL：http://www.e-wisdom.jp/

〈株式会社ブレインチャイルド 会社概要〉

〒102-0082 東京都千代田区一番町 アトラスビル5階　TEL：03-5210-5188　FAX：03-5210-5822
国内拠点：**大阪オフィス**　〒542-0081 大阪市中央区南船場1丁目11番9号　長堀安田ビル2階
海外拠点：**BrainChild Hong Kong Limited** Suite "A", 11/F, 211 Johnston Road, Wanchai, Hong Kong
　　　　　　　　Phone：(852) 2834-8082　　　Fax：(852) 2376-2096
　　　　　　　United States 164 Rabbit Court, Fremont CA 94639, U.S.A.
事業内容・上流コンサルティング（経営戦略策定支援）からシステム構築（設計，開発，導入，活用，
　　　　　教育支援，保守）までを一貫して行い，統合的なインテリジェンス・ソリューションを提供
　　　　・ビジネス・インテリジェンス・ソフトウェアの開発，販売

■ コンタクトセンターマネジメント──指標による経営

■ 発行日──2008年10月16日　初版発行　　　　　　　〈検印省略〉

■ 監　訳──岡部　泉
■ 発行者──大矢栄一郎
■ 発行所──株式会社　白桃書房
　　　　　　〒101-0021　東京都千代田区外神田5-1-15
　　　　　　☎ 03-3836-4781　📠 03-3836-9370　振替00100-4-20192
　　　　　　http://www.hakutou.co.jp/

■ 印刷・製本──藤原印刷

　　　©Izumi Okabe 2008　Printed in Japan　ISBN978-4-561-23482-1 C3034

　　　　・**JCLS**〈㈳日本著作出版権管理システム委託出版物〉
　　　　本書の無断複写は著作権法上の例外を除き禁じられています。複写される場合は，
　　　　そのつど事前に，㈳日本著作出版権管理システム委託出版物（電話 03-3817-5670，
　　　　FAX 03-3815-8199，e-mail：info@jcls.co.jp）の許諾を得てください。

田村正紀 著

立地創造
イノベータ行動と商業中心地の興亡

立地創造とは，商業適地でない場所に，店舗や商業集積を計画的に起こし成功を収めることである。本書は，地理情報データベースを駆使して，大都市圏での流通イノベータの行動とそれによる商業中心地の興亡を実証的に解明した。

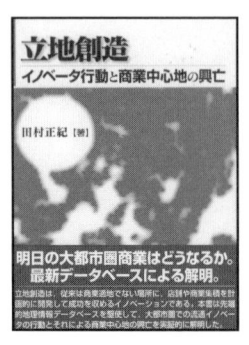

ISBN978-4-561-63168-2 C3063　　A5判　　320頁　　本体 3,400円

B.G. ピッツ・D.K. ストットラー　編著　首藤禎史・伊藤友章　訳

スポーツ・マーケティングの基礎（第2版）

スポーツ産業，スポーツ・マーケティングの最新事情を網羅するスポーツ関係者の必携書。プロおよび大学スポーツや，スポーツ・マーケティング調査，スポンサーシップ管理，スポーツ用品製造・小売，スポーツ・ツーリズムをもカバー。

ISBN978-4-561-64158-2 C3063　　A5判　　636頁　　本体 7,000円

白桃書房